始 于 一 页 ， 抵 达 世 界

跨文化的困境与希望

# 遭遇他者

孙歌 著

北京联合出版公司
Beijing United Publishing Co.,Ltd.

# 目 录

# 遭遇他者的意义

　　承蒙一頁（Folio）美意，《主体弥散的空间》一书得以再版。从 2002 年初版到现在，已经过去了十七个年头。这十七年里，星移斗转，物是人非，一切都发生了很大的变化，最大的变化莫过于"亚洲"这个概念在中国社会开始获得公民权。在 20 世纪 90 年代我写作这本书中大部分论文的时候，亚洲论述还不那么受到中国社会的关注，中国人更多地关注的是自身的命运，引导中国知识界的，也主要是欧美发达国家知识精英的批判理论；关于亚洲的想象，自然很难找到合适的生长空间。即使在本书结集之时，关于亚洲的讨论，也仍然是模糊和困难的，它至多不过是附着在西方的"地域研究"名义之下的一些材料，而且这些以国别分类的材料也很难形成一个有机的范畴，以证明"亚洲"作为一个想象单位的正当性。或许正是因为这样的精神风土，当时我为本书确定了"亚洲论述之两难"的副标题，以表述在进入 21 世纪之初的时刻，亚洲论述所面对的困境乃至陷阱。

　　然而仅仅过去十七个年头，亚洲作为一个命题，却在我们的视野中变得越来越清晰。毋庸讳言，这与国际政治与经济格局的迅速调整直接相关。随着亚洲地区在国际舞台上日益显示了自己的重要性，不仅学术界开始以"亚洲"为题推动研究与讨论，美术界也以亚洲为主旨策划美术作品展览。以亚洲命名的各种文化交流，也日益活跃于国际舞台，亚洲不再仅仅是西方世界的他者，它正在确立自己的主体精神。

　　但是我却有着深深的疑虑——面对今天的知识格局，我们准备好了吗？

　　在现实世界中，以万隆会议为标志，亚洲登上历史舞台，是"二战"结束之后亚非拉殖民地国家独立热潮中的重大历史事件。然而在精神世界里，亚洲的主体性确立却远不是如此简单明了的事情。这不仅是因为在西方近代的殖民过程中西方文化对于亚洲的内在化，更因为亚洲需要对抗的西方精神霸权在很大程度上已经不是来自它的外部，而是内在于它自身。对于西方霸权的否定，也因此需要以自我否定而不是自我肯定为媒介。当人们试图以中国或者亚洲直观地取代原来占据主导地位的西方，并以此重新建构世界知识格局的时候，其实很可能是在以新瓶装旧酒——因为这一取代，很可能仅仅是依靠内在于我们自身的西方思维方式更换了一批材料。当我们自认为是在回归传统的时候，我们真的能够回到近代之前吗？我们真的可以直接挪用前近代的思想资源重新分析和打造我们的社会生活与精神生活吗？真正的亚洲，活的亚洲，作为一种精神能量，虽然深深地植根于我们的历史，却并不存在于无法直接回归的过去，也并不存在于我们借助于西方的价值体系所建构出来的那个"传统"。当然，它更不存在于西方式的思想视野，它需要重新打磨思想工具才能发现，才能认知，才能勾勒表述，才能有效传承。这是一个认识论上的巨大变革，只有挣脱了近代以来第三世界精英建立自己知识新传统的一些思维定式，这个变革才能真实地推进。

曾经有一个时期，"亚洲主义"几乎被一些中国人视为"大东亚共荣圈"的同义语。这个看似可笑的知识局面离今天并不遥远，虽然今天已经很少有人愿意再次提起这个话题；然而这个以极端方式呈现的看法却内含了一个基本的历史事实。这个基本事实是，在亚洲最为积极地推进"亚洲论述"的，是经历了军国主义发展和挫折的近代日本。日本的亚洲主义，是在对于西欧近代殖民亚洲这一历史过程所产生的焦虑中发展起来的，它后来的军国主义形态并不是产生亚洲主义的根源，而是其结果。亚洲一体论述，脱亚入欧论述，日本代表亚洲的论述，这种种在日本近代早期历史中相互矛盾的思想，说到底不过是针对来自西欧的扩张型近代模式的不同思想方案。日本最后选择了西欧式的"对抗西方"的模式，这导致它走上军国主义的道路，这个选择不仅葬送了其他思想方案的发展前景，而且也在现实中丧失了可以用"亚洲"命名的主体性；日本模仿了西欧以武力扩张为手段建立殖民地的方式，这使它在"二战"之后不得不面对如何"回归"亚洲的难题。

在 20 世纪初期，中国也曾出现过"大亚洲主义"和"新亚细亚主义"的理念，但是无论是孙中山还是李大钊，他们在倡导亚洲形成新的主体性的时候，都没有超过对抗日本"大亚细亚主义"的程度；换言之，20世纪初期中国的政治与社会状态，还没有具备正面论述亚洲主体性如何形成的条件，中国的亚洲论述，其基本功能是提出针对日本大亚洲主义的反命题。尽管如此，中国的政治家与思想家，已经敏锐地指出了亚洲问题的实质所在。作为有色人种的生息空间，亚洲在近代以来一直面临西方白人的武力压迫。日本在日俄战争胜利后，一度为有色人种带来了自立的希望，但不幸的是，它却在其后同样走上了西方式的"霸道"之路。这不应该是亚洲的选择。

孙中山的"王道"和李大钊的"民族自决"，在方向上有着很大差别，但在不效仿西方式近代的意义上，它们却又是一致的。在他们活跃的时期，这两种亚洲主义都没有获得发展的空间，但是在毛泽东时代，它们却都被作为要素吸纳进了"第三世界"理念之中。虽然"二战"之后中国并没有发展亚洲主义的理念，不过随着冷战结构的解体和冷战意识形态的逐渐衰落，亚洲作为一个思想范畴在中国也开始具有了新的意义。

历史走到今天，"亚洲主义"已经不再是一个适合的命题。今天所需要探求的，恐怕是亚洲原理。亚洲是否有自己的原理，这是个无法依靠直观感觉回答的理论问题。这一点在与西欧对照的意义上，可以获得一些启示。虽然西方人并不认为"西方"或者"西欧"这个范畴对他们自身有意义，而在西方世界之外的亚洲，特别是与欧洲相隔遥远的东亚，人们却习惯于用一个"西方"或者"欧洲"来指称千差万别的西欧世界；在我们的意识感觉里，对于西欧内部的人们而言，那些重要的文化差异，几乎是可以忽略不计的。只要这个区域中的多数社会共享了某些基本的价值，它们就是一体的。事实上，西方的人们至少也是用同样的思路来对待东亚的。西欧这个概念并不是一个与地理空间完全对称的范畴，它主要指的是以几个老牌帝国主义民族国家为代表的资本原始积累和现代工业化模式，以及由此而衍生的关于现代性的思想体系。正如同"亚洲"这个范畴的有效性基本上存在于东亚一样，西欧也从来不是一个均质的概念。比起今天的"西欧"来，西欧（在包含了美国的意义上，它有时候也被称作"西洋"或"西方"）这个范畴在历史上最具有内涵的时期正是亚洲不同地区处于西欧列强分割之下的历史阶段，它构成了列强的符号。

亚洲在"二战"之后也曾经作为殖民地独立的符号获得了一体性，但是随着冷战结构的松动与亚洲地区内部冲突的多样化，这个符号也不再具有不可争议的同质性。与"西欧"一样，一度被"亚洲主义"所指称的这个范畴,需要重新寻找它的内涵与意义。困难的事情在于，如果对于"亚洲原理"的讨论还是以西方的近代原理为基础的话，那么，显然亚洲原理在同质性意义上是很难成立的，这也是为什么很多人认为亚洲作为一个思想范畴没有意义的原因；但是如果我们满足于把西欧近代哲学和美国现代批判理论作为自己的思想前提，那么即使宣告说我们可以找出种种不同于西方乃至对抗西方的亚洲或者中国思想要素来，它们也无法构成原理性论述。重要的不在于我们是否跟西方对抗，而是在于，我们是否有能力在把西方相对化的同时，拥有另外一种或多种思考和价值判断的路径。

本书还没有达到正面探讨亚洲原理的程度。但是，这个问题确实一直是困扰着我的基本问题。应该说，在写作本书的时候，我对于这个问题并不自觉，但是我在东亚学术交流中所有的切身体验，最终都指向了这个问题。本书充其量不过是讨论亚洲原理的第一步，即讨论在亚洲地区内部，跨文化的知识状况遭遇到了什么样的障碍和困难。对我而言，这些障碍与困难并不是否定亚洲原理的理由，恰恰相反，它们提供了建立符合于我们自身历史经验的分析基础，提供了打造亚洲原理的起点。假如亚洲作为一个范畴可以自立，那么最为重要的并不是这个范畴是否可以涵盖整个亚洲地区，而是它能否提示与亚洲某些基本历史经验相符合的原理性思考维度。

本书第一部分主要围绕着 20 世纪 90 年代曾经轰动一时的东史郎事件展开讨论。在那个时期，中国社会虽然已经进入了改革开放的快速发展阶段，对于他者的感知方式却并没有以同样的速度丰富与深化。在那个年代里，他者是外在于主体的实体对象，要么是朋友要么是敌人，而且最重要的他者是欧美的发达国家。在亚洲国家里，日本对中国社会而言是一个特殊的存在，不仅仅是由于它拥有可与西方发达国家比肩的现代化程度，更是由于它曾经野蛮地侵略过中国而且并未真正认罪。

围绕着东史郎事件，一些饶有兴味的问题被激发出来。这些问题涉及中日社会内部战争情感记忆之间的错位，涉及现代历史学如何把握情感记忆与客观书写的张力关系，涉及仅仅依靠国别单位判断事物的实体化思维的粗浅，更涉及一国内部不言自明的价值判断在跨文化过程中的失效。这种种认识论问题并非全部都能在战争责任范畴内得到充分的处理，但是毫无疑问，对战争责任的追问以最激烈的形式推出了这些问题，使它们不再能够被遮蔽、被视而不见。

回想起来，本书的第一部分虽然主要讨论的是经验层面的具体个案，却在无形中为我其后近二十年的跨文化研究奠定了一个困难却无可回避的课题意识：是否真正遭遇他者，在某种意义上是衡量跨文化思考是否成立的试金石；而遭遇他者时遇到的困境，却植根于我们自身的认识论误区。跨文化的真正意义，在于打破对于自我与他者关系的实体想象，把握事物的要素在机能层面流动的过程；在这个流动的过程中，自我与他者的关系并不是静态的和分明的，而是相互纠葛相互缠绕的。当跨文化作为一种认识论真正成立的时候，它并非意味着对于自我与他者关系的超越，而是意味着对于这种关系的重构。换句话说，跨文化是对于自我、他者这一静态抽象概念的深刻追问，并在这一追问的过程中使其转化为不再以人—我为前提的分析单位。在跨文化的场域里，自我与他者的文化差异并没有被淡化，但是却被转化为分析的要素，而不再是问题的归宿。于是，那些在静态的实体思维中无法呈现的问题便由此浮出水面，在经验中被熟视无睹的那些事实便突然显得陌生与新鲜。正是在跨文化的场域里，自我与他者的相关性才可能得到结构性解释，这种结构性的认识不仅把我们引向他者的世界，更使我们重新认识自身。跨文化研究，因此与常规意义上的"外国研究"具有不同性格，它不能依靠常规外国研究的认识论，把他者与自我视为具有自足性的实体，不能以拼盘的方式整合某一个地域；它必须直面单一国别研究所无法涉及的多文化碰撞所带来的复杂效应，并从中提炼有效处理这些效应的分析工具。

　　为了建立有效的认识论，跨文化的思考需要一个具有原理性的媒介。对我而言，这个媒介就是亚洲。亚洲并不是"世界"或者"全球"的中间项，它是打造另一种世界感知方式的原理。时至今日，我才开始慢慢形成对于亚洲叙述的自觉，并开始把亚洲作为原理来讨论。我开始意识到，亚洲的原理性，恰恰在于它的历史经验提供了无法整合的多样性，并把这种无法整合的状态作为思考的前提，在无法整合的状态中寻找相互开放与相互理解的契机。在全世界都习惯了西方式的同质性"普遍"思维的时候，把多样性作为前提需要更新我们的知识习惯。值得庆幸的是，无论是中国还是外国，尤其是在亚洲地区，已经逐渐出现了对于知识习惯进行更新的需求，也出现了少数自觉探索的知识分子。我们已经开始积累有效的思想资源和知识经典。建立多元化且相互关联的世界将是一个困难却无法回避的历史要求，而建立多样化的相关主义思考也同样困难和无法回避。我愿意在今后的写作中继续回应这个已然出现的课题意识，这也正是我执着于"亚洲"的原因所在。

　　本书再版时更名为《遭遇他者——跨文化的困境与希望》，并删掉了初版本中《亚洲意味着什么》《〈亚洲意味着什么〉导言》和《日本近现代文化思潮中的中国古典戏曲研究》三篇，其他部分未作大的更动。特此说明。

2019 年 6 月于北京

# 命名的困难

初夏夜，接到出版社的催促电话，告知我应该尽快把此书完稿交印。这使我顿时睡意全消：自从去年答应了这件事情以后，我一直迟迟不曾付诸行动。至于原因，不是因为本书缺少正文，而是因为它缺少一个名字，并因为缺少这个名字，连带着缺少一篇序言。

于是我开始体会"命名的困难"，并且因而意识到，原来我实在缺少命名的天分。

在电脑上打开目录，搜肠刮肚了一番，却没有什么收获：我在命名方面一直习惯于不劳而获。这本书里的一部分内容马上就在日本结集出版了，书名是热心肠的编辑越俎代庖的——《论述亚洲的两难》；在国内，计划中的台湾版书名也由天资聪颖的主编做了一多半的主——《感情记忆：面对相互缠绕的历史》，而大陆版是这些版本中内容最多的一本，我终于下决心自立一回，独立地给自己的书取个名字。

这几年里我一直面对命名的困难：为自己的书和论文命名，为自己的思考命名，为自己从事的研究所可能归属的领域命名……我深知这一切困难来自自己知识积累的不足，也来自思考的不成熟。当每一篇文字的写作，无论是长是短，都使得我越发远离那些斩钉截铁的结论的时候，我不无惊恐地体会到了无法命名的悲哀：因为这很可能就意味着我无法有效地交流。

本书责编刘景琳兄似乎洞察了我的困境，他铁下心来逼我迈出这一步："你要给读者交代一个主题。这是一本主题论文集。"而他决不援手与我。

我把归入本书的稿件从头理了一遍，努力像阅读他人作品一样读自己的文字，但得到的不是一个主题，而是一个层面。那不是一个概念的层面，而是一个感觉的层面。但是，它不是直观意义上的感觉，而是那种经历了纠葛困惑、经历了外部抗争和自我否定的过程之后所产生的非直观的感觉。这种感觉，借用斯皮瓦克的说法，可以使人不同于他所在的场景。

本书中的所有文字，都写作于这个层面，或者反过来说，本书中的所有文字，都为了呈现这个层面而写作。这个层面，如果命名的话，我愿意称它为"文化间"。

这几年里一直在阅读日文的资料，甚至有时也用日语思考和写作，可是我总是对人说，我不是个日本学研究者。事实上，我也的确不是。无论"国家"如何不具有实体的物化特征，它仍是一个有对应物因而可以直观把握的前提，日本学就建立在这个前提下；而"文化间"的非直观性，在于它没有相对的对应物可言——在中国和日本之间，除了公海，还能找到什么别的物质空间吗？

"文化间"的感觉只能建立在思维的空间里，假如你不想把它建立在公海之上，它也只能在一种文化之内去建构。可是当你试图这样去做的时候，麻烦就来了。因为你必须面对一个毫不含糊的问题：如何处理自己的文化认同？你的主体性是否将会因此消解？

当面对本书第一部分课题的时候，我不得不审视自己的文化认同。我相信，假如我愿意把日本问题仅仅看作日本人的事，我就没有什么麻烦；假如我愿意仅仅以知识的方式去面对历史的话，那么也不会有太多的进退两难。但是，假如我不愿无视自己作为一个出生于东北的中国人的感情记忆，同时又不想直观地依赖和运用这些感情，那么，就很难仅仅以隔岸观火的态度对待同时代日本思想的现实和历史紧张；这意味着我不可能无视日本人的感情记忆和战后半个多世纪以来日本社会的内在冲突——不言而喻，这一切绝不是"谢罪—和解"的模式或者"左派—右派"的归类所能穷尽的。假如我甘于使用惯常的日本学研究模式来使自己非主体性地发生"移情"，似乎事情会变得简单一些，然而在我决定拒绝这一模式之前，就先行卷入了一个具体的事件，从而不再有选择的余地。

这个事件就是东史郎来华。本书第一部分的前三篇文字都和这个事件相关，而前两篇文字也有相当的重复之处。不加润色地把它们收入本书，只是为了使我的讨论保持一个"原初形态"。在这些事后看来相当粗糙的文字里，我别无选择地对简单化的"民族立场"和它虚假的政治正确性进行了正面的批评，因为正是这些因素多年来使得我们的思想空间里难以形成有力度的独立思考，也使得中国与日本的良知者至今还难以形成在战争历史认识上的某些具体共识。更重要的是，这些因素使得对于中日战争史的研究游离于当代思想文化课题，仅仅变成现代史学者的"专业"。

东史郎的来华，由于中国和日本有良知的进步人士的共同努力，具有多样的丰富性，但是只有在摆脱了既定的简单结论之后，这些丰富性才能呈现出来。我尝试着在对东史郎事件的分析中打破知识界约定俗成的某些思维惰性，以期引起超越具体事件的原理性讨论。在写作当初，我没有料到这些文字后来会在中国和日本激起强烈和持续性的反响，更没有料到这些文字在引来日本右翼和保守派的攻击之时，也会让一些从事具体实践的左翼人士不舒服。我固然因此获得了一些宝贵的机会，和那些在第一线从事战争史研究的中日学者以及从事反战活动的进步知识分子建立了联系，有可能多少体验一下他们工作的艰难；但对于我个人来说，更基本的收获却在于写作这几篇相互关联的文章使得一个本来模糊的问题呈现了较为清晰的轮廓："跨文化"的基点是对于一种文化的内部与外部结构关系的感知能力，而它的结果则是对于封闭式"文化开放"模式的彻底否定。

在现实层面上，全球化运动所造成的一系列新的现象使得过去一向自圆其说的民族国家思维模式越来越显得捉襟见肘。从足球队的组织方式到商业跨国公司的运作，从通俗文化那种单调的一统天下到全球政治日益紧密的复杂互动关系，这一切并没有导致民族国家利益和价值体系的解体，而是导致了这一切价值判断从直观的状态悄悄地演变为复杂的非经验状态：新的现实经验正在以其非直观的性质考验着我们的理性想象力。旧有的民族国家理论无法有效地解释当今世界的变动，我们必须建立新的思考基点，而来自西方特定历史风土的民族国家理论本身，也不能在抽象直观的意义上简单挪用。但是相比而言，其实更可怕的是思想与道德感知力的风化。徒具形骸的"思想"不具有应对复杂现实的活力，而在知识界，特别是在面对历史和面对世界的时刻，我们无数次地目睹令人尴尬的空洞道德姿态。

问题的复杂性在于，今天的全球化并不能取消民族国家的思考模式，它仅仅把这个模式拆解为更复杂的因素，又重构为具有不同功能的系统，使得我们越来越无法在实体的意义上简单地认识民族国家的当代机制。为此，思想的活力需要在现实的碰撞当中激发，但是思想的功能也必须具有超越具体事件的能量。

本书第一部分的后两篇文字，可以说是我在处理东史郎个案之后试图把问题进一步深化的尝试，它们虽然没有专门讨论战争历史，却意在勾勒讨论战争历史的上下文：假如我们习惯于把未经思考的正确概念作为无条件接受的前提，那将不得不付出思想风化和实践变质的代价。至少，日本当代的"教科书事件"，应该足以冲击我们对于"民主""自由"等观念的抽象理解，而跨文化对话的真实状况也提供了一个走出文化代言人和自由个体幻觉的途径。

其实，无论是文化开放还是跨文化，都不是一个轻松的过程。

我们之所以会轻松地使用这两个概念，仅仅是因为它们被置于一个自我中心和封闭的上下文中。当现实已经以复杂的方式实现了这种开放的时候，主体的自足性早就受到了挑战。应该说，在一系列社会实践当中，主体发生了不可逆转的弥散，但是意识的领域里并没有提供相应的思想工具以勾勒这种状态。我们依然习惯于想象主体是一个整合的独立实体，即使在文化开放的状态下，这个主体的功能也不过是使世界"为我所用"，并不会因此而改变自己的整合性和排他性。所以，对于现实中发生的主体弥散的状况，我们只好视而不见。

我在一系列现实碰撞中遭遇到的，便是这种被视而不见的棘手问题。在这些年与日本各个层面知识分子的对话中，一个无法回避的陷阱是，中日之间的战争历史，本来是缠绕在一起的，但对于国家前提的单一化理解，使得我们往往忽略了国家的真实存在方式，从而忽略了一个悖论性的事实：战争历史这个国家行为的结果，不仅是国家之间的对抗历史，而且是国家内部与外部之间的政治力学互动关系的结果。简单化和抽象化地将国家理解为一个均质的实体，是无法面对真实历史关系的，它导致人们把缠绕在一起的历史简化地归结为国家框架内部的历史，把这个相对的框架夸大为绝对和唯一的认识途径。

在多次遭遇民族记忆被空洞化的概念加以传达，并因此使得那些丰富的问题在瞬间失掉其生产性的具体事件之后，我开始认真地面对这样一个基本事实：如果一个人试图在文化间的层面思考和形塑世界关系和历史关系，那将意味着他要处理不同于约定俗成前提下的那些问题；同时，这首先意味着他要追究主体的存在方式本身。

我在这里使用的"弥散"概念，最初来自日语里"分节化"一词的启示。在翻译后结构主义有关主体性的理论时，日本人使用"分节化"一词表述西方理论所传达给他们的主体被从内部分割、敲击从而发生断裂的状态，因此，这个语词经常与"差异""非稳定性""不确定性""错位"等概念一同使用。我关心的其实并不是这个语词的语源或出典，而是它有可能带给我们的陌生化感觉。因为它直接敲击了我们把主体视为一个无可分割的实体性单位的习惯，打造了在流动状态下审视主体的真实存在方式的新的感觉，并因而有可能提出完全不同的课题。

假如把相近的感觉翻译成中文，我想那该是"弥散"吧。虽然弥散这个词的缺陷在于它暗示了某种均质性，但是它有一个"分节化"所不具备的优点，就是它传达了某种"无形"的非物质性质。后结构主义所强调的主体性被敲击的状态，开启的是一个新的认识论层面，从而揭示不具有单一内在同一性的主体存在的真实样态；而这个揭示迫使我们离开给人以安全感的那个整合的"自我"实体，在一个关系网络里重新认识流动性的、无法自足的主体。这当然不仅仅是西方后结构主义者和批判知识分子的思想课题，但是假如它仅仅以理论的方式进入我们的视野，恐怕很难转化为我们自身的课题意识。因为主体的弥散，不仅与我们的历史和社会实践直接相关，而且关涉到我们对于这些实践的认识和评价——而这一切都无法以直观的方式回收到西方知识界的思想课题中去。

在讨论东史郎问题之前，我已经开始撰写关于日本亚洲论述的论文。但是关于东史郎的讨论和我不断收到的意见反馈，才使得我开始找到了讨论亚洲的生产性视角。亚洲论述既不是对抗西方的思考单位，也不会成为自我肯定的有效工具：在知识论意义上，亚洲论述可以被结构进西方思想的基本框架中去；而在现实实践中，亚洲论述又往往会成为东方知识精英回应西方后殖民知识分子的一个路径。要而言之，亚洲想象并不是一个自明的前提，它并未赋予亚洲知识分子以任何"优先权"。

在整理日本亚洲主义的思想资源的过程中，我逐渐察觉到亚洲想象的真正价值在于它的诱导能力。亚洲论述是引导我们面对形成中的弥散主体的一个认识媒介，因为在亚洲区域性的历史叙事中，我们将面对一个很难掌握的两难问题：如何建立亚洲叙事的必要性，又不陷入文化特殊论的泥沼？"二战"期间，日本京都学派深谙西方历史和哲学的学者们曾经使用过"世界史的立场与日本"的思路来讨论"大东亚共荣"的可能性，它基本上没有能够找到亚洲论述在原理上的生长可能。因为在一个抽象的"世界历史"的模式下进行自我表述和整合，将导致这种世界史框架再生产国民国家的传统意象。

其实，中国人的亚洲论述与东亚邻国的日本和韩国之间存在着极大的不同，邻国的亚洲论述，特别是日本的亚洲论述，事实上只能局限于东北亚的历史，而中国的亚洲论述则可以涉及和必须涉及西亚和南亚以及东南亚的历史。这也正是亚洲论述难以在中国作为一个相对独立的论述呈现的原因之一。但是这个重大的差异并不妨碍我们在相对意义上参考东北亚地区的历史经验，因为一个同样重要的理由是，中国的现代史里最沉重的篇章是与日本纠缠在一起的，而战后冷战格局中与美国的抗争关系，也离不开日本和朝鲜半岛以及中国台湾地区的复杂介入。恰恰是这样一个区域化的历史，把我们直接引向难以被西方后殖民理论简单回收的复杂历史状况，它的特征很难被国民国家的论述框架所穷尽。而对于这个状况的分析，将不应该把我们导向简单化的二元对立思维，换言之，不应该把我们导向一个以对抗"西方"为指归的实体化亚洲，而是相反，它所呈现的界面将迫使我们重新组合东—西方的思想资源，以一个历史和理论的有机层面，呈现世界史新的结构可能。

在这个层面里，直观意义上的"东—西方"区分方式会暴露它的抽象性和虚假性，而理性想象力则可以最大限度地勾勒历史张力场的牵制力和边界，并在对于世界历史形成过程中不同区域理论传统的分析中寻找那些具有启发性而不是具有复制可能性的理论思考命题。如果说亚洲叙事给了我们具体可感的历史经验，那么，这些经验的价值与其说在于可以用来指出西方"普遍性理论"的缺陷（我当然决不否认这种工作的价值），不如说更在于打造我们体验状况的能力并重新思考包括西方理论传统在内的世界思想资源的真实状态，从而把我们从"理论意识形态"的误区中解救出来。具有悖论意味的是，这个从理论意识形态中摆脱出来的努力无法借助于直观经验，更无法借助于"对抗西方"的本土意识形态，它需要借助于一种机能性的理论想象，这种想象不会把我们最终引导到某一个既定的学派和理论的结论中去，而是相反，它会引导我们建立一个开放的理论传统。

1965 年，阿尔都塞在《保卫马克思》一书的序言中激烈地抨击了"法兰西的贫困"——他认为法国工人运动和法国共产党一贯缺少真正的理论素养。他指出，法国真正的民族传统是政治传统，这个传统提供了运动的营养，也滋生了看不起哲学理论（他在区别于已有的教条哲学意识形态的意义上使用哲学理论这个词）的实用主义偏向。阿尔都塞认为，看不起哲学理论比看不起政治理论和经济理论更严重，因为这是发展理论教条主义和哲学意识形态化的土壤。意味深长的是，阿尔都塞是在一个精细的边界意识下表述民族理论传统形成的必要性的：他一方面强调法国知识分子必须要培养自己的哲学修养，同时又强调这个理论上的空白导致的直接恶果在于法国除了少数德语学者外，没有人关心法国疆界以外的思想和成果，法国历史中没有造就出马克思主义哲学大师。

阿尔都塞提供了一个非常深刻的启示：问题的症结不在于如何在一个民族的特殊性意义上创造独特的思想，而是在于如何在民族运动的历史实践中建立与这些实践相对应的理论传统。这个传统，说穿了就是阿尔都塞所说的"从神话退回到现实"，或者说是"从意识形态退回到现实"。马克思这样做了。阿尔都塞保卫马克思，针对的是僵化的意识形态；他在事实上建立了一个思想和理论的实践层面。虽然这个层面和实际社会运动的关系并不直接，而且在阿尔都塞的论述里它也并非总是清晰和一致的，但是阿尔都塞的问题意识却另有警示意义。我相信，这意义就在于重建我们对于理论传统的理解。

在东方的思想传统里，并不缺少帮助我们"从意识形态退回到现实"的思想资源。在中国，有鲁迅；在印度，有泰戈尔；在日本，有竹内好……本书的第二部分中，有几篇短文在极其有限的意义上涉及了这些资源，它们的主题其实都是相同的，这就是东方的主体建构问题。如果说阅读阿尔都塞和其他西方思想家使得我破除了简单和静止的"西欧"意象，并初步感知了存在于西方理论世界的内在纠葛和差异的话，阅读上述东方的思想家却使我得以更直接地了解亚洲的文化主体性是如何以弥散状态得以建构起来的。在使用理论或创造理论的意义上，这些东方的思想家几乎都是"两手空空"地进行思想工作的，但是也许正因为如此，他们都处在一个极其复杂的位置上，这就是他们的开放性文化认同。我们几乎很难使用理论的方式穷尽这些思想家，但是可以在完全不同的历史文化脉络里阅读他们各自的课题，并进而把这些被阿尔都塞称为"总问题"的基本课题置于一个更广阔的思考空间里加以定位和把握。这个思考空间就是"亚洲"，而这些互不相同却又息息相通的总问题，就是近代亚洲的主体性想象问题。在此意义上，亚洲正是主体发生弥散的空间。

正如亚洲同时具有实体性和非实体性一样，主体性也同时具有这样的两面。假如没有政治经济和外交的独立自主权，没有地域自治的权利，亚洲论述和主体性的论述都将是纸上谈兵。但是与此同时，正如我们一旦仅仅把亚洲处理成一个具体的实体就将失掉亚洲论述的真实性一样（在这种情况下，人们立刻会质疑亚洲的"一体性"，从而使亚洲想象失掉地理风土和国家、社会制度之间的一体化根据），主体性也具有这样非实体的机能性。对于主体性的讨论，恰恰是在这样的机能性层面上才可能构成思想的积累，因此它的敌人正是实体化的思维方式。

很难找到比鲁迅更懂得如何在机能性层面工作的思想家了。在他所处的那个时代，无论是已有的还是新造的抑或是引进的，几乎所有的概念都需要经受剧烈变动的锤炼，从而不得不承载过重的和流动的思想内涵；在这样的时代里，"主体性"尤其不仅仅是一个庞大的概念群，更是一个需要穿透语词从而穿透复杂现实状况的文化政治力学场。鲁迅的工作场域，就是这样的文化政治力学场。在鲁迅的思考和著述中充满着的紧张和矛盾、悖论和反讽，正勾画着这种文化政治的特性——它必须在不是自己的时候才成为自己，在拒绝对方的时刻才能包容对方。假如不具有鲁迅式的机能性感觉，这一鲁迅所代表的现代中国文化政治就将被视为语词游戏；而同时，鲁迅所具有的敏锐政治感受力将被理解为彼此不相干的几部分概念的松散结合。

但是，正如我们不能把西方世界理解成一个均质空间，但同时它又的确不断产生自己的"总问题"一样，其实鲁迅也一直固守着自己的"总问题"——现代中国的主体性文化政治。鲁迅告诉我们的，不是关于主体性观念的界定，而是关于主体性建构的谎言与误区；他告诉我们，在看上去最有主体性的地方，存在的仅仅是奴颜婢膝，在最具流动性和无路可走之处，却是造就主体性的真实状态——主体的弥散状态，并不能仅仅理解为没有边界和没有形状，它所具有的那种被竹内好描述为"骷髅"和"黑洞"的性质，建立的是一种极具现代色彩的结构关系。

鲁迅在杂文里简洁而形象地描述的主体弥散状态和它所处的困境，比起福柯和德里达的后结构主义描述来，其实远为博大和深刻。这是古老的中国文明在转型期的艰难和苦难所孕育出的深重智慧，它带有东方文明特有的印记。对于在"送来主义"和"送去主义"的双重欺诈之下艰难地以"拿来主义"作为自我形成信条的文化政治而言，主体的弥散本身构成的不是弱者的自欺，而是对于生存状态的清醒洞察：鲁迅充分地描述了文化政治与现实政治的不对等关系，极其自觉地排除了思想上的功利主义和实用主义；在建立成熟的理性思维意义上，鲁迅为我们留下了并不"理论"却充满了理性洞察力的思想传统。恰恰是这种思想传统的建立，使得鲁迅极为本土化的著述成为人类共同的遗产。

泰戈尔对于民族主义的剖析和他特有的对于西方理性价值观的颠覆，也在同样的意义上具有主体弥散的特征。尽管印度的历史与中国有极大的差异，尽管泰戈尔的这种对于民族主义的理解和批判有他的局限性，但是我们仍然可以借助于鲁迅和竹内好从中吸取必要的营养。泰戈尔同样深谙文化政治与现实政治的不对等关系，自觉地在两者的张力场中工作。当泰戈尔论述思想不自由时制度并不能保障人们的自由，当他把印度的历史描述成由各个民族包括英国一起创造的结果的时候，他显然在试图建立一种有别于"西方思维"的文化政治。假如把这种文化政治理解为对抗西方的文化立场，那就不免南辕北辙了，因为泰戈尔的批判其实不仅与西方内部的某些批判立场相通，而且首先针对的是东方的民族主义问题。

其实，在东方现代性的话语中，对于西方的批判针对的往往是东方的西方意象，换言之，在很大程度上，对西方世界的批判是东方的"内部问题"，而不是"东—西方对立"问题。正是在此意义上，在充分发展对于西方霸权的批判这一前提下，我们可以找到一个摆脱有关文化本质主义纠缠的路径，谨慎地把问题推进到"西方话语"在东方社会如何通过东方的知识精英建构霸权关系的认识层面，建立一个在机能上打通东西方关系的结构，重新讨论人类知识遗产的继承关系。

正是在这个意义上，我试图打破对于空间和时间的直观感觉，重新组合不同地域里的多重思想资源。在本书的最后一部分里，我试图呈现的正是这样的一种时空经验。假如我们把历史所造成的时间想象与对于不同地域的思想资源带来的空间想象做一个有限制的互换，那么，在《日本汉学的临界点》中所援引的江户儒学家荻生徂徕有关"宇犹宙也,宙犹宇也"的提议就很难置之不顾。这种时间与空间的辩证关联也许并不是徂徕的创造，但是当这样的视角既被用来瓦解近代国民国家形成之前的单一文化归属意识，而同时又表现为对于传统日本儒学毫无边界意识的骑墙性质的批判时，它获得了可贵的多重分寸感从而避免了简单化和绝对化的时空理解，这使得荻生徂徕成为我们今天理解世界关系的一个有效的思想资源。而假如使用同样的思路，我们也可以较为切近福柯和斯皮瓦克的焦虑，在一个更为复杂的视阈里定位主体的弥散问题。这也是我把《翻译的政治》与《日本汉学的临界点》并列起来的用意。至于《把握进入历史的瞬间》，则是另外一种结构性的尝试——我希望揭示在东方的主体性形成过程中的复杂状态：就这篇文章而言，是以竹内好和丸山真男代表的貌似对立的两种方法，在进入历史这个复杂对象的时候所体现的微妙的合作功能。

本书附录中的两篇对谈，本是为了台湾读者而做的命题作文，我希望它们传达的信息，并不是关于我个人的状况，而是有助于提供一些问题意识的线索：毕竟，我仍然是一个拙于命名的探索者，也许直到探索的尽头，我都无法获得命名的能力，但是我深信不疑的是，读者究竟比我高明。

2002 年 6 月 10 日于北京

# 跨文化知识状况的思考

1995 年全世界很多区域都在反思和纪念"二战"结束五十周年。在这个年头里，中国和日本的知识界并没有表现出对于抗日战争这一历史事件的共同性立场，相反，除了少数有识者，在各种形式的合作研究中，中国和日本的知识分子基本上回避正面触及这段历史所造成的感情创伤，以知识的态度对待这段历史。于是，自己管好自己的事，成了一个约定俗成的潜在前提。与此相关，1995 年也是中国普通公民又一次强化战争记忆、燃起民族仇恨的年头。各种形态的有关抗日战争历史的回忆，使得中国人特别是年轻一代中国人在感情上加深了与日本的对抗情绪。与此同时，经济全球化也已经进入了中国人的社会生活，它很快带来了文化上的全球化要求，于是，中国人从日常生活到感情和文化选择，都发生了潜移默化的变化。既有的价值观念还在，但是它们已经被结构进一个完全不同的序列里，从而发生着不同的作用。

　　当全球化被语焉不详地不断复制为一个既定前提的时候，有关全球化的了解反倒搁置起来了。特别是全球化与"普遍性""国际性"等概念联系在一起的时候，对于中国人来说，最紧迫的任务被理解为与国际"接轨"，并由此衍生出所谓国际化与本土化两种立场。但无论是哪种立场，都忽视了一个最基本的问题，那就是全球化过程将带来的不是本土文化的开放或者消亡，而是本土文化的重新结构，在这个重新结构的过程中，本土文化的实体性将要受到挑战。

　　本文所要讨论的不是全球化本身的定义问题，而是在中国知识界普遍接受了全球化这一前提下所出现的一些基本状况；这些状况反映了某些误区的存在，它们集中体现在"跨文化"对话的活动当中。实际上，在近年来中国的"跨文化"活动中，本土文化与外来文化大多被理解为某种实体，开放文化和固守文化只是在对立的两极上强调了文化的实体性而已，因而，全球化过程带来的本土文化自我否定和重新结构的可能性，被这种实体化的思维方式遮蔽殆尽，它基本上被理解为一种文化主体与另一种或另几种外来文化（它们通常被语焉不详地表述成"他者"，而在约定俗成的理解中，他者在"自我"之外，与自我一样也具有实体性）相撞时的冲突和对于这种外在冲突的处理——所谓"多元共存"，似乎就是使多个不同的主体和平共处的理想局面。尽管后结构主义的理论已经开始进入中国知识界的视野，但它基本上是空泛的理论，与文化互动和全球化潮流这样的实际状况没有直接关联，作为一种有效的思想资源，它的潜在能量并没有被激活，更多的是被直接祖述诠释或生搬硬套。[1]

在这样的背景之下，经过两年的准备，1997 年在中国和日本少数知识分子之间，开始了一个非常艰难的对话过程。我们给这样一个对话的尝试命名为"知识共同体对话"。不言而喻，主要发起人和参加者试图在这样的对话中建立的，是一种跨文化的共同性知识立场。这一尝试所试图面对的，则是在轻松的全球化叙述和谨慎的跨文化对话背后隐藏着的、存在于中国和日本社会与知识界之间的尖锐的文化冲突。通过对这种文化冲突的触及，希望能够揭示全球化认识背后的思维方式的误区，从而勾勒全球化文化互动的真实状态。

文化差异的表述通常被一些似是而非的假象所遮蔽。这种遮蔽导致的恰恰是被遮蔽的差异和矛盾的深刻化和白热化。仅就中国和日本而言，两国的知识界之间进行的"文化交流"一直令人目不暇接。特别是进入 90 年代，以各种面目呈现的学术交流和友好往来似乎达到了前所未有的热闹程度。但是，在各个层面的交流之中，有一些被自觉回避的问题总是会以人们最不情愿的方式爆发出来；而其中的核心问题，就是战争历史的责任问题。这是一个始终未能在中国和日本的文化交流中获得明确定位的问题。这样说倒不是意指这个问题没有得到讨论，或者没有得到注意，而是说一直没有找到合适的和真实的表达途径。所以，在各种正式和非正式的场合，有关战争责任问题的交锋往往会突如其来地爆发，又被突如其来地压抑。与此相关，如此频繁的文化交流，其实是在非常狭窄的思路中进行的：所谓"专家式对话"是构成文化交流的基本模式。在这个模式中，只允许就一个方向展开话题，比如两国中国学家的交流或者日本学家的交流是最典型的例子：这种交流只以话题所依赖的某一方文化为基础，而相互之间的文化差异则仅仅视为背景从而虚化或搁置，只有当讨论无法顺利进展的时候，文化差异才作为"退路"提出来。它的作用又往往在于以文化特殊论堵住另一方发言者的嘴：关于我们自己的问题，只有我们才了解；局外人没有权利随便发言。通常，面对外国的同行，很少有人敢于与对方平起平坐地讨论对方文化内部的问题，哪怕自己同样是这方面的专家，似乎国籍已经天然地保障了发言者阐释本国问题的特权。

毋庸置疑，这样的模式没有给文化冲突准备余地，而且通常由于话题的设定是在一种文化内部，而这种文化又被视为自足的，所以来自该文化的学者就无形中充当了"先生"的角色。也由于同一个原因，作为专家式对话的伴生现象，跨文化的学术交流常常会引起一些逸出主题框架的潜在纠纷，它们才暗示着文化冲突的真正样态，而这些真正的文化冲突基本上被视为附加的问题草率处理掉，从未构成讨论的主要对象。这使得跨文化交流的友好表象建立在极其虚假的层面上。

出于上述种种原因，我们认为，建立一个真正意义上的跨文化知识空间，把一直被遮蔽的文化冲突和文化差异问题推到前台，是一个迫切的课题。为此，我们在"知识共同体对话"的起点规定了如下几个基本的前提：

一、知识共同体不以专家式的知识交流为自己的目标，它要处理的是专家式交流所遮蔽的文化差异乃至文化冲突问题，并进而以反省各自知识处境和共有彼此的困境为目标。

二、知识共同体的对话以不同学科的研究者和实践知识分子之间的对话为前提，而不是以了解和研究对方文化的某一领域为前提。因此，参加者必须具备的基本条件是对本国文化和社会基本问题的危机感与介入能力，以及对现有知识状况的反省精神。

三、知识共同体反对实体化和制度化，也反对以民族或文化的代言人自居。因此，我们主张以个人的身份加入对话和讨论，保持流动性的交流过程，力求以有限的时间和交流揭示尽可能多的问题，寻找超越国别框架的思考基点。

在上述原则下，我们邀请了中国和日本不同学科和不同行业的知识分子，从 1997 年开始每年举行一次研讨会，并且除了少数几人作为持续性的参加者以创造对话的某种连续性，尽可能每次更换参加者以求保持对话的开放性。到现在为止，这一活动已经进行了四次，它带来的收获是多样的和意味深长的。而且，一切收获都来自冲突和误解本身。可以说，知识共同体的运动过程，提供了一个相对丰富的考察全球化与文化差异相关性的有效视角。

## 命名的困难：自由的个人如何可能？

"知识共同体"是一个非常易于误解的称谓。首先，共同体这个语词显然与我们的初衷相反，具有很强的实体性语感。更何况，在历史语境中，共同体总是带有某种封闭性和排他性；但是，随着全球化的进程，共同体这个语词已经被悄悄地注入了新的国际政治经济内容。各种名目的经济政治"共同体"以凌驾于民族国家之上的形态出现在当今世界舞台上。不言而喻，国际政治经济"共同体"包含着不平等的霸权关系，它的发展所带来的是新的和更隐蔽的权利关系格局。因此，使用这个语词为我们所进行的尝试命名，实在有瓜田李下之嫌。

其实，最初命名时，我们并没有过多考虑，仅仅是有一个潜在的愿望：当世界充满形形色色的"共同体"时，我们为什么不可以有一个知识人的共同体？我们能否拥有一个超越民族国家框架的共通性知识立场？我们能否在新的意义上使用这个语词？

然而，当命名一旦成立，就引来了很多不同的意见。恰恰是在这个意义上，事后我们才意识到，这个充满歧义的称谓其实最准确地勾勒了我们的知识处境。

在最初的一次会议[2]上，我们在知识共同体前面加了"中日/日中"的字样。于是，每个参加者的"代表权"受到了我们自己的质疑。我们是否能够代表自己的国家/文化？回答当然是否定的；但是问题再深入一步，就不容易回答了：既然如此，我们是不是自由的个人？自由的个人如何才是可能的？

这就是第一次会议上出现的主要分歧之一。我们的基本想法是把通常国际学术讨论会的终点作为讨论的起点，就是说，不安排论文宣读，而是直接进入讨论，并在事前要求与会者提供讨论要点。中国的学者为这次会议设定的讨论母题是清理各自的知识处境，交流各自知识界的基本状况，来自日本的学者觉得这是一个无法讨论的问题，在他们的学术习惯中，不设定一个有形的话题就没有办法组织讨论；所以他们建议把话题具体化为"市民社会""公共领域""本土传统与现代性"等通常被专业化讨论关注的内容。

这样的论题其实并没有妨碍最初的设计，因为当讨论深入之后，立刻呈现了各自知识处境的分歧点。日本学者对于中国学者们毫无抵触地自称"知识分子"表示了抵触，他们相当敏锐地感觉到中国学者们具有潜在的精英意识和对于"民众"居高临下的心理。为此，他们诚恳地表示自己不是相对于民众的知识分子，而是自由的个人；而中国学者则认为日本学者拒绝使用知识分子与民众这样的分类不证明他们就是民众，哪怕在日本已经不存在所谓"被精英启蒙的民众"，也不妨碍日本的学院精英保持清高。在这样的分歧点上，日本学者对于所有问题的知识性态度与中国学者对于知识背后的社会现实的忧患意识也发生了冲突。当有的日本学者试图把这种差异归纳为时间差异，即日本已经经过了中国现在的这个阶段，处于不同的发展阶段的时候，引起了中国学者的强烈不满。

最后，分歧似乎归结为知识人的社会角色问题，并进而暗示我们知识分子对于本国文化的代表权必须加以质疑。可以说，第一次讨论在没有找到接触点的情况下不欢而散，而各自就知识分子定位问题所思考的历史脉络没有得到真正呈现。

然而有一些问题却留了下来，并且如同种子一样开始萌发。这些问题的核心就是，当我们试图跨出自己的母语文化进行异文化间的交流时，我们的立场究竟在哪里？所谓"自由的个人"的立场在理论上固然是存在的，但是，当遇到现实问题的时候，我们如何处理自己与母语文化的那种盘根错节的认同关系？又如何处理以母语文化代言人自居而对他文化的对话者不自觉地表现出的优越感问题？在此种状况下，"自由的思考"和"自由的立场"假如是存在的，它相对于什么而存在，又将把我们引向何处？

在几次会议上，一些学者都使用了"中方""日方"以及"我们日本人"等说法，用来指称当时发生在中国和日本与会者之间的一些龃龉，结果他们想要表述的真正内容没有人理会，而这种称谓方式却遭到了与会学者的强烈批评：谁有资格代表自己的国家和文化说话？在另一面，似乎问题的核心更在于，当人们自我规定了"自由的个人"或者"国际化""文化相对主义"等立场的时候，是否能够因而保证自己真的具有思考的自由？它是否有可能使人合理合法地逃避社会和历史的责任？与此同时，在日益蔓延的"国际化"思维中，我们是否有可能陷入另外一种自我欺骗的陷阱以至于以另一种改头换面的西方中心主义来取代已经吃不开的西方中心论，也就是说，以全球视野为名抹掉西方理论资源的意识形态色彩，从而以政治正确的强势话语压抑那些看上去很有东方文化本质论嫌疑的思考？事实上，当人们试图表现自己的"自由"时，一个经常被采用的策略是，使用西方的理论资源讨论问题，避免使用本土资源。一个无可回避的问题是，国际化和全球化的这样一种表象，是否真的保障了我们的自由？这样的"自由"是否具有抵抗本土中心论和狭隘民族主义的能力？

或许发生在几次讨论中的龃龉提供了一个使我们返观自身的线索。最重要的是，我们摆脱概念性思考面对复杂现实的能力将通过这样的返观受到锤炼。

这个复杂的现实就是，全球化和国际化如果构成了对狭隘的本民族中心主义的挑战，那么，这一挑战是否意味着对于所有形态的民族感情和文化认同的否定？在现实当中，我们几乎没有可能以平等和客观的姿态生存于全球化的世界格局中，所有的自由都是有条件的；假如我们试图以非对抗同时又是非妥协的姿态介入当今世界，对于自己母语文化的认同在何种情况下是一种资源，而在何种情况下又是一种障碍？所谓反文化本质主义的思考，究竟在哪一个层面上是有效的批判武器？

不能忽视的是，在近年来的中国学术界，有关民族主义、本土资源与西方中心论等问题的讨论是在非常皮相的层面展开的，在这样一些基本问题尚未得到清理的情况下，中国的知识分子一下子就被卷入了所谓"东方主义"的问题，并且试图回应西方批判知识分子的声音，所以造成了很多混乱。混乱的结果之一，造成了对于文化立场的简单归类，这种归类带有强烈的实体论色彩和概念性。所谓实体论色彩，是指人们理解的文化立场不是一种文化机能，不是在现实状况中进行选择和判断的能力，而是无可置疑、无可分析的固定姿态；而所谓概念性，是指有关文化立场的理解不是建立在流动的状况之中，而是建立在抽象的、先在的既定框架之中。因此，对于中国学术界来说，一方面文化立场的本土观念可以在极其抽象的层面上产生排他性，使得空疏的"中华文明"对抗"西方文化"的图式得以成立；另一方面，学术界可以毫无矛盾地在"体用论"的前提下把西方批判知识分子的声音"知识化"从而强化自我安定感觉。当对于"东方主义"的批判声音进入中国的时候，引起的竟然是民族主义的自我认同，而不是文化相对主义的认识，它证明实体化和抽象概念化的文化认同不可能产生任何新的思想可能性。

或许"自由的个人如何可能"之类的问题无法被正面讨论，因为它必须在状况之中才能成为问题；但是它却在知识共同体的讨论中被一再激发出来，因为基本的困境在于，知识共同体的称谓尽管表达了超越国家和跨文化的基本意向，它却完全没有可能凌驾于这一切之上。在几年来的对话中，我们越来越清楚地意识到，跨文化不可能发生在两种文化之间，它恰恰发生在一种文化之内。也就是说，当一种文化内部发生了对于自身自足性的怀疑时，跨文化才可能发生；在这种情况下，异质文化的媒介作用只有通过本土的知识状况才能够产生，而一旦异文化的问题真的成为自我认知的媒介，那就意味着本土的知识状况发生了结构性的改变。当思考沿着这个方向进行的时候，知识共同体的活动获得了它的自我定位。这就是，寻求在自足的文化体系内部无法呈现的自我否定和自我更新的契机，创造文化主体非实体化的"主体性"，在流动过程中创造主体认知的新的可能性。

## 全球化格局中的"中国"和"日本"

在第三次知识共同体的讨论[3]中，一位来自日本的参加者提出了这样一个疑问：知识共同体为什么要在中国和日本之间进行对话？这是否局限性太大？

局限性当然是不言自明的。问题在于，这种局限是否真的可以避免，假如它难以避免，那么是否可以转而变成我们深入问题的有利条件？

在日益扩大的文化接触中，越来越多的交流发生在多种文化之间。知识共同体的多数参加者都有参加这种多文化交流的经验。在这样的交流中，基本的问题是语言问题。通行的办法是使用英语作为工作语言，这的确使交流的技术困难得到了最大程度的缓解。但是随之而来的却是另一个非技术性的困难，那就是要求与会者懂英语，而这种先决条件相当程度地影响了参加者的素质，因为尽管使用英语者的情况千差万别，特别是英语在不同国家和地区的功能不尽相同，所以很难简单断言所有使用英语者都缺乏对于本土状况的介入和思考能力，但不可否认的是，有一部分熟练使用英语的知识分子有可能是不真正"在地"的。就是说，他们并不能够深入本土的复杂状况，而只能依靠那些相对抽象的通行概念来思考和表达，甚至无意识地把本土的状况置换到他熟悉的英语语境中加以感觉和判断。

于是，一个尴尬的局面有可能出现，那就是这种跨文化交流不可避免地要依靠相当一部分"自由人"来完成，由于英语的使用所带来的限制，这种交流很可能过滤掉文化冲突中最棘手的部分——因为这一部分往往要依靠母语来表达。正如前面所分析的那样，真正的以异文化为媒介的跨文化必须发生在某一文化之内，摆脱母语所带来的局限性可能并不小于使用母语所造成的局限性。尽管我们可以在理论上设想一个使用英语传递本土复杂状况的理想状态，但是这种状态似乎从未出现过。

出于上述考虑，我们坚持知识共同体的讨论必须使用与会者的母语，配以同声传译。这样做的理由是为了扩大与会者的范围，选择深入本土问题又具有国际视野的对话者，使文化冲突与跨文化交流得以在较深的层面展开；尽管翻译的问题因此凸现了它的局限乃至危险性，但是至少使用母语的讨论者本身可以自由地采用母语的思考方式，而对于母语文化自足性的冲击，则首先来自另一种语言的使用者。当然，这样做必然牺牲另外一个范围，亦即使用英语作为工作语言时可以同时呈现更多区域内问题的那样一个视野。这也就是引起很多人缺憾感觉的原因。

借助于英语进行的跨文化交流与使用各自母语进行的跨文化交流，碰撞出的问题意识有何种差异？这一饶有兴味的问题尚未得到充分追问。至少就表面状况而言，英语交流似乎可以在感觉上使一些人缩小距离感，增加"国际"感觉，但是这种情况也完全与个人经验有关，无法抽象判断；使用母语的跨文化交流，一般而言比较容易增强文化距离感，更容易使人产生文化差异和族性差异等潜意识联想。关于文化代表权与自由人可能性的问题，比较容易发生在使用母语进行的跨文化交流状态中，特别是"代表母语文化的还是自由人的"这样一种二元对立的思维，与本土语言的作用直接相关。事实上，差异不仅存在于"本土的还是国际的"这样两极之间，它也存在于一种文化之内或者多种文化之内。在使用母语交流的时候，两种文化之间的差异最容易被意识到，基本对等地看待文化之内的差异和文化之间的差异的思考方式反而会被遮蔽；换言之，突破国家本位的框架思考寻找各个区域之间的相通课题，或者反之，寻找状况之间的差异，显然易于受到母语的干扰。那么在使用英语进行的跨文化交流中，是否有可能排除这种干扰而达成真正的沟通呢？当然，上述分析是在非常表面的意义上进行的，实际情况远非如此简单，然而，即使对于如此初步和简化的问题，我们是否也忽略得太久了？

在知识共同体的四次讨论中，都有韩国学者参加。由于技术性原因，他们不得不使用中文或日文。尽管韩国的情况也在一定程度上被纳入了讨论，但是中、日、韩三国知识分子对话的局面并未形成。这不是我们所情愿的，但却是一个真实的状况。与此相反，另一个饶有兴味的事实是，韩国学者的在场并未促成韩国的思想资源真正进入我们的学术视野，而不在场的"西方"却从来没有缺席过。我们发现，无论怎样调整对话者，以西方理论为基点的视角都是不可动摇的。

事实上，无论怎样刻意规定，亚洲国家的知识分子之间都已经不可能进行独立于西方之外的"纯亚洲"的对话了。换句话说，我们的课题既不是在既定的西方模式之内建构一个亚洲模式，也不是在西方话语之外建构一个独立的亚洲论述，我们的课题只能够设定为直面近代以来西方与东方不同地域的文化相互渗透并且经常伴随着西方对东方的文化霸权的基本状况，思考历史的表述途径和现实状况的分析方式。困难在于，当我们突破二元对立的基本模式而进入问题的时候，避免西方理论作为一种普遍性的模式被无媒介地和无限地应用，和避免过分强调本土资源的特殊性而拒绝进入现代性的叙事，这两者必须被同时纳入研究和思考的视野，从而形成我们讨论的基本视角和边界意识；但是，由于这样的视角至今并未确立，所以我们不能不在两面出击的状态下展开自己的思考。换言之，我们必须在区别于简单的西方化或本土化的意义上确定自己的工作，这就使得我们的工作不得不以"否定"开始，也就是说，仅仅在这个意义上，我们与解构主义的批判立场是一致的。

第一次和第二次讨论使用的视角都是相当"西方化"的。在第一次讨论里，我们讨论了有关市民社会、公共领域、传统与现代化以及中间层等来自西方的命题，并且在这样一个基本框架里展开了相当"本土化"的争论；但是，分歧并未发生在如何界定这些命题的知识层面，而是发生在是否应该仅仅以客观求知的态度讨论这些命题这一点上。如上所述，由于多数日本学者坚持知识的立场而拒绝知识分子的立场，而大多中国学者则恰恰主张以知识分子的立场作为知识的统合与主导，所以"西方化"与"本土资源特殊论"等问题仅仅作为背景而被意识到，并未被推到前台；在第二次讨论里，这个问题被推到了前台，引出了更多的问题。

第二次讨论[4]的主题是民族主义的问题。议题之一是中日学者间围绕德里达有关书写学与民族主义论述的讨论。中国和日本的学者都是有关这个问题相当优秀的研究者，但是在对话当中，一个根本的差异浮现了出来：准确地阐释德里达的理论，并且把他置于欧洲的语境中讨论他的贡献与局限是很重要的工作，但是这样的工作是否可以直接等同于对于本土历史状况的解释？中国学者的发言利用本土的历史资源揭示了德里达书写学的有限性，而日本学者却更倾向于使用日本历史的资源印证德里达书写语言学的有效性。这一基本的分歧在"民族主义"这个总的话题展开之际不可避免地引起了进一步的矛盾：由于历史的原因，日本的民族主义是所有进步知识人的批判对象，而西方理论又在此意义上提供了否定日本民族主义的武器，因此在日本的语境中，使用西方理论具有某种道德优势；更何况会议上使用的是解构主义大师德里达解构民族主义的理论资源；但是，当话题进入中国和日本的民族主义问题时，战争记忆的问题不可避免地呈现了出来。阐释了德里达理论的日本学者并未回应中国学者表达的创伤记忆问题，而是把话题引向了全球资本主义的论述；而在场的其他日本学者，却恰恰因为深感该话题的分量以至于无法简单地回应这个问题；加上语言传递过程中的一些失误，造成了中国学者和日本学者之间感情上的隔阂。

可以说，开始的两次讨论以不同的方式揭示了西方的理论资源以"理论的方式"渗透到东亚国家的知识界之后可能引发的最基本的负面效应：西方的理论并不是抽象的结论，它是历史性的和流动性的，其具体针对性很强。因此，对于西方理论的解读与对于西方历史的解读一样，不能仅仅依靠抽象的演绎；必须警惕的是，当西方理论在东方的语境中被抽象化甚至被作为现成的方法加以直接应用的时候，理论的生命力就被扼杀了。不仅如此，在西方的语境里那些富于批判精神的理论，由于这种抽象的过程反倒在东方的语境里充当了霸权性的角色，被以国际化的名义赋予了凌驾于本土问题之上的特权。因此，仔细地甄别西方理论在使用过程中可能带来的真正的批判性和负面的话语霸权，是对于东方批判知识分子的一个严峻考验。德里达理论在日本语境里引发的批判立场，我们通过日本学者的讨论得到了很大的启发；但是中国人和日本人有关民族与战争历史的复杂感情记忆，应该如何切入这样的理论阐释？或者它是否应该名正言顺地被排斥在理论讨论之外？这一切未来得及正面提出的问题，其实包含了一些基本的和陌生的原理，它关系到西方的理论资源如何成功地转换为本土语境的营养，关系到知识人的国际感觉等一系列难题。

　　第二次会议有两位来自台湾地区的学者和三位香港地区学者加入了讨论。他们的加入使得话题变得更加多层次和更加富于歧义。这五位学者都有着很深厚的英文功底，大部分都有长期留学欧美的经验；他们对于西方理论和本土问题的理解方式与大陆的学者有很大不同，最根本的不同是对于民族主义和民族感情的处理方式：他们对于民族感情和民族主义问题保持着更为丰富的矛盾和怀疑心态，对于文化认同的理解也更具有反思性。相比之下，大陆的学者则对这些牵扯到感情与理论的复杂现实问题缺少足够的反思。台湾和香港视角的加入，使得我们有可能把大陆式的"中国想象"相对化和丰富化，更使得我们和港台学者之间在如何处理西方思想与本土的思想资源关系的问题上找到了某些对话的接触点。

西方的思想资源以什么样的方式切入本土的问题，并且如何在避免话语霸权的前提下参与本土的文化建构？这是一个自 20 世纪 80 年代以来一直困扰中国学人的课题。实际上，不存在独立于东方的西方话语霸权，在很大程度上，西方的话语霸权是由本土的权力结构所赋予和利用的；如果说全球化的格局是一个权力关系的格局，本土的权力关系也并不在它之外。在认识到这一基本状况的前提下，我们有意识地在后来的讨论中加强了对于这个问题的揭示。在第四次讨论[5]中，我们的主题是理论与现实之间的关系，特别是围绕着战争责任所展开的一系列社会现实活动与理论之间的关系问题。比起前三次讨论来，这次讨论的气氛最和谐和热烈，但是碰撞出的问题并不少，只是这一次显示的分歧更具有建设性而已。

在这次会议上，我们请到了一位日裔的美国学者与会。他的参与使得中日的知识分子对话在全球化过程中的定位更加具体化和明确化了。对于这位在日本知识界有着很大影响的学者来说，他的理论活动有着双重的现实功能，这就是以批判性理论面对美国与日本这两个异质社会的基本状况。他的方法是通过揭示普遍性与特殊性叙事的共谋关系，在理论的层面把两个社会的问题联系起来；另一方面，这种问题意识也反过来把他引向了那些历史上确实连接在一起的发生在日美之间的问题，比如在"二战"结束时，美国通过建立日本的天皇制确保其在东亚的战略地位的问题等。可以说这位学者提供了一个非常丰富的个案，提示我们如何恰当地使用理论的暴力性来打破僵死的普遍性／特殊性、西方／东方的格局，重新寻找问题的生长点。在他的讨论里，理论的批判性直接呈现为具有某种反历史倾向的、对于既成思维秩序的破坏，也呈现为试图建设新的思维秩序的尝试；二者的结合保证了其理论思维的活力，但是也暗藏着根本性的危机，这是一个关系到如何避免简单否定从而更谨慎地处理其与现有思维秩序的关系，以有效地介入具体问题分析的难题。就我们的讨论来说，这位学者的参与使得看似单纯的"中日"关系忽然变得复杂了，我们意识到，即使仅仅在"中日"这样的框架中进行对话，仍然有可能直接包容其他区域的问题，比如美国的介入问题、朝鲜半岛的定位问题等。这些并未进入中国知识界视野的问题，才是真正的全球化格局的形态。

## 进入活着的历史：关于战争与中国革命

在中国和日本的知识分子之间，是否能够形成真正的对话，其标志首先是我们能否就战争责任问题进行坦率和有效的交流，并通过这样的交流使相互间的思考推进一步。这样的尝试当然一直在很多学者之间进行，比如各种类型的有关战争历史的合作研究、讨论会，以及共同出版计划等。这样的尝试所不得不面对的基本状况也是我们不得不面对的：在中国和日本有良知的知识分子之间，缺少进行坦诚对话的最基本条件，这个条件就是共有彼此之间在战后半个多世纪以来为追究战争责任付出艰苦努力乃至牺牲的历史。尤其是作为加害国日本的知识分子，他们为了反省战争的历史责任和负起不再战的现实责任所付出的代价是中国知识分子知之甚少或没有能力感受的。当中日之间的战争历史不能脱离整个"二战"格局尤其是太平洋战争来认识，以及战后的美国占领策略对于日本知识分子思考战争责任时基本路向的影响这样一些复杂的问题无法成为中日知识分子的对话前提时，有关战争历史的"合作研究"基本是在浅层次沟通与深层次隔膜的结合状态下进行就是不言而喻的了。

　　尽管近年来日本右翼势力在国内逐渐抬头，但是就国内的情况而言，与中国直接接触的其实主要是日本进步的知识分子；换言之，没有机会直接赴日的中国知识分子主要是通过那些有良知的日本人建立对日感觉的。于是，我们遇到了一个棘手的问题：假如我们承认中日理解的浅表化和形骸化是一个真实状况，那么实际上要承担主要责任的不是日本的右翼，而恰恰是对中国充满友好感情的日本进步知识人。反过来说，中国的情况也并不轻松：大量的日本学研究者基本不触碰战争历史的敏感问题，基本不传达日本国内斗争以及进步人士创伤经验的重要信息，这些工作几乎全部交给了擅长简化事实和进行选择性报道的传媒。尽管"二战"过去半个多世纪了，中国人对于日本的理解基本上还停留在缺少深度的想象层面，那是一种把日本一勺烩并充满敌意的想象。

　　知识共同体的对话当然也是在同样的前提下起步的。这一基本的隔膜致使我们无法在对话的当初就直接进入有关战争和革命的思考，而是在第三年的对话中才真正进入了这个话题。这是一次虽然是初步的但是却取得了实际功效的对话，它廓清了一些最基本的问题，为今后的对话扫清了很多障碍。

作为一个必要的前提，这次讨论使战争责任和中国革命的话题获得了国际共运史和冷战格局的背景。特别是日本和中国相对年长的知识分子的发言，使我们在一个更为具体的历史语境中认识到了战争责任和中国革命的话题在不同历史阶段中所针对的是什么样的具体问题。一位多年从事包括追究战争责任在内的日本社会运动的知识分子指出，中国革命是中国人的历史遗产，也是世界人民的历史遗产，战后日本进步知识人正是在这样一个大的格局中曾经共有过中国人的感觉、观念和立场。但是毫无疑问，即使是这种被理解为共同的立场和观念，其实也是以自己的历史上下文为前提的。

因此，我们不得不面对一个基本状况，即当革命与战争的话题一旦深入，我们都在某种程度上不自觉地认同于自己的国族立场。于是，在这个讨论中的另一个话题便受到了质疑：当有的学者试图把战争与革命放在东亚历史的脉络里来加以阐释，从而把近代以前的朝贡体系与现代史的认识结合起来的时候，这种视角伤害了一些日本学者的感情。事实上，在东亚学者之间论述东亚与西方冲击的抗衡关系是相对容易的，它并不伤害到论述者之间的感情关系；而论述东亚各国历史关系中矛盾冲突的时候，甚至当人们试图把这种矛盾冲突对象化从而在与价值判断相区别的层面上加以阐释的时候，遇到的阻力竟然首先来自人们的感情。"大中国"与"小日本"的意象如此强烈，使得把东亚的战争与革命放在"中华文明圈"的历史框架里加以阐释的尝试立刻被理解为鼓吹大中华思想。

这个意味深长的事实告诉我们，其实在东亚三国之间，对于国民国家的感觉是非常不均衡的，我们通常需要借助邻国的人们对于"大中华"的抵触来了解所谓国民国家的出现在东亚具有的重新调整国际关系的现实含义，而且要借助于历史来了解这种调节对今天的现实所具有的潜在规定性。何以中国人的国际感觉和全球化感觉总是面向西方的？这种面向西方的姿态与日本人面向西方的"近代"姿态有什么根本性的差别？这些问题在有关战争和中国革命的讨论中以潜在的感情冲突的方式被碰撞出来，不能不说是一个收获。

讨论到战争问题，一个最敏感的话题就是南京大屠杀。有关南京大屠杀的规模和数字一直是一个看似简单却缠绕着多种纠葛的极其复杂的问题。长期以来，这个问题以一个极其单纯的方式被不断再现，那就是中国政府与人民坚持30万死难者的数字无可更改，而日本人大多分成两派，一派指责这个数字不真实，另一派则试图以考证的方式证实这个数字基本真实。问题不在于这个问题应该如何解决，而恰恰在于它无数次被人们以各种方式"解决"，却似乎从未被解决过，而且总是以几乎相同的方式被作为新的问题提出。这个特别的现象暗示着，在南京大屠杀的数字问题背后，集中着一个复杂的问题群，它不是通过数字的讨论能够得到解释乃至解决的。但是，通过南京大屠杀的数字问题，我们却可以有效地进入这个问题群，揭示它的基本结构。

在第三次讨论中，我们相对有效地进行了这样的对话，在中国与日本的与会者之间，产生了相当真实的共鸣。我们没有就南京大屠杀的数字问题进行表态式的对话，而是通过具体分析达成了一些基本的共识：战争问题作为现代性事件，首先是国家行为，我们不可能脱离国家间的对抗行为认识有关战争责任的实态；在南京大屠杀的数字问题上，首先体现着这样一个中国政府对抗日本政府的政治性立场。只要日本政府对于战争历史的态度不加以根本改变，这个数字问题就不会消失。其次，纠缠于数字问题真实性的并不都是否认日本战争责任的右翼分子，一些从事进步活动的知识分子和日本市民也在某种情况下表现出相同的态度，这是为什么？这是一个难于清理的问题，它的主要症结在于，日本很多进步知识人在经历了五六十年代的革命理想破灭之后，其基本思维模式被吸纳进冷战思维模式之中。在这个模式中，"国家"（特别是曾经属于社会主义阵营的国家）被简化为一个进步知识人必须加以对抗的符号，而同样被简化为概念的"民主""自由"模式则因其抽象性而遮蔽了它的意识形态色彩，从而被绝对化为普遍性标准。被冠以"科学"之名的"学术客观性"，正是在这样的背景下充当了审判历史的法官。在日本部分进步知识人质疑南京大屠杀数字的姿态背后，隐藏的恰恰是在战后日本语境中发展起来的这种"政治正确性"。他们要表达的是自己对于中国"国家"的批判立场，是以"民主"和"自由"审判"集权意识形态统治"的"政治正确性"。因此，在中国与日本知识人之间出现的有关南京大屠杀数字的争论，其实不是由于一方正确另一方反动，而是由于在各自的语境里，它们都被视为具有政治正确性。

在知识共同体的讨论中，这种政治正确性受到了质疑。不能不指出，假如没有两种语境的碰撞，这种质疑在单一语境中是不可能完成的。当日本知识分子指出对于南京大屠杀数字的质疑体现了日本知识界知识的抽象性时，这位发言者点明了一直被中国学界所忽视的一个重要的问题，这就是战争记忆的情感性如何才能成为进入历史的资源，而不仅仅是直观性的感情发泄。在战争问题上，中国研究者固然进行了大量的研究工作，但是这些研究仅仅作为对于历史资料的揭示而被专门领域所局限，还不能够成为当代思想建构过程中的有效资源；在此情况下，对于战争的研究无法触及中国历史和现实思想状况中那些最基本的问题，这反倒使得中国的战争史研究无法介入当代中国思想那些最活跃的部分；与此相应，中国的普通市民和中国的知识分子都没有把战争纳入思考更广泛的现实问题的视野，它基本上被就事论事地局限在对于战争责任的追究层面上，而作为保存战争记忆的重要资源，情感记忆并没有承载思想史的内涵，它不能够面对复杂的国际政治关系。

因此，中国的知识状况恰恰与日本知识分子对于日本知识界的反省有某种相通之处，这就是知识的抽象性。当知识不能面对活生生的现实的时候，这种知识不仅会屠杀历史，而且会屠杀感情，使感情在无法与思想连接的时候不断被形骸化。中国的知识人在很大程度上满足于对于战争历史的肤浅表态，并且使自己的研究仅仅用来论证某些既定的结论，与其说是出于意识形态的原因，不如说是由于自身思维的惰性。只有当知识被抽象化之后，材料才仅仅成为材料，感情也仅仅是人的直观冲动；战争历史在这样的状况下被处理，它无论被处理得多么具体入微，都不会具有活的历史的内在紧张，因而也不会成为现代的思想资源。

知识共同体的部分讨论成果见诸 2000 年 3 月和 6 月的《读书》杂志。中日学者同时处理战争历史的话题并不鲜见，鲜见的是这组文章具有相当内在的相互补充和呼应的效果。当这样的补充和呼应发生在中国与日本的知识人之间的时候，我们看到了"知识共同"这样一个立场的可能性。

第四次讨论在第三次的基础上又推进了一步。对于战争历史的思考如何成为我们的思想资源是这次讨论的基本议题。理论与现实的关系是一个理论问题，却同时又是一个难以通过抽象论述准确揭示的问题。这是因为，理论与现实的关系并不是对等的和静止的对立关系，甚至也并非结构主义所表述的那种不对等的"二元对立"关系。实际上，当人们试图把现实中的具体事件加以理论概括的时候，事件与理论之间的紧张关系往往被忽略，于是理论与现实通常被视为两个分别对立的实体从而使理论可以无视现实的复杂，或者反之，理论被要求解决实际问题。

通过对一些个案的分析，又有一些新的尚待思考的问题浮现了出来。这些问题恰恰存在于已经相对自足的理论和不断变化的现实状况之间的那种"紧张关系"之中。例如，我们如何处理一种语境中正确立场的相对性问题？在一种文化的内部其正确性毋庸置疑的行为与话语，在进入另一种文化的时候却常常失掉它这种不言自明的前提，甚至被置于反动、保守的位置，这种相对性构成了所谓全球化语境中跨文化交流的最大难题；假如我们不能确保自己立场的正确性在任何语境中都是通用的，这是否意味着对于普遍性与特殊性共谋关系的批判需要进一步复杂化，或曰历史化？在另一方面，我们又不得不警惕借助于这种相对性的困境乘虚而入的文化本质主义，亦即在跨文化交流中拒绝他者的虚假开放姿态。在此基础上，我们的问题是：当跨文化交流形成了一种借助于经济全球化不断扩展的趋势时，我们要加以警惕的是一个悖论性的问题：一方面，我们不能不打破以各种外包装呈现的文化特殊论，这种论调排斥任何形态的他者，拒绝了文化内部的自我更新亦即文化内部的"跨文化"；而另一方面，我们也不能不警惕那种以抽象方式进行的"跨文化交流"，这种所谓的国际化消解了跨文化的所有紧张和冲突，也消解了这些紧张和冲突在自身文化内部的复杂上下文，从而成功地掩盖了跨文化所要直面的基本问题。我们不能不两面出击，在拒绝文化特殊论的同时拒绝抽象的普遍主义叙述。

对于战争与革命的讨论给我们提供了一个非常有效的视角。尽管我们中间并没有专门从事战争历史研究的专家，但是或许正是由于这个原因，战争与革命所包含的复杂历史脉络和活生生的现实问题得以正面地呈现在我们面前。从"为什么南京大屠杀的数字不容置疑"到"中国人是否很容易原谅日本"，这些最简单的问题引导我们进入了对于复杂的文化差异的追究和认识。在这样一个基础上，我们共同思考"我们亚洲人"是不是一个可以成立的说法，"亚洲"能够激发什么样的问题。

2001 年，中日关系和东亚国际关系发生了戏剧性的变化，这些变化暗示了已有的思维框架所无法涵盖的新问题已经在人们思维的盲点区域出现。这个新问题就是由于经济和贸易的相互渗透所引起的政治感觉的新样态问题。由日本扶桑社版历史和公民教科书的审核所引发的韩国和中国政府的抗议，以及这种抗议所引起的日本国内一系列激烈的论争，突出地显示了这一新政治感觉的表现形态问题。与历次关于修改教科书引发的国际政治压力一样，这次教科书事件也同样引发了来自韩国和中国政府的压力，但是与以前的状况不同的是，尽管日本国内仍然存在"干涉内政"之类的批判，尽管日本政府仍然坚持文部科学省的所谓"价值中立原则"，但是教科书审查的最后结局依然是不得不进行了一百多处修改。与各国政府之间的这种张力关系相对应，从该教科书的审核、批准到其被中学采纳为教材的整个过程中，日本社会和日本知识界的良识者进行了持续和艰苦的抵制。而在整个抵制运动的过程中，对于日本下一代的教育问题一直是同日本与东亚的国际关系结合起来论述的。我们至今仍然难以单纯地判断这个抵制运动在现实结果上究竟是成功还是失败（它使扶桑社的教科书不得不大规模修改原有说法，而且使被采用的比例大大降低，同时也使正面记述日本侵略战争历史特别是从军慰安妇历史的日本书籍出版社版历史教科书的采用率大大降低），但是有一点可以肯定，那就是由于日本进步人士的努力，"反对干涉内政"这样一个煽动性极强的口号在日本第一次失掉了它的统合力。

　　与教科书事件相应，小泉首相和内阁部分阁僚参拜靖国神社的姿态也是引人深思的。这次原定在 8 月 15 日举行的参拜被迫提前进行不是问题的关键，问题在于这次参拜与小泉首相 8 月 15 日发表的反省日本侵略历史的"总理谈话"这两件事之间存在着显而易见的内在矛盾，而其逻辑上的自相矛盾并没有成为日本舆论界的焦点问题。与此相应，小泉内阁自组阁后疾速推进了政治话语的崩溃，致使日本的当今政治生活彻底地"日常化"了。这一切导致了一个非常严峻的后果，那就是日本社会的政治生活可以堂而皇之地违背理性精神，也可以理直气壮地不遵守道德律。这样，进步知识分子一向习惯的那种非日常性的思想讨论课题，突然远离了日益"心情化"的社会生活本身，无法发挥现实的社会批判功能。而反过来看，中国社会和知识界一向存在的对于日本状况的简化和情绪化的倾向，在对待教科书和靖国神社的问题上也进一步被强化了。但是这种"强化"与韩国的状况非常不同，它不是植根于对日本的了解，而是基于对日本的漠视。因此，被强化的不是对于日本的仇恨本身，而是这种仇恨情绪的简化或者空洞化。由于近年来市场经济的发展和社会的结构性变化，使得中国社会对于日本问题的关注不是加强，而是淡化了；特别是中国加入 WTO 成为现实之后，中日关系不会成为吸引中国人注意力、困扰中国知识分子的基本问题，是不言而喻的。而随着大量中国造廉价商品涌入日本市场，新版本的"中国威胁论"正悄然扩散，但是仅仅依靠意识形态宣传却不能制止日本人购买中国商品。事实上，离开了包括中国在内的东亚以及南亚和东南亚的广大区域，日本的生产和消费都将陷入瘫痪状态。小泉内阁的自相矛盾正是对这一国际关系的新变化不得不作出的反应。准确把握和分析这样一种国际政治力学关系，而不是简单地依靠意识形态批判维持"进步＝反动"的模式，是知识分子面对的新课题。

在 2001 年的年初和夏季，知识共同体持续地在东京进行了几次讨论。由于条件的限制，讨论者基本上以日本知识分子为主；这些讨论吸纳了活跃在日本传媒第一线的传媒生产者参与，他们不是作为报道者，而是作为思考者，把此前的讨论进一步推向了深入。正是来自传媒第一线的各种信息和困扰，有效地勾勒出了学院方式与传媒生产、批判知识分子与社会现实之间的紧张关系，而其间最为基本的课题，就是如何处理中日社会和知识界围绕教科书和靖国神社事件所显示的种种复杂的思想立场。

在几次讨论中，多数参与者都提到了这样一个事实：包括民族主义批判在内的意识形态批判工作并不足以改变例如教科书事件或者参拜靖国神社这样的基本状况，而单纯地依靠国际政治关系的压力也不足以有效地对抗日本社会的保守化问题，这是因为，由小泉首相反复表述的非逻辑"心情"问题，作为日本新的政治"逻辑"，反映了新的世界政治格局所带来的社会政治感觉的变化，而已有的斗争方式已经不能有效地应对这样的新局面。

其实，由日本的右翼政治家强化的排他性民族主义意识形态，在今天的世界政治格局中是把日本引向死路的自欺欺人之谈，日本实行贸易保护政策之后引起的国内商品市场的价格回升问题，比煽动性的民族主义口号更能刺激普通日本人的神经。当失业率迅速上升而小泉首相的支持率不断下降的时候，类似于扶桑社版历史教科书和右翼政治家的意识形态宣传之所以尚能够打动日本人的感情，主要是因为它们从一开始就诉诸严酷现实中普通日本人无奈乃至无助的感觉，而不是诉诸日本人的理性精神。这种与"政治日常化"局面相呼应的新的"日常化意识形态"的表达方式本身，才是今天的保守乃至右翼政治势力获得社会支持的关键所在。而进步知识分子以理论和思辨的方式所进行的批判，正是由于它的非日常性，大大削弱了其批判的力度和有效性。

2001 年度知识共同体讨论的参加者，绝大多数共有着上述忧患意识；同时，参加者中的相当一部分日本朋友都参与了几个重要的现实运动，并在其间遇到了难以解决的现实课题。利用知识共同体这样一个特定空间，我们集中探讨的是这样一个课题：当日本的内部问题很难关起门来讨论的时候，如何处理日本人与外部世界（特别是与中国）的关系？这个关系不仅是现实的，也是想象的，当这种想象与传媒不断再生产的思维模式直接相关的时候，我们有可能面对的是什么样的陷阱？

日本传媒中的中国想象，随着剧烈的国际局势变化也在不断地调整，比如开始更多地关注中国产品打入国际市场所带来的一系列市场结构变化，中国国内的结构调整加大的城乡差别和贫富分化状况，以及中国居民的生活观和价值观的变化，等等。这些新的中国想象，在关注点上是正确的，甚至与相当一部分中国知识分子的忧患意识是相通的；但是当这些关注点被结构进日本传媒本身牢不可破的解释框架之中的时候，这些关注与中国人本身的忧患意识便发生了根本性的隔阂乃至对立，进而把对于中国新状况的把握简单地回收到旧有的结论中去。比如，当日中合拍的电影《陈宝的故事》在中国遇到拍摄和上演的各种阻力时，日本传媒的基本反应倾向于把它归结为中国缺少言论自由和人道主义，而这个事件的真正内涵却被忽略了。

在知识共同体的讨论中，我们没有就事论事地讨论这部电影，而是以电影的拍摄过程为切入点展示了这样一个基本状况：在中国导演的作品中也处理过类似这部电影的内容，它们有的被禁止上演，有的却可以受到好评，而被禁的情况也绝非日本传媒所想象的那样是一个严重的事件，几乎中国所有的一流导演都有被禁的影片，被禁的理由却未必都是政治或意识形态原因，有时是由于官僚制的原因，有时是由于其他原因。有些被禁止上映的影片在后来上映的时候甚至获得过国家的奖项——情况是多样的和复杂的。最重要的是，所有的导演都不会为自己的影片被禁而停止拍摄，他们通常会立即投入下一部影片的制作，而且作品的创作和鉴赏空间也并非仅限于国内。当日本传媒把一切新的信息回收到旧有结论中去的时候，这种方式显示的是一个认识论上的严重误区，这就是无视中国这个对象的复杂性，使用简单的意识形态结论去"发现"和肢解问题。

于是，在《陈宝的故事》有关拍摄的"故事"里，真正的要素被无视乃至舍弃了——这些要素是：在好莱坞商业影片的冲击下，中国和日本的电影市场同样面临的真正挑战是如何不被好莱坞模式同化而获得自己的观众；而"被禁"的问题，只能置于这样的"全球化"背景下动态地加以观察。"禁止上映"作为电影生产可能遇到的一个障碍，并不是中国艺术家最忧虑的问题，真正的挑战来自电影市场的这种全球性的娱乐观，它妨碍了严肃的思考深入展开。《陈宝的故事》遇到的真正挑战将是，即使它顺利地在中国上演，它究竟能够获得多少观众？它是否有能力同时面对好莱坞意识形态的冲击和中国观众的历史感情记忆？

　　知识共同体的讨论一直持续进行的工作是对于相互间文化想象的贫瘠化和固定性进行揭示，力图建立动态的观察视角。尽管话题不断变换，但是有一个基本的立场却在持续性地推进，这个立场就是拒绝抽象地静止地认识中国和日本各自的和相互间的问题。2001年是一个多事之年，这个年头出现的包括日本的事件在内的一系列国际性事件，特别是"9·11"事件发生后美国所采取的强硬立场，充分证明了所谓普遍正义性的命题假如不与具体状况的准确分析结合在一起，将引发使霸权和强盗行径正当化的可怕后果。这个世界已经不再相信抽象的说教，如何抵制假正义之名而行的霸权行径将是跨文化知识分子的重要课题。

　　知识共同体这样一个一直富有争议的名称把我们引向了一系列复杂的讨论，这些至今尚未获得一致的讨论仍将继续下去。每一次讨论总会留下很多不满足，它把我们引向下一次讨论；在这个意义上，我们欢迎"失败"的尝试，而不是成功的庆典。我们所获得的，将是对于跨文化知识状况的基本困境与可能性的体验和认识。但是在此过程中，一个越来越清晰的认识已经成形：跨文化的"知识共同体"，提供的不是两种或者更多文化的知识人的对话空间，而是使这些知识人得到重新塑造的空间。在知识共同体这个充满文化差异的空间里，文化自足性将要受到怀疑，文化归属意识将被重新打造。那些在单一文化语境里无法呈现的问题，那些在两种文化代言人的对峙中不会得到揭示的问题，才是知识共同体要处理的问题。而通过这样的处理，我们希望达到的，是对于跨文化格局的真实理解，和这个格局的初步实现——不言而喻，它将出现在我们自己文化空间的内部，而它的出现才意味着真正的文化开放。

（原载《东方文化》2001 年 2 期）

**注释**

1　福柯作为备受瞩目的思想家在 20 世纪 90 年代中期进入中国知识界，此后迅速成为引用的对象。他的重要代表作被相继翻译之后，现在福柯的全集正在翻译制作中。德里达的翻译来得慢了一步，但是亦有三四种以上问世。此外，例如罗兰·巴特等人的翻译也在 90 年代末突然涌现。与此相应，翻译的传记和中国学者写作的传记也不断出版。

2　知识共同体的第一次会议于 1997 年 7 月在北京召开，在形式上，它是附着在另外一个讨论儒学的学术会议之后的。这多少象征着当时的知识状况：当这个陌生的思维方式刚刚出现的时候，它不得不附着在它试图超越的专家式交流的形式之后，因为它自己的独立形态尚未得到承认；而从次年开始，它变成了一个独立的学术会议，得到了单独的资助。在此顺便注明，知识共同体的活动至今一直得到日本国际交流基金的积极赞助。

3　第三次讨论会于 2000 年 1 月在北京召开，讨论的基本议题是战争与中国革命的世界史意义。参见本文第三节。

4　第二次讨论会于 1998 年 12 月在北京召开。

5　第四次讨论会于 2000 年 8 月在东京召开。

# 实话如何实说

去年 4 月份，中央电视台《实话实说》节目分上下两次播出了题为《战争的记忆》的讨论，当时正在中国访问的东史郎是这次讨论的中心人物。

在为人所知的程度上，东史郎在中国获得的反响远远胜过他在自己的同胞中得到的呼应。在日本，甚至某些专门研究战争责任问题的知识分子都不知道东史郎的存在，而在中国，东史郎却几乎是家喻户晓的新闻人物。这种情况部分是由于传媒的宣传，而更重要的原因则在于东史郎在中国的登场是与南京大屠杀紧密相关的：东史郎在日本出版他的战地日记《我们南京步兵队》是 1987 年的事情，而他成为中国的新闻人物却是在十一年之后，这是由于 1998 年 12 月 22 日东京高等法院判决东史郎二审败诉——该案为以东史郎在日记中所记载的 1937 年南京最高法院前"邮袋事件"当事人桥本光治为原告、东史郎以及出版日记的出版社和编辑为被告的"损害名誉案"——而东史郎和他的辩护律师小组均不服判决,强调这是不顾历史事实的右翼势力的政治行为。由此,东史郎成为触动中国市民战争创伤记忆的焦点性人物,而《东史郎日记》则被作为证实南京大屠杀的历史凭证,于 1999 年 3 月在中国翻译出版。

提起南京大屠杀,对于几代中国人来说,它并不,至少首先不意味着发生在 1937 年 12 月的那个惨绝人寰的具体历史事件。它已经构成中国人感情记忆中一个最突出的象征符号,象征着"二战"中日本军队在中国国土上犯下的罪行,象征着中国人对至今不肯真正认罪的日本政府以及日本右翼的愤怒,也象征着战后五十余年中国人与日本人在感情创伤方面无法修复的鸿沟。凭借着南京大屠杀这一个简单的象征符号,凭借着 30 万被害者这一个数字,中国人在日本人中确认着朋友与敌人。而东史郎,仅凭着他以 87 岁高龄在日本法庭与否认南京大屠杀的原告方进行不妥协斗争这一点,仅凭着他在南京的遇难者纪念碑前低头谢罪的姿态,他已经足以得到中国人对他的谅解和接受,甚至被视为英雄。

从 1998 年开始的中国传媒对东史郎的报道,基本上没有超出上述这一象征符号的层面。值得注意的是,东史郎在中国唤起的共鸣,要远远超过"二战"之后任何有良知的日本人在日本国内进行的同类斗争对中国人的影响——比如家永三郎为教科书中正确书写日本侵略历史而坚持的旷日持久的诉讼案。

这是一个值得关注的问题:东史郎并不是第一个为日本侵华战争而与法庭打交道的日本人,但他是第一个为了打赢官司而向中国人求助的日本人。东史郎和他的辩护律师小组，恐怕是战后日本历史上最自觉地把战争责任问题从国内推向国际，利用中国和世界的舆论压力来谋求国内斗争胜利的日本人。正是因为这一点，他得到了中国普通市民的广泛关注，得以成为中国传媒中的英雄。

但是，当东史郎因为他的这一位置而得到中国人的接纳的时候，人们容易忽略另一个同样值得关注的问题：这位 87 岁的老人，事实上以他的行动向中国与日本的知识分子提出了严峻的挑战，而对于这一挑战的回应，暴露了两国知识界以不同形态存在着的狭隘民族主义情结和对战争历史的肤浅态度。

首先要从中文版《东史郎日记》谈起。中文版的《东史郎日记》比日文版含量更大，它记录的是东史郎 1937—1939 年间在中国的华北、华东、东北、中原辗转流离的经历，其中有关南京大屠杀的记录只占全书的五分之一。而且即使这五分之一的记述，其实也不能说是对南京大屠杀的准确记录，因为它仅仅记录了日军大量屠杀中国军队的士兵，却几乎没有记录日军在南京"安全区"对于手无寸铁的普通百姓的暴行。使得东史郎成为中国新闻人物的那场诉讼案，其引起争端的日记其实只有一页。滥杀无辜，是南京大屠杀历史记忆中最核心的部分，东史郎的日记在这方面提供的材料极为有限。而对于这种暴行，诸如《拉贝日记》提供的记录则要翔实得多。此外，在《东史郎日记》的其他部分，对于日军暴行的记录也经过了明显的过滤，作为加害者的一员，东史郎对于日军的所作所为虽有保留，在整体上却并不是批判性的。

在日记中甚至有这样的片段：当东史郎的部下想要强暴一个年仅
16岁的女孩时，东史郎命令他到远离女孩母亲的地方去干，于是
女孩被拉走："皎洁的月光笼罩在两个年轻人的身上，他们两人的
样子宛如一对散步的情人，我突然间想到了祖国。"

　　《东史郎日记》的确是一部宝贵的历史文献，但这绝对不是因
为它提供了轻描淡写的战争犯罪记录，而是因为它提供了日本社
会结构在战争状态下的具体形态。而这一点，是《拉贝日记》等
类文献不能够提供的。东京的审判围绕着这部日记是否在战后经
过了整理加工的问题纠缠，以至于使得一些日本的知识人也在该
日记的信凭性方面大做文章，其实是本末倒置的。《东史郎日记》
的信凭性存在于他作为加害者的逻辑之中，这是不可能被局部地
修改涂抹掉的。在我看来，这部日记的真正价值有二：一是它鲜
明地表现了日本军队内部的暴力性结构，它可以有力地说明为什
么日本军队可以对中国人干出那样的残暴行径；二是它潜在地显
示了日本人对中国人所保有的"一等国民"的优越感，它可以充
分解释为什么日本士兵的良心在面对中国被害者的时候并不能保
证他采取人道态度。这部日记中大量记载的日本士兵被上级军官
压抑的情景，以及他们不能反抗而只能另找发泄渠道的情况，让
我们不能不联想到今天的日本社会仍然改头换面保留着的病态结
构；而在东史郎对"支那人"赤裸裸的轻蔑语句中，我们也可以
感觉到今天的部分日本人在面对中国人时的那种潜在的"一等国
民"优越感。而这两个重要的信息，才是阅读这部日记时最让人
触目惊心的真实所在。

　　遗憾的是,《东史郎日记》在中国虽成了畅销书,人们却是在《拉贝日记》的角度上阅读它的。这部书的中译本前言强调出版这部日记首先基于"向世人全面系统地展示南京大屠杀史料的需要",把这部日记最主要的价值视为南京大屠杀的证词;而传媒的宣传也基本上没有脱离这样的基本框架,构成该日记主体的上述两个信息,几乎没有进入中国人的视野,《东史郎日记》被简单地嫁接在中国人既定的日本想象之上。

　　当东史郎本人亲临中国的时候,他也难以避免这种被嫁接的命运:中国人仅仅对他所处的位置——跨越国界寻求中国人的道义声援——表示了兴趣,而这种兴趣立刻转为中国人对于自己历史记忆的肯定,却没有发展为对于东史郎和他的辩护律师小组在日本社会中处境的关注。事实上,假如我们不是如此短路地把东史郎从他所处的语境中割离出来,那么,至少我们可以发现,《东史郎日记》所传达的那两个重要信息,并没有成为日本的历史,它作为现在进行时的干扰素,不仅使得东史郎一再败诉,更使得普通日本人难以对东史郎产生广泛的关注。而东史郎辩护律师小组在日本工作之艰难,与其说在于这场官司难以打赢,不如说是某种"如入无物之阵"的处境。

　　当中国的传媒满足于借助东史郎的位置又一次强化民族记忆的创伤性时,《实话实说》做了一个大胆的尝试。在总体上说,《战争的记忆》仍然没有脱出既定的有关战争创伤记忆的框架,这是因为节目策划与主持人都试图改变中国年轻一代中存在的对待这段历史的旁观者态度;同时,不能不看到的是,中国市民对于战

争的理解仅仅停留在受害者的痛苦记忆层面，这样一个现实也是
《实话实说》策划与主持不能不面对的基本状况。事实上，中国的
知识界并没有为《战争的记忆》这样的节目提供必要的营养，它
可以利用的资源仅仅是为南京大屠杀讨回公道这样一种情绪性的
姿态，而不是对于历史和现状的深入分析。

　　但是，《战争的记忆》仍然向前迈出了艰难的一步：它显示了
近一两年来中国媒体没有过的姿态，那就是试图展示中日普通市
民，特别是普通青年对于战争记忆的态度，用节目策划人的话来说，
就是创造一个使中国人和日本人"彼此对视"的机会。该节目不
仅邀请了东史郎一行，还邀请了在华日本留学生，试图在他们和
中国人之间建立某种对话关系。主持人崔永元在开场白中说"交
流是多种多样的，比如说对一件事实的认定也可以促进交流"，就
暗示了他们的这一基本立场。

　　由于东史郎是该节目的中心人物，在讨论之前还播放了有关
东史郎诉讼案的资料录像，很容易使人误以为这是一次有关东史
郎诉讼案的讨论。但是，无论是崔永元还是在场的观众，都没有
把注意力放在这场官司上，甚至也没有兴趣讨论这场官司究竟是
民事诉讼案还是政治性审判。正如该节目的标题所显示的，这是
一次有关战争记忆的讨论。只要不带偏见，谁都可以看出东史郎
诉讼案在此不过是个引子，并不是讨论的中心内容。整个讨论围
绕着东史郎对他杀人经验的回忆与忏悔，围绕着中国市民的战争
记忆展开，对于战争创伤的回忆才是这场讨论的真正主题。

　　在该节目中，崔永元有过两次明显的粗暴举动：他先后打断

两个青年在发言中提到的仇日情绪的问题，转向如何消解中日之间特别是青年之间仇恨的话题；而饶有兴味的是，在后期制作中这两个片段并未被剪掉。保留了崔永元的粗暴之举，也就显示了《实话实说》的基本立场，而保留了那两位青年的发言，也直面了战争创伤"后遗症"的严酷现实。

假如没有在场的日本留学生发难，这次讨论也许不过是中国人的日本想象和战争记忆的又一次复制而已；然而讨论没有辜负策划者的期待，日本留学生水谷尚子的发难一下子把单纯的讨论引向了复杂的层面。

当讨论把观众的激愤情绪推向高潮的时候，中国人民大学的日本留学生水谷尚子以非常强硬的姿态对东史郎提出质问。她提出了两个问题：一是东史郎在法庭上的证词有"暧昧之处"，一是日本进步知识分子和社会人对东史郎有批判，问东史郎怎么想。这是两个不能构成提问的问题，它的目的显然在于对在场中国人委婉地暗示：你们把一个说话不可靠而且被日本进步人士批判的人当成了英雄，你们搞错了。接着，她又把矛头指向了坐在嘉宾席上的日本评论家津田道夫，指责他批判日本人不肯反省战争责任的说法是把日本人一勺烩了，而且强调说日本课本教授侵华战争和南京大屠杀的事实，日本年轻一代都了解战争历史。

由于后期制作剪掉了水谷与在场者的激烈论辩，通过播放的录像带我们看不到后来水谷本人和日本传媒在文章中所写的那些场面，无法判断水谷在日本发表的一面之词是否准确；但是仅仅从公开放映的录像之中，我们已经可以获得足够的信息以确认一些基本的事实，而这些事实是引人深思的。

首先引人注意的是，水谷尚子犯了一个常识性错误。当她被质问是否承认南京大屠杀的存在、她对这场屠杀的性质和规模怎么看的时候，她拒绝回答，理由是这次讨论的议题不是南京大屠杀，而是东史郎诉讼案。同时，她还强调说她读了诉讼案判决书，暗示她对此案有充足的知识。这种姿态有两个内涵：一是她拒绝接受中国人感情记忆中的这个象征符号，拒绝以理解中国人感情创伤为起点与中国人进行对话；二是她的拒绝基于她作为一个中日战争史"专家"的立场，换言之，她认为专家有资格把这种感情记忆视为寻求历史真实的阻碍。事实上，水谷的拒绝姿态还有更多的内容，这体现在她后来发表在《世界》杂志上的文章中和《产经新闻》基本上基于水谷的一面之词所进行的报道中。

在播放的录像中，我们还可以看到另一个重要的信息，那就是在场的中国人面对水谷这样的日本青年表现出的仅仅是单纯的愤怒，并没有与她真正交锋。由于水谷的提问方式非常隐晦，包含着大量的潜台词，所以真正的交锋必须在潜台词的层面进行，遗憾的是，在场者仅仅追问她对于战争责任的姿态性问题，却完全忽视了她的潜台词——这倒正应了水谷在上集片尾所说的一句未被译成中文的话："中国人对日本太无知！"

还有一个更意味深长的信息是很容易被忽略的，这就是"日本"与"中国"的意象问题。在这个节目中，嘉宾席上坐满了来自日本的客人，跳起来发难的日本人只有一个，然而在人们使用"日本"这个语词的时候，它更多地被定义在拒绝承担战争责任的敌对意义上，而不是东史郎一行试图跨越国界寻求合作的有良识的日本人的意义上。而在反对"一勺烩"的水谷的发言中，"中国"也是一个一勺烩的想象，在她后来的文章中，这一点体现得尤为鲜明。

在《战争的记忆》播放了一个多月之后，日本的《产经新闻》在 6 月 2 日以一版篇幅报道了这次讨论。这一报道为水谷潜台词的解读提供了很好的上下文，从水谷在她后来的文章中毫无保留地推荐该报道的方式看，她本人对《产经新闻》的基本立场是赞同的。仅从该报道的大标题和提示语，我们就可以得到非常多的信息：该报道的大标题为《历史认识暴露了日中之间的断层》，在此报道之前还有一则简要的消息题为《东氏被当成了英雄　中国的政治意图显而易见》。而日本报纸惯常使用的提示语分别为："国营电视台进行的讨论""对'事件'一边倒的姿态""东史郎在中国说了些什么""在围绕南京事件的书籍的审判中败诉指控'否定大屠杀'的不正当判决""日方批判说'违反事实'"。这里有一些要点是不能忽视的。首先，《实话实说》的努力在一个日本式的"中国想象"中被改写为"官民一致"的政治性姿态，那种试图建立对话关系的尝试被完全消解了。从而，这个改写又一次重复了日本式中国想象的基本母题：中国只允许存在一种声音，就是官方的声音。其次，报道的提示把"水谷"置换为"日方"。这暴露了一个重要信息，那就是在《产经新闻》这样具有保守倾向的报纸看来，东史郎等日本人只能代表他们个人，而水谷尚子却成了日本的代表。应该说，这种定位倒是与中国人对东史郎和水谷的定位相当一致，只不过双方的价值判断相反而已。

　　在同年 8 月号《世界》杂志上，水谷发表了她题为《我为什么对东史郎唱反调》一文。水谷首先强调她承认南京大屠杀这一历史事实的基本立场，并且在文章最后部分指责了不肯承担战争责任的日本政府，而这种具有政治正确性的姿态并不妨碍她传达一个甚至比《产经新闻》更具有敌意的 "中国意象"。水谷强调说她因为不同意日本教科书不教授南京大屠杀、强调南京大屠杀的人数问题而受到围攻，在节目结束后也不断接到威胁性电话，并假借人民大学职员之口说："中国的民主到哪里去了？"水谷纠缠住《东史郎日记》引起诉讼的部分已经遗失这一点不放，从而推论《东史郎日记》全都不具有信凭性；另一方面她强调说《战争的记忆》从主持人到观众都对东史郎诉讼案缺少预备知识，而东史郎律师小组一行则隐瞒了对自己不利的情况，把东史郎推为英雄。

　　水谷的指责明显与《战争的记忆》主题设计相乖离，造成这种乖离的逻辑在于一个既定的中国想象：中国是一个没有言论自由和没有司法独立性的国家，因此，中国人不理解日本的三权分立制度。水谷把东史郎诉讼案硬性规定为《战争的记忆》的主题，也是出于她本人的一些记忆：1998 年 12 月 24 日中国政府对东京诉讼的判决结果表示了抗议，而日本社会的一般性反应正如《产经新闻》的报道那样，是强调中国无视日本的三权分立制度，把民事诉讼与政治判决混为一谈；这种对峙不仅使人联想起冷战结构的基本模式，而且暗示了在战争责任问题上高密度地融合了现代世界政治关系的所有焦点问题。水谷本人虽然一再以冷静客观的历史学者自居，但她其实是严格地在这种后冷战格局里说事儿，她对于中国人的指责完全没有脱出由日本传媒制造与维持的那种发达资本主义世界对发展中国家的优越感。

但是我在此并不想对这个年轻学人进行批判。无论是《战争的记忆》讨论现场还是事后她的处境，对她都进行了过剩的指责，因此我倒是更希望强调一个易于被人忽略的情况，那就是水谷不是一个右翼青年，也不是逃避战争历史责任的"新人类"，她是在严肃地讨论问题并且自认为在承担历史责任。

水谷之所以表现得如此令人遗憾，核心问题在于她所受的历史学教育本身。正如《世界》杂志在两个月之后发表的东史郎辩护律师小组所写的反驳文章和石井刚在《读者谈话室》发表的短文所揭示的那样，水谷所谓日本史教科书全部记载南京大屠杀的说法是建立在严重的概念偷换基础上的——她把教科书放在注解中的一个简单说法也视为对于南京大屠杀的正确记载；同时，她所谓对于东史郎诉讼案的"知识"，其实也不过是以东京高等法院的判决书为基准的表层阅读而已。与此互为表里的是，水谷对于中国市民在她的挑衅性姿态面前表现出的真实愤怒采取了极为轻蔑的态度，认为自己试图传达的"日本也在变化"的事实是被"中国人的固定观念排除在外的"，认为《战争的记忆》没有任何具有生产性的面向未来的话题。由于该节目中亦有历史学者参加，水谷这种指责又转向了她对中国知识状况的判断："一般观众还情有可原，专家缺少'探求欲望'的姿态真让我担心中国的文科学问的发展因此而受到阻碍。"

这不是一个日本年轻学人的个人问题，也不是日本学界的特殊问题。由于"二战"的受害者和目击者还健在，处理这一尚且活在我们之中的历史就变成了一个极为复杂的课题。包括中国历史学者在内，这个领域中不乏有人采取与水谷类似的立场，就是满足于对文献材料进行考证，而完全无视甚至敌视人们的感情记忆。这种历史学的绝对合法性从何而来？追究这个问题对于我们重新审视来自西方的近代历史学模式在我们中间的话语霸权有密切关系。但是本文没有篇幅讨论这个极其复杂的问题，而仅仅试图指出一个思路：在南京大屠杀数字上纠缠的，并不仅仅是日本学人，欧美的学者也有同样的姿态。支撑这一姿态的基本学理就是历史的"客观真实性"，它的对立面就是活人的感情。

这种历史观导致的最严重后果，首先在于感情记忆的丧失，它使得历史失掉了紧张和复杂，变成了可以由统计学替代的死知识；而恰恰是这种死知识，最容易为现行政治和意识形态所利用。在此意义上，水谷对于感情记忆的蔑视也正是她再生产"顽固的日本人"意象的根源；而与此相呼应的是，去年日本的右翼杂志 *SAPIO* 发表的荷兰历史学家伊恩·布鲁玛（Ian Buruma）对美籍华人张纯如《南京暴行——被遗忘的大屠杀》的评价立场不仅与水谷惊人一致，也与水谷的言论一样潜在地奉行了冷战逻辑。他强调自己不赞成日本右翼"南京大屠杀虚构说"，但是抨击张纯如的书"不是历史著作，只不过是记录了中国人的历史记忆的书而已"。他还强调说南京大屠杀的数字永远也搞不清楚，因为"那个国家是如此没有信息和议论自由"。恐怕令布鲁玛始料不及的是，他的这篇谈话发表在 *SAPIO* 宣传"南京大屠杀虚构说"特辑的头条位置，理由就是它的"学术性"。

不过问题还有更深的潜台词，那就是水谷所传达的民族感情问题。水谷纠缠住东史郎的人格和信凭性不放，而不去追究反咬一口的桥本，其实不在于这个问题本身，而在于东史郎把自家的事情推出了国门。反过来，当她指责中国人不了解与东史郎有关的内情时，又不加任何转换地就把日本的语境搬到中国来，毫无道理地要求与她相遇的中国人正确理解她的潜台词。当她不能达到目的时，就在日本国内发表文章诉诸日本人的民族感情以发泄自己的不满，这种恶性循环的效果不在于强化日本右翼的逻辑，而恰恰在于强化"有良知的日本人"与"中国"之间的鸿沟。

民族感情并不等于民族主义，我不想简单地在抽象层面上否定它。但是它很容易为民族主义所利用。在有些场合下，右翼和左翼的区分并不能说明问题，甚至存有良知与否也不是决定性因素，当民族感情压倒一切的时候，进步人士也可能做出右翼的举动。当日本有良知的知识人试图面向世界传达自己的声音时，如何把握自己的民族感情是一个重大考验，所谓"学术客观性"并不能保证一个人不去扮演那种狭隘民族主义者的角色，无论其主观上是如何自我设定的。

但是，我不能仅仅谈论日本人的民族感情。我们自己是否为民族感情建立了良性循环？我们是否有必要与日本有良知的知识人共有彼此的痛苦、困境和记忆？记忆是否意味着我们在中国的传媒中惯常看到的那种单纯的民族主义愤怒？我相信这是《实话实说》节目组遇到的一个根本性的难题。在对抗日本右翼或保守势力的意义上，这种单纯的愤怒不仅是必要的，有时也是有效的；但是正如《战争的记忆》里中国观众与水谷无法交锋的场面所暗示的那样，其实单纯的民族主义愤怒并不能够面对复杂的国际政治关系，也不能有效地进入复杂的历史。假如我们尝试着依靠感情记忆来改变历史知识的结构关系，那么这种感情记忆必须能够承担复杂的历史内涵。在这一意义上，中国的知识界在思考战争责任的时候存在着表态多于探究的思维惰性：简单的民族主义立场变成了现成的结论。于是，我们不能不尴尬地共有《实话实说》的困境：感情记忆被简化为一个简单的符号，它在很大程度上使得我们无法与日本人中的有识者共有这一段属于双方的历史，也无法有效排除陈旧的历史学思维模式带来的"屠杀记忆"进而"屠杀历史"的可怕干扰。

实话如何实说？《战争的记忆》进行了一个艰难的尝试。它遇到的困境不是日本的传媒所大肆宣传的"言论自由"与否的问题，而是我们自身思考的贫乏。当中国的知识人不再仅仅把受害者的愤怒理解为感情记忆的唯一内容时，包括这种愤怒在内的感情记忆才会成为我们的思想资源，而我们才会真正进入自己的历史——那将不再仅仅是属于中国人的历史，它将属于我们与其他民族所共有的世界史。

（原载《读书》2000 年 3 期）

# 中日传媒中的战争记忆

本文拟通过分析《东史郎日记》和东史郎诉讼案在中日传媒中的不同定位和引出的不同问题意识，讨论中日之间跨文化话语空间的形成方式及其面对的困难，并进而探讨对活着的历史进行学术研究时学者与传媒之间的复杂关系。[1]

一

《东史郎日记》的作者东史郎，1912 年 4 月 27 日出生于日本，1937 年 8 月应召入伍，曾经参加攻占天津、上海、南京、徐州、武汉、襄东等战役，1939 年 9 月因病回国，1944 年 3 月再次应召侵华，日本战败后，于 1946 年 1 月回国。《东史郎日记》是他在第一次侵华时的部分战地日记，五卷中有一卷是关于日军攻占南京前后的记述。日本青木书店在 1987 年出版了该日记的一部分，名为《我们南京步兵队》，他的记述后又被同一书店所出版的《南京事件·京都师团相关资料集》（1989 年）所收。1993 年，该记述中涉及的邮袋事件当事人桥本光治以损害名誉为由状告东史郎和青木书店以及《资料集》编辑人下里正树，一审二审东史郎均败诉。

　　1998 年 12 月 22 日东史郎二审败诉之后，中国政府立刻作出了反应。12 月 23 日外交部发言人朱邦造接受了记者采访，并于次日在记者招待会上发表了谈话。他说："中方注意到日本法院对《东史郎日记》案作出的判决，对这一不顾历史事实的判决结果感到惊讶和遗憾！"28 日他再次接受记者采访，又一次强调说："东史郎诉讼案并不是普通的民事诉讼，其实质是极少数日本右翼势力企图借司法程序达到否认南京大屠杀的目的。日本东京高等法院无视历史事实作出错误判决，严重伤害了中国人民的感情，中方再次对此表示遗憾和义愤。"[2]

　　以东史郎败诉为契机，围绕着这场诉讼案的核心事件——1937 年南京最高法院前所发生的骇人听闻的日本士兵把中国人装入邮袋浇上汽油点燃，最后系上手榴弹将其抛入水塘炸死的暴行，中国的传媒进行了一系列报道。1998 年东史郎第二次败诉之前，日本友人曾来中国寻求调查取证的支援，得到了广泛的协助。当时的调查围绕三个方面展开：一、1937 年时的邮袋是否能够装下一个人？二、最高法院门前的马路对面当时是否有水塘？三、把手榴弹绑在燃烧的邮袋上扔进水塘对加害者是否有危险，因而这一行动是否能够成立？为了搞清这几个问题，中国各界人士进行了多方努力，包括搜寻有关资料、由专门的实验小组进行模拟实验等，每一个细节都有大小传媒不断报道。而随着东史郎败诉的消息传来，中国人的义愤随之高涨，1999 年的上半年，在北约轰炸中国驻南联盟使馆之前，可以说中国人的兴奋热点都集中在日本的战争责任问题上。1999 年 3 月，江苏教育出版社全文翻译出版了五卷《东史郎日记》（这只是东史郎日记的一部分，但是比日文的《我们南京步兵队》的篇幅大）；6 月便印刷到第三次，仅第三次就印刷了 150030 册。大小报纸杂志的报道自不待言，4 月 18、25 日，中央电视台收视率非常高的节目《实话实说》分上下两次播出了由东史郎和他的后援会亲自参加的讨论，题为《战争的记忆》，该节目获该季度较高收视率。与此同时，上半年在北京上演了以小说《我认识的鬼子兵》为蓝本的同名话剧，由汪遵淇执导；该剧在年老和年轻的观众中引起了热烈的民族主义反响，似乎是汪导演近年来最成功的一部作品。东史郎也观看了该剧，在表示沉痛之余，他强调说日本人对中国的了解不能与中国人对日本的了解相比。[3]

　　与中国传媒这种热烈的反应相反，日本传媒对于东史郎一案反应极其冷淡。若干报纸在东史郎案败诉之后报道了结果，此事就不再被关注；笔者不及查阅例如《赤旗报》这一类左翼报纸，相信它上面会有所反应，但是即使如此，东史郎审判在日本没有形成一种由传媒主导的社会舆论，仍是一个不能不承认的现实。具有象征意味的是，在 1998 年 12 月东史郎败诉的当天，日本东京最有影响且被公认为具有进步倾向的报纸《朝日新闻》上找不到对此事的报道，相反倒是刊登了一则讨论中国人权问题的文字。

就连东史郎诉讼的律师小组也极其遗憾地表示，东史郎一案在日本引不起关注，是日本社会现状的一大问题。[4]

但是，这种情况却由于《实话实说》的工作得到改变。首先，6月2日，日本报纸《产经新闻》以一版篇幅报道了这两次节目的内容；紧接着，作为观众参加了这次节目拍摄的日本留学生水谷尚子在东京岩波书店发行的刊物《世界》上撰文质疑东史郎，并对中国人对待东史郎的态度进行了批判；10月，同一杂志发表了两篇文章驳斥水谷；尽管日本人总体上对于东史郎的名字仍旧陌生，这种情况根本无法与中国人对于东史郎之名的熟悉程度相比，但是与1998年相比，日本的传媒终究为东史郎分配了相对可观的篇幅。于是，以《实话实说》这一深受中国观众欢迎的电视节目为媒介，尽管有着范围的显著差异，东史郎问题总算基本同步地进入了中国与日本大众的视野。

## 二

在对中日两国的媒体处理东史郎问题的不同点进行分析之前，我们有必要先进入《东史郎日记》本身。从各种资料所显示的情况看，尽管争论是围绕《东史郎日记》展开的，但是这部日记并未被作为一个整体性的文本得到细致的阅读。而在阅读这个文本之前，我们又不能不提到另一个文本，那就是由江苏人民出版社和江苏教育出版社联合出版、比《东史郎日记》约早两年发行的《拉贝日记》[5]。

在《拉贝日记》中，构成主体的不是拉贝的个人性日记，而是包括他本人在内的由丹麦、德国、英国和美国人组成的在华"国际委员会"滞留南京的成员所写的致日本大使馆的反映日军暴行的信件、文告和记录当时情况的文件以及档案。这些记载令人发指，它不仅记载了日军在进入南京城后的烧杀劫掠的规模，更活生生地传达出了日军暴行在南京人民甚至包括在南京的外国人之中引起的恐惧气氛。在这些暴行之中，占显著位置的是日军极其野蛮的奸淫行为，兽性大发的日本士兵不分年龄地奸污上至老妇下至幼女的南京女性，阻拦者几乎全被屠杀或伤害；而日本兵在对妇女施暴之后所进行的肉体残害更是令人发指。应该承认，我们在有关纳粹对犹太人的暴行记录里，很难找到同等规模和同等性质的性暴力内容。日本人在世界史上所遗留的"野蛮"形象，很大程度是来源于他们奸淫与屠杀的残酷方式，而根本不是其数量，这是必须强调的一点。在这一意义上，《拉贝日记》构成了南京大屠杀的有力证词。

中文版的《东史郎日记》是东史郎部分战地日记的全译本，仅从标题上就可以看出它与日文版《我们南京步兵队》的差异，那就是它记述了东史郎第一次侵华时在中国随军队南北移动时的全部经历，而南京大屠杀仅仅是它的一个组成部分。事实上，有关南京大屠杀的记述仅仅构成了该书的第二卷，仅有97页，在498页日记中占五分之一。假如把这97页记述与《拉贝日记》相比，它对于日军攻占南京之后暴行的描写简直是小巫见大巫。被反复引用并引起诉讼的有关桥本虐杀无辜中国人的记述，在书中仅占一页纸的篇幅。它之所以构成了注意的焦点和争议的核心，不是由于它是日记的核心内容，而是由于东史郎诉讼案基于这一段记述而展开的缘故。而值得注意的是，除掉这一页记述之外，在东史郎关于南京时期的 97 页日记里，拉贝所描述的那种无节制的残忍兽行几乎没有被正面涉及。尽管它也提到了长江边"牛猪般惨遭屠杀的敌军尸体"[6]，提到了日军以"征收"和"检查"为名掠夺南京居民财物以及日军的嫖娼，但是几乎没有提到《拉贝日记》里所大量记述的那种在"安全区"内以手无寸铁的普通百姓为对象的、更为残酷的野兽般的施暴。

我们无须进行任何推论就可以找到这种记述差异的原因：拉贝是德国人，他在南京大屠杀事件上是一个旁观者，而东史郎是日本士兵，他是事件的当事人，是加害者。

但是，这种视角上的差异可以导致东史郎对日军残暴罪行的大幅度省略，同时也可以导致读者依靠迄今为止各国提供的资料里对日军暴行的揭露对罪行进行复原。即使是在《东史郎日记》内部，我们仍然能够找到这种可供进行复原的材料。尽管在南京时期的日记里，东史郎更多描述的是包括他自己在内的日军的"思乡情结"，但是纵观五卷日记，其间不乏东史郎所在部队在中国杀戮奸淫的记录。我们不能因为它们没有发生在南京而无视其存在，更不能把南京大屠杀孤立于这一系列暴行之外。历史的真实性恰恰不是数字的统计所能囊括的，它存在于一系列要素的结构关系之中。

东史郎的日记作为第一人称记述，尤其是作为侵华日军一员的记述，它的视角明显地区别于受害者中国人，而它能够提供的日军暴行的证据也是非常有限的。仅就它对日军性暴力的描述来看，在东史郎笔下的中国受害者不仅没有声音，甚至看上去简直说得上是配合的；除掉在几个地方受害者的"浑身颤抖"被东史郎注意到之外，在大部分场合下笔调都很轻松。如第四卷里描写到东史郎手下的士兵要对一个16岁的女孩施暴时，东史郎命他到远离女孩的母亲和其他人的地方去干，于是，女孩被拉走："皎洁的月光笼罩在两个年轻人的身上，他们两人的样子宛如一对散步的情人，我突然间想到了祖国。"[7]

在这样的行文中，会时时夹杂以诸如西本（桥本）虐杀无辜的镜头，尽管大部分都被简化，我们仍然可以辨认出残暴的意象。但是，假如把这些部分作为《东史郎日记》的历史价值，恐怕比起受害者一方的证词来，比起拉贝等提供的旁证来，它是要大打折扣的。它的意义，其实至多不过是加害者出面证实发生过屠杀，而不是屠杀本身的残暴经过。换言之，它的文献价值首先不在于它对于事实的阐述，而在于它阐述事实的姿态。

但是如果我们把东史郎的姿态亦即"当事人视角"作为一个基本的出发点追问下去，那么这部日记隐含着的内在结构就会浮现出来。比起证实屠杀和其他暴行的存在来，东史郎日记不可替代的价值在于，它真实地揭示了这些暴行所得以产生的内在机制。

在第一卷里，有这样一段记述：东史郎等人在行军途中休整之时在一家豪宅抢夺值钱的东西时，被原来的新兵、现在的上司军曹本山发现并训斥。本山原来是东史郎等人的下级，"可能有一种潜在的自卑感"，而东史郎也总是不自觉地用看新兵的感觉看他，于是本山大喝了一声："你们在干什么！"

"我们被他大喝了一声，他现在保持着长官意识，是以长官的身份向我们大喝一声的。……我们也有一种部下意识在作怪，马上心里就有一种要服从的意识。两者之间丝毫也没有新兵与老兵时的意识了，只有军曹与士兵之间的关系。本山军曹也借助这一声大喝，恢复了对我们这些士兵的长官意识，而我们被他一声大喝，也恢复了身为士兵的意识。"

"有了这种心情，就很难再轻易回到新兵与老兵时的状态。他不再愿意那样了。他以长官的派头来压我们，我们作为士兵被他压住了。"[8]

这是理解东史郎上述关于忠勇士兵定义的背景。服从是任何军队都必须遵守的基本原则，但是东史郎却告诉我们日本式的伴随着暴力的绝对服从是怎么回事。对于日本士兵来说，军阶所起的作用是超过个人感情意识的，它不仅成为一种评价的机制，更成为控制个人感情和行动的准绳。这使我们可以顺理成章地理解1953年日本的著名思想家竹内好回忆日本宣布无条件战败时的那种感觉："这是一个小分队的事情。当战败的消息传来的时候（恐怕那是在8月15日过去几天以后的事情了），据说队员们全体号啕大哭。他们整整哭了一天。然后他们睡觉。第二天早上醒来，他们同时开始着手进行归国的准备工作。"[9]尽管这只是一个小分队的例子，中国战场上的日本败兵并非都表现得如此富有戏剧性；但是拼死顽抗的日本军人和日本国内的百姓这种一夜之间改变立场接受战败的事实，的确曾经令全世界感到惊讶。对于竹内好来说，日本的战败是一个耻辱，它的耻辱不在于这场战争输掉了，而在于它输掉的方式。按照竹内好的看法，日本人在道德上输掉了这场战争，而中国人在道德上赢得了它。他所说的"道德"并不是我们通常理解的"道义"，而是人的尊严与个体价值。

日本士兵在"二战"中的兽行，是东史郎所描述的那种绝对服从的内在结构的一个对外的表现而已，尽管日军的很多虐杀是自发性的行为，而且日军在纪律方面也并非没有约束，但是《东史郎日记》真实地记录了这种暴行来源于日本社会的天皇制暴力。所谓"绝对主义的天皇制"，正是通过这种"军曹"对"士兵"的权威性维持的，而这种"权威性"，正如主要从精神医学方面研究日本的战争责任问题的野田正彰所揭示的，是造成日本战时士兵的精神病态的主要根源。[10]

但是，问题其实不仅仅局限于战争。天皇制当今虽然改头换面，却仍然是日本社会不可忽视的基本结构方式。只要考察一下现实生活中普通的日本人是如何以不与别人唱反调为自己求得安全，就可以理解东史郎所描绘的那个以暴力所维持，并且这种暴力以潜移默化的方式得到认可的世界离今天并不遥远。而同时，更需要中国人理解的是，日本一代代有良知的知识分子在战后一直坚持不懈地进行着的反对天皇制的斗争，其实并不仅仅是日本人自己的事情，它不仅与我们认识和共有战争的历史记忆直接相关，而且更与今天在中日之间建立真正的理解直接相关。

在《东史郎日记》里频繁出现的另一条更为隐蔽的线索也是

这部日记的价值所在，那就是它真实地表现了普通日本人对于中国人的轻蔑感。正是这种轻蔑感，可以让他们毫无心理障碍地屠杀和残害中国人。即使是东史郎这样保持了某种良知的日本人，当年在亲手杀人和目睹强奸时表现出来的那份轻松，也暴露了他潜在的种族歧视感情：他从未把中国人看成与自己同等的人。东史郎踏上中国土地的第一印象就是它的肮脏。在日记里反复出现的他对于"支那"的记载,几乎总是和肮脏的意象联系在一起的。这当然不是虚构,内陆国家的中国与海洋国家的日本，在清洁问题上存在着的这一差异至今也未必消灭，更何况东史郎更多活动在中国北部的农村。

问题在于，当东史郎提到中国人肮脏的时候，他是在一个价值判断的序列里为它定位的。例如侵占了南京之后，东史郎的评价是"支那人的审美观简直是太原始了"（208 页）；第三卷里对他所劫掠的北方房屋的评价是"支那人的房子都是中看不中用"（249 页）；北方的水井"也不用砖砌，泥土很容易掉进井里。我常常奇怪他们怎么这么笨呢？"（253 页）"残忍而勇敢的人——西洋就有这类人。残忍而胆小的人——就像支那人。正义而又勇敢的人——就像日本人。"（271 页）"都说支那这个民族很会宣传。……这样的人大都卑躬屈膝，丧失骨气；他们喜欢造谣中伤，姑息迁就而不能坚持己见。这样的人最终也不能领导别人。支那人永远也得不到一等国民的称号。"（328 页）

当东史郎在日记里流露这种"一等国民"的优越感时，他传达给我们的信息是非常重要的。几乎是在中日甲午战争之后，近代日本人的这种民族优越感就开始恶性膨胀，它上至首脑阶层，下至普通民众，潜移默化地为几乎大部分日本人所共有。而20世纪末开始形成的日本支那学在推动日本人对同时代中国的蔑视方面起了推波助澜的作用。在东史郎的日记里流露出来的对"肮脏的支那人"的嫌恶之感，让我联想起第一代支那学家狩野直喜对于"支那的肮脏"的反感和他厌恶中国的感情，尽管据说他本人很少洗澡。日本支那学未必直接对日本社会起作用，但是作为学院派的知识人，他们的种族优越感和他们的学术一起留给了一代又一代日本学人，很难断言这种种族优越感不会改头换面地以知识的形态出现。而阅读《东史郎日记》，我们之所以不能忽视东史郎所表现的那种赤裸裸的种族优越感，是因为这种感觉作为一种潜在的意识，不仅支撑了当年那场残酷的战争，而且是构成当今中日之间鸿沟的一个难于被人揭示的内在构造。

## 三

以上花费如此大的篇幅讨论《东史郎日记》的价值，并不是为了正面处理这个文本，而是为了反衬出中日传媒围绕着这部日记所进行的宣传与这个文本之间存在的距离。恰恰是这个距离本身，向我们揭示了中日对话的艰难和传媒在现代社会扮演的角色。

在东史郎1998年末二审败诉之后，中国的传媒不约而同地开始报道东史郎其人与他作为被告在日本败诉这一结果。几乎所有的报道都具有两个相同之点：一、传媒把东史郎视为证明南京大屠杀的证人，把邮袋事件的事实视为南京大屠杀存在的有力证词，不能接受东史郎的败诉是单纯的民事诉讼结果的观点，而把它视为一种日本的官方政治姿态。进而，有些报道把东史郎逐步渲染成一个孤军奋战的英雄。[11] 二、所有传媒都对东京的两次审判过程中双方的具体争论细节缺少兴趣，注意力集中在寻找证据证实东史郎有关邮袋事件的记述的真实性方面。传媒在东史郎败诉后不久开始提供各种证据，以证实南京最高法院门前马路对面有水塘，以及手榴弹绑在燃烧的邮袋上扔进水塘这一行为的可行性。而这两个报道的重点与1998年12月下旬中国政府的官方姿态是相当一致的。当然，在1999年3月之前，由于《东史郎日记》尚未出版，传媒不围绕这部日记本身而围绕南京大屠杀转移这部日记的内容是情有可原的，但是问题在于，即使这部日记出版了，报道的重点也并无改变，何况日记的出版前言在说明出版《东史郎日记》的动机时，把"向世人全面系统地展示南京大屠杀史料的需要"[12] 放在了第一位。

在中国传媒的这种思维定式之后，存在着积蓄已久而且不断被强化的"日本"意象。这些意象的核心不是日本内部进步人士为追究战争责任而做的长期不懈努力，而是与中国人民为敌的、几十年一以贯之的拒不谢罪的意象：几乎每年都要经由新闻媒介传入中国的日本政府官员参拜靖国神社的消息；从否认当年南京大屠杀这一事实的存在到强调30万死难者数字不确的日本右翼的"历史逻辑"；日本政府拒绝承担战争责任的一贯性姿态，日本右翼的恐怖活动；等等。这些对于普通中国人来说已经难以推翻的印记，被牢牢地涂抹在日本意象之上，几乎每一个新的事件都在继续强化它而不是改变它。而迄今为止，由于各种复杂的原因，很少有日本人能够直接面对中国人，与中国人一同正视这样的"日本意象"。也很少有日本人意识到破除这样的日本意象需要日本人与中国人的真诚合作。尽管很多进步的日本知识分子和社会活动家正在从事揭示日本侵华历史真相的工作，但是这些工作基本上是在日本国内进行的，它针对的是日本的右翼势力，这样的工作不可能直接转换为面对中国人的协作姿态，甚至也很少诉诸中国人的帮助，因而基本上被排除在普通中国人的视野之外。

但是与此同时，另外一个意象也不断得到强化，那就是把日本政府与日本人民区分开来，中国人民要与日本人民友好，以防止历史上的惨剧再次重演。这样的意象作为一种意识形态，其现实有效性一直是值得怀疑的，彼此间缺少了解的"友好"，事实上仅仅变成了中国人的一句客套话而已；但是在传媒的报道中，这却是经常使用的一句套话。它遮蔽了中日之间缺少对话乃至对视的严峻现实，为那些令人尴尬的龃龉提供了一个并不可靠的退路。同时，这种"区分"提供了一个可以复制的思维方式，使得一个不变的"日本"永远存在，而试图改变它的日本人却被从中区分出来，并不能因此而使铁板一块的法西斯"日本"发生变化。

中国的传媒，无论是官方的还是民间的乃至半民间的，都很难突破这样两种既定的意象，而且它们的不断强化导致了传媒的宣传逻辑不断简化，简化了的日本意象又不断把相当数量中国人的反日情绪和单纯民族主义情绪推向高潮。很难把这种情况归结为政府的授意，甚至也很难把它单纯归结为民族主义情结，因为中日之间这个理解的鸿沟，首先存在于情感层面，而不仅仅是意识形态宣传的结果。正是在这种情况下，东史郎出现了，他面对中国人民，呼吁中国乃至世界的舆论给他以支持。对于中国人来说，东史郎个人的品质、他的发言的信凭性其实在这个事件里不是关键性的因素，东史郎所处的位置才是关键性的：这个位置意味着日本人正面呼应了中国人的感情要求，他对于中国人的倾诉使得中国人再次确认了上述两个基本意象。对于战后的几代中国人来说，能够在情感方面毫不回避地面对中国人的日本人，能够作为过去的加害者跟当年的被害者以及他们的后代坦诚相对的日本人，至今寥寥无几。更不必说东史郎显示了日本进步知识分子迄今以来很少显示的明确姿态——谋求中国舆论的援助以促成自己在日本国内斗争的成功。这使得他找到了一个与中国人和中国传媒对话的接触点。在这个意义上，东史郎的出现的确难能可贵。他受到欢迎是必然的。

　　但是假如没有《实话实说》节目的制作，东史郎诉讼案在传媒中引起的反应不会显示出这个接触点的难能可贵，它可能仅仅是强化既定日本想象的一个新的环节而已。因为在其他传媒的宣传中，东史郎被从他所在的日本背景中剥离了出来，被简单地安排在了中国人的对日情绪之中；而《实话实说》却试图了解，日本人尤其日本青年是如何看待东史郎的。

　　《实话实说》是中央电视台的一个节目。这个节目自开播以来主要以反映当代中国人对社会生活和家庭现象的"实话"为宗旨，比起那些针砭时弊的新闻节目来显得有些"软"。但是这个制作小组的成员有一种看法，认为应该对收视者的思维方式产生多元化的影响，打破单一的思维样式，所以他们一直刻意地营造一个"让大家说话"的空间。这个节目采取的方式是现场录制，事前不进行排练和授意，所以对于谈话会朝哪个方向发展并不做过于具体的预设。主持人崔永元在这个节目中的重要性在于，节目策划者的认识是通过他的提问和主持体现的，从他力图在热烈的讨论中尽可能平均地为发言者分配时间的做法看，《实话实说》的确是以"让大家说心里话"为宗旨的。

　　《战争的记忆》在 4 月 18、25 日分两次播出。坐在嘉宾席上的是东史郎和他的支援者山内小夜子女士，还有专程陪同东史郎来华的辩护律师、著名日本评论家、在日华侨、留学生以及东史郎的女儿等。由于这一嘉宾的阵容，很容易使人简单地推断这是一场关于东史郎诉讼案的讨论，而且在现场讨论开始之前，嘉宾和观众一起观看了有关东史郎诉讼案的录像材料，它让人联想起从 1998 年 12 月开始中国传媒所进行的大量报道。但是假如去掉先入为主的概念性推理而面对《实话实说》的特定空间，面对《战争的记忆》这样一个标题，我们不能不承认这并不是一场有关东史郎诉讼案的讨论。

　　崔永元的开场白是这样的："交流是多种多样的，比如说对一件事实的认定也可以促进交流。"可以说，他巧妙地传达了该节目的策划者海啸和虎迪的基本想法。我分别向这两位策划人询问过他们制作本节目的意图，他们表示说，借着东史郎来华的契机，他们希望能够创造一个中国人和日本人彼此对视的机会，"因为我们彼此之间太不了解了"。之所以邀请了在华的日本留学生参加讨论，就是因为希望听到他们的声音并且尽可能多地听到不同的声音。尽管他们没有预料到后来会发生激烈的争执，但是至少在他们的思路里，是为这样的可能性提供了空间的。

崔永元当然并不是简单地"无为而治"，他在这个节目中有过两次明显的粗暴举动。一次是打断了一位大学生讲述他高中时代参观了南京大屠杀纪念展之后题字"我若得志，日本必亡"时的话，一次是打断了一位报纸编辑关于中国青年在问卷调查中有 97% 的人有仇日情绪的叙述。这两次打断之后，他都急忙转向了如何在中日人们特别是青年之间消除仇恨的话题，但值得注意的是这两位青年的发言并没有被剪掉。显然，节目组不希望借助这个节目煽动人们的仇日情绪，但是他们也不想掩盖现实中存在的这个严峻事实。保留崔永元的这两次"粗暴"，也就保留了《实话实说》节目组的自身立场，更保留了它所面对的这个两难之境。

在这个节目中，崔永元只向一个人提出了直接涉及东史郎诉讼案的问题：他问东的辩护律师"在法庭上有人说东史郎的话不是事实，您是怎么为他辩护的"；而在自由讨论的时候，除了后来站出来唱反调的水谷尚子以外，只有一个中国姑娘对东史郎提出了"您觉得自己能够为南京的 30 万冤魂讨得公道吗"这样一个问题，其他发言虽然与南京大屠杀有关，但是却与东史郎的诉讼案没有直接关系。

那么，这个节目到底讨论了什么？

上集是东史郎本人的陈述。他细致地描述了写在《东史郎日记》中的一段他连杀三人的经过（但是这次屠杀没有发生在南京），使摄影场里充满瘆人的沉默；接着他回答崔永元提出的"是否每一次杀人都有理由"的问题，这样说："杀人这件事不是道理性的，那恐怕是一种感情动荡的结果吧。而且日本军国主义那个时候彻底地支配了我们。"后来，他还描述了南京沦陷时期他所参加的一次屠杀 500 名手无寸铁避难于"安全区"的中国平民的行动经过。

在这样的陈述之后，来华的日本人和华侨留学生的谈话不可能不带有感情色彩，尤其是当华侨林伯耀说中国人对于日本战争责任的追究"太客气"的时候，当评论家津田道夫批判日本人在战后缺少必要反省的时候，观众的情绪开始激动是非常正常的。而在下集里开始观众讨论的时候，两位年长者对于南京沦陷时日本士兵硬性闯进"安全区"强奸中国幼女的兽行和亲人惨遭杀害时情景的叙述把在场者的情绪推向高潮，也是顺理成章的。在此之后，上文提到的两位年轻人有关仇日的发言，在这样的上下文里，甚至也并不显得突兀。

可以说，这是一场交流各自历史记忆的讨论，而不是一次有关东史郎诉讼案的讨论。在这样的氛围里，没有人对东史郎诉讼案的细节表示兴趣是必然的。无论在主持人的主持里还是发言者的发言中，都没有为诉讼案的细节提供位置。诉讼案不过是一个引子，而不是话题。在此我必须强调的是，为了准确把握《战争的记忆》这个节目的基本内容，我们必须把握它所激起的感情能量，并且公道地给这种感情能量以它应有的位置。

当会场上的这种感情因素成为左右人们思考的主导性气氛时，中国人民大学的日本留学生水谷尚子要求发言。她首先对东史郎提出质疑，婉转地暗示东史郎在出庭做证时的证词前后矛盾没有可信性，而且暗示日本从事日中友好工作的进步知识分子和社会活动家对东史郎有批评。接着，她又不客气地向批判日本人不肯反省战争责任的津田提出抗议，说他把日本人不分青红皂白地一勺烩使得在中国留学的日本人很为难，希望他"谨慎"；她还强调说日本课本不教授侵华战争和南京大屠杀不是事实，日本的年轻一代都了解战争事实。

尽管播放的录像经过了剪接处理，但是水谷在会场上的不利处境仍然是显而易见的。由于她发言的姿态带有强硬的挑衅性，她立刻遭到了中日与会者的反驳，会场气氛因而变得有些紧张。水谷进而犯了一个常识性错误：当她被质问是否承认南京大屠杀的存在、她对这场屠杀的性质和规模怎么看的时候，她回答说这次讨论的议题不是南京大屠杀，而是东史郎诉讼案，因而她拒绝回答这个问题。这不仅使她错过了一个使自己与日本右翼形象相区别的机会——她不了解，在中国人的感情层面里，南京大屠杀首先是一个区别敌人和盟友的象征性符号，而不是一个需要进行复杂说明的历史问题——更显示了她对在场讨论者的不合作的情绪。

水谷最后承认了东史郎的证词也有部分道理，而且说她反对某些日本政治家以抹杀历史真相的方式"维护国益"的方法，至少可以看出，她不是一个右翼或对历史无知的青年。但遗憾的是，作为一个研究中日战争历史并且勇于思考问题的年轻学人，水谷仅有对知识的敏感却缺少对问题的感受能力。这使得她在最根本的判断上出了错，甚至连《战争的记忆》这个节目究竟在讨论什么都搞不清楚。

《实话实说》制作组如何评价《战争的记忆》我不敢妄言，至少在我看来，他们的认识通过这个节目得到了体现也没有得到体现。说得到了体现，是因为他们的确让不同的声音出现在同一个空间里，并且展开了一定程度的争论；说没有得到体现，是因为他们不可能控制参加者的激烈情绪而仅仅能够展示这种情绪，并在某种程度上顺应它，因此他们希冀的"对视"，在这种情况下是不可能出现的。《实话实说》制作组本身的意图，也因此很容易被与会者的反应遮盖，从整体效果上看，不能不承认这个节目并未超出已有媒体宣传的框架。只有在对其进行详细观察的时候，我们才能发现它试图把自己从现行媒体宣传中区别出来的努力。崔永元在为讨论总结的时候说了一句话："看来针对一个具体事实达到统一的看法远不像大家想象的那么容易。"这本是他对自己开场白的呼应，不料竟成为对后来事态的预言。几个月之后，在日本的传媒里，针对《战争的记忆》这"一个具体的事实"，展开了与《战争的记忆》截然不同的叙述。

## 四

6月2日《产经新闻》以差不多一整版的篇幅报道了《战争的记忆》的经过。该报道分两个部分，均出于该报驻北京记者古森义夫之手。第一部分是一则简单的消息，题为《东氏被当成了英雄　中国的政治意图显而易见》，分析说《战争的记忆》节目的制作"很难设想没有当局的参与和了解能够实施"。该消息报道说去年12月中国政府对东史郎案件的败诉所显示的姿态完全无视日本三权分立和司法独立性的基本原则，而《实话实说》只在形式上有所区别，姿态却是同样的。该消息还说，东史郎的《我们南京步兵队》是以他的战地日记和记忆整理而成的，而引起诉讼的有关桥本邮袋事件的记录却没有当时的日记为凭证，因而不足为信，故东京高等法院判其败诉。《实话实说》完全不涉及该审判的这一内容，只是对判决结果和其背后的"否定日本侵略历史"进行了指控。接下来该消息引用水谷尚子的意见说，中方参加讨论的人对这次审判的内容和日本的司法制度缺少相关知识，连区别一般民事审判和国家赔偿诉讼案都不懂。水谷的话也被直接引用："东氏一个人被当成了英雄，日本人全被视为坏蛋，中国方面的这种手法对于日本方面认真研究战争责任和侵略历史的人们实在是太失礼了。"该消息最后煽动说："问题是，这种手法作为政治宣传是否真的能够深化日本方面的历史认识？如果设想一下日本方面对于中国的民事审判结果进行官民一致的同样宣传，那时中国方面会有什么反应，答案就是不言自明的了。"

　　第二个部分是有关《战争的记忆》的详细报道，题为《历史认识暴露了日中间的断层》，而日本报纸经常使用的揭示主要内容的提示语分别为："国营电视台进行的讨论""对'事件'一边倒的姿态""东史郎在中国说了些什么""在围绕南京事件的书籍的审判中败诉·指控'否定大屠杀的不正当判决'""日本方面批判说'违反事实'"。该报道相当细致地记述了讨论的内容，对于原话的引用也是准确的，但是，当这些记述被加以裁剪以适合于该记者的意识形态思路的时候，整个讨论的氛围被进行了微妙的改造，呈现了相当不同的面貌。

首先，《战争的记忆》这个讨论的主题与《实话实说》节目制作人的基本立场被完全改写。在第一部分的简短消息里，《战争的记忆》被等同为与中国政府的姿态完全相同的政治性姿态，而在第二部分的报道里，崔永元的两次极为明显的阻止仇日情绪表达的努力也未被提及。同时，水谷尚子在节目中发言的时间仅次于东史郎，后期制作如果采用"一边倒"的立场，不可能给她保留如此多的镜头。相反，在后期制作中被删掉了的有关南京大屠杀数字的情绪性争论和在场中国人的激烈反应被加进了报道里，特别还引用了在场的中国人"他妈的"的国骂以增强效果。

从行文方式上看，记者本人当时并不在场，他使用的是无法核实的第二手材料。由于这些材料具有情绪性，提供材料者根据自己的需要删掉其中微妙的部分是完全可能的。笔者向《实话实说》剧组要求提供这一部分资料时遭到拒绝，根据中央电视台的规定，被删掉的资料不能调用。所以可以推断对于这些被删掉材料的引用依靠的只能是当事人的记忆。按照东京的东史郎审判所奉行的逻辑，记忆是没有信凭性的，如果追究下去的话，完全有理由说这一段资料是不可信任的。但是我在此并不想追究这个问题，因为在我看来，中日之间在战争历史事实上不能达成共识，政治意识形态的龃龉并非是全部的原因，很大程度上与一部分日本人过分夸大"东史郎诉讼案"式"证据"的绝对价值、无视发言者的语境的做法有直接关系。关于这个问题我将在下文讨论，在此从略。由于这种"偷梁换柱"的手法，《战争的记忆》的主题被偷换了。正如上文所记述的那样，该讨论不是讨论东史郎诉讼案，那仅仅是个引子，它的主题是中国人与日本人的战争记忆；把《实话实说》剧组"建立中日彼此间对视"的设想改写成"官民一致"的政治姿态，是该报道对于战争问题讨论现状复杂性的极大简化。可以说，该报道的"一边倒"姿态更为严重。

其次，在这则报道里，东史郎和其他日本人的定位是含糊的。记者显然不认为他们有资格代表日本。这个微妙的潜在意识可以从该报道的一个提示语看得很清楚："日本方面批判说'违反事实'。"这显然是指在会场上持有异议的水谷尚子等人。为什么不说"日本留学生"而要说"日本方面"？这是否应该视为东史郎在发言中引用的日本右翼恐吓信的詈骂在部分日本传媒中的体现？——东史郎说，日本右翼的恐吓信骂他为"卖国贼"。假如日本真是一个言论自由的民主国家，为什么东史郎和他的支援者不能代表日本，而水谷尚子等人却成为日本的代表？假如《产经新闻》奉行言论自由的方针，为什么要在同一讨论空间里做如此区分？

再者，《产经新闻》作为相对保守的日本报纸，在报道东史郎诉讼案和《战争的记忆》节目内容的时候与中国的对立倾向是明显的，但是它在一些基本态度上仍然与日本右翼的立场有某种微妙区别。在报道的版面中插进了两篇介绍性短文：一篇是有关东史郎诉讼案的概述，结尾特别强调了一句"关于历史上的争论，一、二审均避免进行判断"；另一篇是有关"南京事件"的介绍，以一种不情愿的书写方式承认日军占领南京之后屠杀中国俘虏和市民以及掠夺这一"事件"的存在，但强调日本方面要求调查人数的呼声很高。[13] 这样一种基本立场，尽管可以保证该报在报道中国人对日本战争责任的追究时不至于作出极右的反应，但是不能保证它提供理解中国人这种感情的可能性。所以，这个报道的大标题非常准确地传达了这种分寸："历史认识暴露了日中间的断层"。对于断层的强调，暗含着两种可能性，一是缩小乃至消灭它，一是扩大乃至利用它。前者是日本进步知识分子的努力方向，后者是日本右翼的基本立场。而《产经新闻》的报道似乎是处在这两种可能性之间。

为了理解这一类传媒的定位，我们不妨看一看右翼的媒体是如何对待日本侵华史实的。1999 年 7 月 14 日东京小学馆出版的杂志 SAPIO 推出了一个专题，题为《蓄谋的"南京大屠杀"宣传运动》，以美籍华人张纯如的《南京暴行——被遗忘的大屠杀》（1997 年出版）为中心，重提"南京大屠杀虚构论"。该专题首先刊登了在美荷兰学者伊恩·布鲁玛的访谈，借这位历史学家之口对张著的可信性进行了抨击。布鲁玛强调自己并不同意日本右翼的所谓"南京大屠杀虚构说"，而且认为"这本书里所写的可怕事情恐怕是实际上发生的事情"。但是，他认为书中利用的资料不可信任，所以"它们是否全都是真的，我不知道。这本书中写的被杀害的人和受到摧残的人数是不是正确的我也不知道"[14]。他对张纯如此书在美国的轰动是这样解释的："如果这部书是纯粹的历史书或者学院式的资料，我想它不会有如此的销路。此外，如果作者是个鬓发斑白的白人教授，恐怕也没有如此的轰动效应。直说吧。此书的畅销是因为作者是个很上镜头的、年轻貌美的华裔女性。再加上她有着热情。此外，暴力与残虐也是畅销书不可或缺的要素。"[15] 布鲁玛给这部书的定位是"不是历史著作，它不过是记载了中国人历史记忆的书而已"[16]。而且，他认为张纯如有"被虐妄想"，是通过诉诸中国人的感情来确立自己的文化认同。

　　布鲁玛的访谈提供了一些引人深思的问题。战争史是历史的重要组成部分，准确地再现它的真实状态是历史家的道德责任。仅仅把对历史的追究停留在感情层面是有害的。它的害处在于会使历史的复杂性流失而被简化为意识形态的宣传。但是布鲁玛忘掉了一件同样重要的事，那就是所谓"历史真实"并不能够简单置换为统计学的数字和不带感情色彩的"知识"，更何况数字和知识也并不天然具备保障历史"真实"的功能。"二战"的幸存者还有很多人健在，这场战争不可能变成美国的南北战争、法国大革命或者中国的清军入关那样的历史知识，研究它的历史家宿命般地必须直接面对受害者的感情和加害者的否认，以及这段历史与现实国际政治之间的关系。不正视这一切在"二战"史研究中的定位，尤其是当历史家面对否认历史事实本身的右翼的干扰时，他如何使自己的研究不被政治意识形态所利用？布鲁玛本人的发言事实上也落得了这样一个结果，这篇访谈被安排在一个极为露骨的右翼宣传序列里。

　　与布鲁玛的学者式思维相对，日本的国际政治学者滨田和幸另有解释，他认为张纯如是中国政府要在控制日本方面加以利用的一个筹码，而且她被作为转移国际上对广岛、长崎原子弹惨剧的视线的中和剂；在张的背后，是中国政府与美国政府复杂的利害关系，日本的残虐形象因此才有多种利用价值。所以，日本要对中国采取"毅然的态度"。

专题中还发表了两位新闻工作者的对谈，该对谈使用"推理法"否定了南京大屠杀的事实。其中一人谈到他曾经在上海采访，听一个三十出头的大学毕业生说他从来没有从住在南京的祖母那里听说过这场屠杀，又听王若望先生说他听说南京大屠杀是在1949年前后，所以根据这两个人的说法推理说中国人不知道南京大屠杀，这仅仅是中国共产党的政治宣传，而中国是一个根据政治要求不断改变历史真实的国家，所以南京大屠杀的真相可能永远也搞不清楚。在这个对谈之后还附有几张照片，其中有三组是加工后的照片与原来照片的对比，例如东北的杀人现场被搬到了南京，在瓦砾中孤独地啼哭的婴儿背后其实有成人，提首级的日军手里提的人头之下原来有身体等。依靠这样几个细部的问题，编者试图推导的结论是，如果细部不可靠，那么整体也就不可信了。

SAPIO 虽然没有涉及东史郎和《战争的记忆》，但是它提供了一个了解日本右翼阵营的背景材料。与《产经新闻》的不同之处在于，这份杂志对中国的敌意是赤裸裸的，它关注的不是日中之间的"断层"，而是如何提醒日本政府和日本人民把中国作为一个敌人。

把日本的保守乃至右翼传媒对战争责任问题的姿态与中国传媒的姿态放在一起讨论，我们可以立刻注意到一个张力场的存在：无论用"断层"还是用"对垒"来表述它，都似乎难以穷尽这个张力场内的紧张关系。文化研究所关注的"国家"与"社会"之间的复杂互动关系，在战争这个问题上，似乎得到了最充分的展示。而这种展示，只有放在这个张力场中才能呈现它的复杂性。我们可以清楚地看到，在这个张力场里，民族国家内部的复杂矛盾以一种悖论的方式被掩盖在国际关系的紧张之下。无论是《实话实说》制作组在中国观众单纯的愤怒中进行的艰难努力，还是东史郎一行与水谷等人之间未能充分显现于前台的复杂对抗情绪，都只有被置于由中日传媒所结构的这一强大的张力场内才能获得最充分的意义。当两国的传媒与知识界都不能跨越这个张力场而简单地获得共识的时候，发生于各自内部的矛盾纠葛一旦被置于这个张力场之中，它们便突然之间失去了定位的可能。

　　无论是《实话实说》制作组不得不展示中国普通市民的愤怒，还是东史郎在日本传媒里失掉代表"日本人"的资格，都暗示了国家框架作为一个潜在的思考单位对于生活在其中每个成员的规定性。在"全球化"日益变成一个语焉不详的既定前提的今天，恰恰是战争话题提醒我们，国家与民族并不单纯是一个学理或政治意识形态的概念，它其实首先是一个感情的记忆；恰恰是这种感情的因素，使得我们不能够仅仅在逻辑上讨论国家与民族的问题，更无法在国家与民族的框架内部去讨论它。

## 五

　　与保守的或右翼的传媒不同，具有进步倾向的媒体也在南京大屠杀事件上显示了自己的态度。1999 年 8 月，东京的岩波书店编辑发行的《世界》杂志发表了水谷尚子的文章《我为什么要对东史郎唱反调》[17]，同年 10 月又发表了东史郎律师小组联名写的文章以及一封读者来信，提供了一个立体性观察这一问题的空间。

8 月号的水谷论文有以下一些主要观点：一、侵略国日本造成的南京大屠杀是一个不可否定的历史事实，她是在这一大前提下讨论问题的；二、讨论中涉及的日本教科书不教授南京大屠杀事件的说法、南京大屠杀的人数问题等，均使得她处于被围攻的状态；三、中国人对这个事件的反应是情绪性的，中国的专家学者缺少探究问题的意愿而不依靠资料说话，因而令她担心中国的文科学问的发展因此受到阻碍；四、中国人不了解有良知的日本人战后为追究日本的战争责任所付出的艰苦努力和承受的心灵折磨，却把东史郎一个人看成正义的化身；五、中国人的感情逻辑是与日本政府不肯谢罪分不开的，而且日本学术上有关战争责任的研究成果被否定侵略历史的日本政治家所利用，所以不可能被好意地接受。

水谷的文章显示了一些饶有兴味的问题。这些问题可以集中地从学术与传媒的关系上加以认识。首先，她完全否定普通中国人对于中日战争历史的感情反应，强调所谓历史真实的绝对价值。从她完全不对《战争的记忆》里几位长者叙述日军屠杀和奸淫的场面作出反应看，她完全排除这部分因素在历史研究和处理现实问题时所具有的意义。而这一场有关中国人和日本人关于战争记忆的讨论，之所以被她理解成是对东史郎诉讼案本身的讨论，不能不说与她无视中国人的情感创伤有关。

其次，水谷作为一个学者，其实并不能始终贯彻她的学术原则，因此她犯了一个自相矛盾的错误。她批判津田的时候措辞严厉地指责后者把日本人一勺烩了，而在自己的发言和文章里她却把中国人也"一勺烩"了。当她指责她所遇到的具体人和事的时候，她把指责的对象置换为"中国人"，于是把问题导向对整个中国现状的否定。我们不能否认使用"中国"或"日本"论述问题在某些情况下是有效和必要的，但是水谷的这种置换恰恰是在日本保守传媒如《产经新闻》的报道那种上下文里进行的。

再者，水谷在概念上认识到了一些非常重要的问题，比如她指出中国人与日本人各自在本国内部细致地讨论有关战争责任与战争犯罪问题，却缺乏彼此之间的交流；她批评中国人太不了解日本，以及她所表示的进行对话的诚意。但是这些认识仅仅停留在概念层面，当进入传媒这个实践层面的时候，水谷却与她的本意相反，不考虑缺乏交流的现状而致力寻找与中国人的接触点，反而原封不动地把日本国内的话题搬到了不熟悉该语境的中国对话者面前，并指责对方没有相关的知识。假如她对话的诚意不是停留在概念上，她至少有可能改变那种突然发难的方式，并且能够正视中国人的感情反应。

10月号的《世界》在《读者谈话室》栏目里发表了石井刚的来信，题为《为了增进日中间的理解》[18]，这是一位同样在中国逗留的年轻日本学者，也从电视里观看了《战争的记忆》的一部分内容。作为水谷的同代人，石井对水谷在电视上的姿态和她的文章进行了要言不烦的批评。他举例证实水谷所说的"日本不教授南京大屠杀的说法违反事实，高中日本史教科书中百分之百记载了南京大屠杀"是不准确的。指出水谷在电视上与中国市民感情对抗的姿态不是证明"日本也在变化"，恰恰是"不变的日本人"的缩影。石井强调说，对于一般中国人来说，东史郎日记的信凭性并不重要，在这样的人们面前，为了增进日中两国人们之间的理解，应该使用的是代表日本人良识的语言，而水谷在电视节目中没有显示此种"良识"，作为一个历史学者，作为一个日本人，都是失败的。

　　石井的短文抓住了一个要害问题，那就是传媒的功能。他注意到了当水谷在电视上的姿态乘着电波被传开之后，无论她个人的意愿如何，她所显示的那种代表了"不变的日本人"的意象，"已经变成了难以变更的传媒的'真实'"。石井的这句话显示了他对于传媒力量的了解。水谷的失败，就在于她忽视或者说蔑视传媒的这种功能，而她在摄影机前的微妙表情，比她的语词引发了更多的"不变的日本人"的联想，所以这个瞬间的失败，绝非她后来再做文章所能挽回的。

　　东史郎律师小组的文章《谈东史郎审判的真实——八月号水谷尚子论文批判》[19]，执笔者之一是也出席了《战争的记忆》节目的空野佳弘。该文澄清了有关东史郎二审判决的真相，揭示了东京高等法院在审判时明显的倾向性，以及法院无视当时历史事实的粗暴做法。该文指出，水谷事实上并没有对东史郎诉讼案做过深入调查，她仅仅阅读了判决书并且无条件地信任了这个判决，她在文中强调东京的高等法院为"在冷静的调查基础上作出判断的法庭"，是没有事实根据的。而水谷在自己的文章中引用的寿岳章子氏有关东史郎日记有润色痕迹的说法是片面引用，因为该教授在别处明确地写到和说到了东史郎日记是可信的。律师小组进而指出，水谷论文的恶劣影响在于，它在逻辑上支持了日本右翼的"南京大屠杀虚构说"，而右翼的方法恰恰是以纠缠细节的方式从细部瓦解南京大屠杀的真实性，以达到否定全体的目的。水谷打击东史郎和东史郎律师小组的工作，只能是加深日中之间认识的鸿沟。

当东史郎律师小组在澄清事实的同时也证实了水谷尚子在这一问题上作为学者缺少修养的时候，我们不能不回过头来再检讨一下，水谷暴露出来的问题、她一再强调所谓"事实"的举动究竟意味着什么。

中日战争是一场现在还活着的战争。这不仅仅因为当事人仍然健在，而且因为引起战争的那些基本要素至今仍然没有被消除。因此，把这场战争历史化和知识化仅仅是认识这场战争的一种方式，它不是也不可能是唯一的途径。我们不能不正视的基本状况是，中日普通人之间的鸿沟首先不是知识性的，而是情感性的。由于在所谓历史研究的领域里一直不能给这种情感性的鸿沟以合法的位置，因而它一直被排除在研究者的视野之外，甚至如同布鲁玛评价张纯如时所表达的那样，情感在这些历史学家的心目中是没有学术价值的。与情感问题不能进入知识界讨论范围的情况相对，它却被纳入了大众传媒的基本框架，成为媒体诉诸社会舆论的主要手段。就东史郎事件而言，中国与日本的媒体虽然在立场和关注点方面各有不同，但是在诉诸情感方面，它们的策略完全一致。在此必须强调的一个问题是，中日战争是侵略与反侵略的战争，加害者与被害者的关系很难因这段历史过去了五十年而发生改变，所以中日传媒在宣传上诉诸情感的方式并不相同。中国传媒直截了当地表达感情，而日本的传媒则拐弯抹角，尽量在字里行间做文章。如前面引用的《产经新闻》的例子就是证明。

　　媒体处理战争的创伤记忆需要有学术界首先是历史学界配合，学者的工作价值在于防止媒体的宣传简化和极端化。但是不能不承认，中日双方的学者与本国媒体的关系都非常不理想。构成阻碍的当然首先是布鲁玛乃至水谷尚子这类人面对传媒表现出来的无意识的优越感，支撑这种优越感的是对于所谓历史真实的片面性和表面化的理解。比如南京大屠杀的数字问题一直是部分日本学者追究的问题，即使我们不在右翼的意义上即否定南京大屠杀的意义上为这种追究定位，即使我们承认这种追究的动机是为了对抗右翼否定南京大屠杀的言论，但是它毕竟把讨论的目标从南京大屠杀的残忍性转移到统计学上来了。在这一转移过程中，有一个重大的省略，就是对于中国人、日本当事人如东史郎、他国旁证如拉贝的战争记忆的不尊重。

　　澄清历史事实当然重要，但是这种澄清工作是否意味着对情感、记忆乃至记忆的疏漏的简单否定？对于历史事件的精细考证，为什么一定要被置于感情的对立面？假如按照东史郎诉讼案的逻辑纠缠于细节的推理，历史变成了什么？事实上，普通中国市民对于南京大屠杀的关注，主要集中在日本侵略军屠杀和奸淫表现出来的兽性上面，这不是统计学所能够涉及的问题；这也是东史郎那一页日记的分量。即使这一页日记的原本已经遗失，即使东史郎因此而再次败诉，日本军队在侵华战争中的兽行依然是无法否认的。东史郎日记其他的部分记述了相同的令人发指的虐杀和奸淫的罪行，而且越来越多的中日知识分子已经揭示了大量的日军暴行的残虐程度，从日军进行细菌战时在普通中国农民身上进行活体实验，到强奸中国妇女之后再杀掉她、吃她的肉[20]；这些兽行如何能够被统计学的数字说明？这些无法数据化和实证化的"历史记忆"，是否应该在历史研究中获得应有的位置？它们是否也构成历史的"真实"？诚然，有些知识人正在对此进行揭示，但是他们不是历史学家，而是其他领域如心理学、精神医学的学者。假如历史学家以统计学为己任，甚至强调这种统计学对抗右翼言论的重要性，那么，至少也该了解自己工作的局限，如果以此为君临一切的"历史真实"，那么这样的真实无法面对复杂的历史局面，也无法面对活在今天的历史。

水谷作为一个尚未真正开始学者生涯的研究生，也许不足以代表日本的历史研究界，而且发生在她身上的问题不仅仅是统计学取代历史研究的表面现象。耐人寻味的是，水谷本人所从事的有关中日战争史的研究工作，她花费大量精力进行的"口述史"资料整理工作，本应该与东史郎在中国的活动构成某种呼应关系，从表面上看完全不应该导致她在《实话实说》现场所表现的那种令人失望的立场，这种对立对于我来说，至今仍然是一个谜。因而我只能把水谷本人的意图与她的行为所导致的后果分开来看，并且把讨论仅仅限于后者[21]；在此意义上可以说，水谷在《战争的记忆》里的表现以及剪接后显得相当温和的她与在场者之间的龃龉，恰恰极为典型地象征了中日部分知识分子之间围绕战争责任不能达成共识的要害之处。这就是割裂具体事件与它所处的历史和现实语境间的关系，孤立地追究"历史真相"的实证根据的做法与过分诉诸情感义愤而无法把问题推进到更深层面的做法之间的冲突，还有中日知识人因为不能相互对视而日益加深的鸿沟。在这一鸿沟背后，潜藏着现代学科建制本身的问题，潜藏着学者"言必有据"的姿态所粉饰的思想的苍白。

事实上，以"中国"和"日本"来区分这种认识历史的态度是很不准确的，因为水谷这样的学人也存在于中国的历史学界。就《东史郎日记》而言，正如本文第二节所论及的那样，它作为证明日军侵华暴行的证词，其资料性远远不如《拉贝日记》，但是它作为从内部证实日本军队的暴力结构的证词，作为记录了战时普通日本人具体心态的第一手资料，其价值无法否认。而中国与日本的学者都未对这部日记的基本结构给予充分的关注，仅仅把它作为证实日军南京大屠杀的加害者证词，这就错过了一个研究"活着的战争"的机会，把《东史郎日记》的主要价值消解掉了。

与此同时，还应该注意到一个与知识界对待历史的表面化态度相呼应的现象，那就是同时发生在中日青年中的历史记忆的丧失。当水谷强调日本的教科书没有回避教授南京大屠杀的时候，她说的正是这种抹掉了历史记忆的"知识"，如同上文提到的《产经新闻》的那段体现着保守倾向的介绍性短文一样，所以对于水谷来说，了解了哪怕是一个注释，就等于了解了历史；《战争的记忆》中出场的另一位留学生则证明了这种概念偷换的存在。他说：这段历史在课堂上学过，但是东史郎和中国受害者讲述的"历史记忆"，对他来说仍然是第一次听到。而已经有记载表明，中国的年轻一代也正在与这种记忆保持距离。[22] 当年轻一代的这种情感距离与传媒的情感攻势形成互动的时候，最大的危险就在于极具破坏性的狭隘民族主义情绪和缺少主体性思考的知识性态度的简单结合。水谷本人的动机又当别论，她在电视上的姿态正象征了这种简单结合，而在中国与日本的很多青年身上，已经可以看到相同的倾向。

由于研究者对于媒体的轻视，更由于各种复杂的政治和国际关系的张力，两国媒体不断复制的基本思维结构迄今仍然保持着令人吃惊的"超稳定状态"。就中国的媒体而言，"日本"作为一个整体，保持着不变的野蛮形象。尽管东史郎和他的支援者来华，作为有良知的日本人，他们在媒体上的倾诉也仅仅是加深了中国人对拒不认罪的"日本"的憎恶而已；而水谷尚子失败的表现，却使得她在事实上代表了她试图以自己的工作加以否定的今天的日本。可以说，东史郎和大量有良知的日本知识分子的工作，在今天的中国传媒里仍然无法撼动既定的"一勺烩"的日本形象。与此相对，日本的传媒也一直在复制着它的中国形象。这是没有民主、没有言论自由、不能面对历史事实，不断根据政治需要改变历史真实的形象。东史郎在中国引起的热烈情绪，被视为有组织的宣传活动；中国人民的感情创伤，被轻易地归入了政府的政治谋略。而在日本传媒的字里行间，时时流露着当年东史郎在日记里流露的种族优越，那就是中国没有历史真相，而日本却是一个追究历史真相的国家。

　　不能不指出，在水谷的论文里，也复制了这种日本传媒的逻辑。尽管她强调自己是一个历史学者，但是当她指责中国人对战争责任的认识"有错误"和描述自己在电视播出后接到的抗议乃至威胁电话的时候，不分析电视节目制作这一特殊的效果，就简单地把这一事件的反应推而广之地导向对中国整体状况的简单性评价。这种思维的短路固然与水谷本人的修养有关，但假如追问下去，我们不能不问一句，这种简单现成的结论是怎么来的？

　　与此相对，中国的学者中也不乏简单复制中国传媒思维模式之人。这使得中国的日本研究一直处在一个相当低的水准上，也使得中国知识界对日本战争责任问题的讨论要么知识化，要么情绪化。在现阶段，为自己的学术论文规定民族主义姿态是多数人共有的潜意识，而作为被害国与战胜国，中国知识分子对于"二战"的思考其实并没有达到日本进步知识人的深度。日本知识界有关战争责任的追究基本上没有真正进入多数中国知识分子视野，不能全部归咎于日本知识分子没有对外寻求理解，也要归咎于这些中国知识分子对传媒式地追究战争责任之外的其他问题缺少兴趣。而与此同时，中国的传媒和知识界又在现代化的名目之下大力宣传所谓的"日本现代化模式"，日本的现代化与日本的侵略战争史被完全视为无关的两件事情。应该承认，《东史郎日记》所体现出来的日本社会的暴力性与日本人对中国的种族优越感，如今改变了形状却被中国传媒在"现代化"的名目之下加以合法化和接受，对此中国的研究者有着相当的责任。

　　学者为什么要研究历史？什么是历史的真实？学者如何与传媒相关？跨文化的对话如何才是可能的？仅仅在对围绕着东史郎所发生的事件中，我们已经得到了太多的教训。我没有资格在此扮演裁决的角色，作为也在从事日本研究的中国人，我感到的是自己面对这一复杂工作对象时的道德责任。那种以知识和资料来压制战争记忆的做法，那种以简单的民族主义情感代替严肃思考的做法，我将引以为戒。

　　在中国知识界似乎有一种看法，认为只要不上电视台的镜头、不为通俗的媒体写作，我们就可以躲开日益强大的传媒而洁身自好，其实这仅仅是一种妄念。我们太容易忽视传媒在塑造思维方式方面的力量，其实在处理活着的历史时，尤其是试图在两种文化之间建立真实交流时，传媒的力量会如此强有力地影响我们。我不能同意布鲁玛式的把史料真实性孤立地置于传媒效果之上的观点，因为生活在这一段活的历史里面，静止的资料没有意义。当一个学者有勇气面对由加害者的忏悔、受害者的愤怒还有由此而生的各种误解乃至敌意的时候，当一个学者不那么自命清高地、真实地面对传媒并且清醒地警惕它在重新塑造历史感觉方面的巨大能量的时候，他才有能力面对历史并且因而确定自己的课题。

（原载《学术思想评论》第七辑

《东亚现代性的曲折与展开》，吉林人民出版社，2002 年 1 月）

## 注释

1 作为本文的相关论文，笔者的另一篇题为《实话如何实说》的文章发表于《读书》
　 2000 年 3 期，在该文中着重讨论的是 19 世纪西方历史学模式的话语霸权问题，故
　 本文中省略了相关讨论。该文已收入本书。

2 以上可参见《北京日报》1998 年 12 月 24、28 日。

3 《北京青年报》以《假鬼子感动了真鬼子》为题进行了报道。

4 参见《谈东史郎审判的真实——八月号水谷论文批判》（《世界》1999 年 10 月号）。

5 江苏人民出版社、江苏教育出版社联合出版，1997 年 8 月。

6 《东史郎日记》（江苏教育出版社 1999 年），219 页。

7 同上，424 页。

8 同上，72—73 页。

9 《屈辱的事件》，参见《竹内好全集》第 13 卷（筑摩书房 1981 年），84 页。

10 野田正彰：《战争与罪责》（岩波书店 1998 年 8 月）。该书内容曾经在《世界》杂志
　 上连载。在书中，野田列举了大量个案以揭示各个阶层出身的日本士兵在天皇制意
　 识形态之下对战争的认识，以及战场上的非人生活和日军内部的暴力结构导致的士
　 兵病态心理，对于我们理解日本士兵在战时的心理有很大帮助。由于野田属于日本
　 战败前夕出生的那一代人，具有相对的距离感，加以他的调查所及也比东史郎一个
　 人的描述更广泛，所以是阅读《东史郎日记》的有价值的参考。

11 例如《中华读书报》1999 年 4 月 28 日发表的《在东史郎家包饺子》，赞扬了东史
　 郎的坚韧精神，7 月 21 日的《记住东史郎》称东史郎已经升华为一名为正义而战
　 的战士。

12 《东史郎日记》，6 页。

13 原文为："被认为是日中战争过程中的 1937 年，日本军队占领南京的时候，杀害
　 中国军队俘虏和市民，同时兼以掠夺等事件。中国方面强调在南京被杀害者的数
　 量为三十万人，南京市开馆的'南京大屠杀纪念馆'里表示牺牲者人数的数字为
　 '300000'。关于人数等等，日本方面有各种研究结果与意见，要求彻底调查的呼
　 声也很高。"（《产经新闻》1999 年 6 月 2 日）

14 *SAPIO*（小学馆 1999 年 7 月 14 日），9 页。

15 同上，9 页。

16 同上，9 页。

17 水谷尚子：《我为什么要对东史郎唱反调》（《世界》1999 年 8 月号），219—225 页。

18 石井刚：《为了增进日中间的了解》（《世界》1999 年 10 月号），18—19 页。

19 东史郎律师小组：《谈东史郎审判的真实——八月号水谷尚子论文批判》（《世界》
　 1999 年 10 月号），275—281 页。

20 野田正彰的著作《战争与罪责》中对此有详尽的描写，参见该书第 5 章《坦白，认
　 罪》，112 页。

21 此稿草成之后，笔者从日本友人那里得到了水谷也参加撰写的《日中战争时期在中国的日本人的反战活动》一书（藤原彰、姬田光义编，青木书店 1999 年 9 月），越发感到此问题值得进一步追究。该书围绕"二战"时在华的日军俘虏所受到的中国方面俘虏教育改造的实际情况调查，集中展示了战争期间日军俘虏和日本人反战同盟在瓦解日本侵略军方面所进行的艰苦斗争，也曲折地展示了中国共产党延安政府和国民党重庆政府的俘虏政策，特别是对于中国共产党"坦白从宽、抗拒从严"政策的实际效果进行了揭示。如果把该书的工作置于当今日本否认战争史实和强化日本国民国家同一性的语境当中，特别是置于所谓"自由主义史观"的右翼思潮的对立面来解读，它的积极作用与重要价值是无可否认的。水谷在该书中所从事的工作主要是记录整理当年参与对敌宣传和俘虏教育的老八路军、老新四军和国民政府的相关人员有关宣传教育日军俘虏的回忆，为研究日本人在中国的反战史实搜集必要的资料。该书以"日中历史研究中心"的研究小组历经三年的工作为基础，由出版了东史郎《我们南京步兵队》的青木书店出版。该小组的研究目标在该书的《总论》和《后记》中得到了这样的表达：为了反省过去的战争，揭示该历史的真实，为了与亚洲邻国的人们友好相处，为了杜绝再次发生战争，有必要让日本人了解当年那些置生命财产和名誉于不顾、舍身反对军国主义、维护正义与和平的日本人的勇敢行为。该书并敦促日本国政府正视历史事实，承担战争责任。

　　水谷在该研究小组中是唯一一位出生于 20 世纪 60 年代的年轻学人，她的思考与工作固然不能与该书的工作相提并论，特别是一并考虑到战后五十年来复杂的历史关系，我们更无法简单地孤立于历史语境之外讨论这本书的定位以及它对水谷可能发生的影响，而这是本文所无法胜任的工作；但是在此种语境中反观水谷在《实话实说》现场的表现，不能不引起我对于下述问题的追问：1. 即使参与了某些具有政治正确性的工作，是否就可以保证该成员对于其他问题的判断亦具有同样的政治正确性？进而言之，每一种自认为正确的立场是否应该在一个开放的语境中认识自己的限度？ 2. 与上一个问题直接相关，学者应该如何在复杂的社会关系乃至知识情境中界定自己工作与其他工作之间的关系，而不是采取"党同伐异"的封闭姿态？以水谷参与的工作和东史郎的活动之间的关系而言，假如水谷不是把对于反战日本人历史事态的追踪与控诉日本军队残酷暴行的中国市民的感情对立起来或割裂开来认识，她本该有能力以倾听当年老八路回忆的姿态倾听今天中国市民的声音，并进而为自己的历史研究找到与今天的复杂国际政治关系相关联的切入点；但是由于她的拒绝，我们不能不质疑她的历史资料搜集工作本身的狭隘性。3. 与上述两个问题相关，一个更为棘手的问题是历史真实性的问题。当水谷质疑东史郎证词可信性的时候，她的理由是当年的日记原本已经遗失。如果以同样的理由质疑水谷本人的工作，那么显然她所进行的采访本身也不具备所谓"当年的物证"。口述史的真实性问题包含了非常复杂的历史与现实之间的关系，必须慎重对待的是，真实与事实的概念既不是单纯的理论问题，也不仅仅是一个实践问题，它兼有理论与实践两种性质，而目前我们还不能给它以清晰的定位。至少可以断定的是，真实和事实都必须置于历史语境当中才可以讨论，靠研究者的意识形态立场和形而上的预设是不能创造或者否定真实的。

22《记住东史郎》(《中华读书报》1999 年 7 月 21 日 ) 中写到了东史郎在中国讲演时台下大学生中发出笑声，以及东史郎在南京大学向当年死难者纪念碑谢罪时，围观者中有人说："怎么不知道校内有这些纪念碑？"

# 在理论思考与现实行动之间

　　在近年来的跨文化活动中，"东史郎现象"是一个引人注目的事件。作为 1999 年中国传媒的一个热点人物，东史郎和他的支持者们并没有离开我们的视野。这一场旷日持久的官司究竟如何结局，仍牵动着中国普通市民的感情；更重要的是，东史郎等日本人士围绕着诉讼而展开的一系列活动包含的意义远远超过了这场官司的范围，它将作为重要的事件留在历史里。与此相对，东史郎们在漫长的诉讼过程中付出的代价却鲜为人知。据参与了支持东史郎活动的中国留学生刘燕子记载，不仅东史郎本人受到日本右翼的威胁，他的支持者比如山内小夜子女士也在分担巨大的社会压力。身为在知识层面工作的研究者，我不能不思考一个并不轻松的问题：我如何在自己的工作中回应这些以自己的行动唤起社会良知的日本人？如何使他们付出的代价得到最有效的补偿？回应东史郎等人在现实中的正义斗争，是否也是在学院中工作的知识人的责任？履行这一责任，该如何去做？

　　回顾战后半个多世纪的历史，可以清楚地看到一个基本事实，那就是有良知的日本人从战败开始就从不同的层面上反省这场战争的根源和日本社会的政治结构与战争之间的关系。由于原子弹轰炸广岛、长崎造成的对平民的巨大伤害以及美国占领在历史上引发的民族主义情绪，日本有识之士对于战争责任的追究与反省不能不在一个复杂的历史脉络里面进行。为加害与被害两者理清关系而不是把它们对立起来或者截然分开，这样一个在理论上顺理成章的问题在现实运作当中却难以实现。可以说日本的良知者花费了半个多世纪，仍然没有在日本社会舆论的加害者自责与受害者意识之间建立起有效的关系，它们总是在非此即彼的二元对立框架中被讨论。有关国家、民族和非国民的讨论，有关战争责任的承载主体的讨论，都是在这样的背景之下展开的。

　　近年来随着日本社会思潮的不断右倾，各种形态的"受害者意识"又开始抬头，战后成长起来的几代人，更容易接受的精神遗产不是日本在"二战"中对于东亚和东南亚侵略的历史责任，而是潜在的未获得存在合法定位的民族主义情结。说它是潜在的和未获得合法定位的，不仅仅是由于日本宪法第九条规定了日本在战后放弃战争和行使武力进而使得有关民族主义的讨论不能孤立于侵略战争的历史之外，也不仅仅是由于美国在战后利用日本的象征天皇制实现自己在亚太地区的控制目标，日本在事实上充当了冷战结构中美国的帮凶；更重要的是，战后日本的进步舆论一直没有正面处理日本人的民族感情问题，而是以抽象的理论探讨和批判替代了对具体状况的清理和讨论。

　　战后不久日本思想家竹内好在与作家伊藤整和野间宏进行有关"国民文学"的讨论前后提出过这个问题。他指出：民族问题是绕不过去的，"它具有当被无视之时就会成为问题的性质。民族意识因为受到压制才会发生"。他同时尖锐地指出，日本的马克思主义者由于忽略了这一点简单地加入了国际主义的叙述，致使这个问题在未加清理的情况下就被遮盖起来了，这也是马克思主义在日本没有真正生根的原因之一。竹内好的论断没有过时，我们至今仍然可以看到这种潜在的民族意识如何以感情的方式继续强有力地存在，所谓"自由主义史观"以及它的各种翻版在日本抓住了众多年轻人，充分证明了这一点。

　　竹内好当年曾经试图"拯救"日本的民族意识，在那些构成了侵略意识形态的民族主义话语中寻找可能建构日本新的主体性的要素，他几乎是必然地失败了。但是即使如此，竹内好仍然留下了一笔宝贵的财富，这就是他在自己的著述中建立的介于理论和具体实践之间的操作层面——他以不断拒绝"学者式"思考同时也与具体实践活动（例如家永三郎的诉讼）保持距离的姿态暗示着这个工作层面的存在，他所讨论的大量问题都发生在这个层面之中。当竹内好提出要把"文学的结构"作为世界的模式取代"哲学的结构"时，他已经非常自觉地规定了自己工作的性格，尽管这个层面似乎并没有被日本知识界所接受。日本的知识分子更习惯于要么在理论层面抽象地工作，要么在现实层面直观地工作；我当然并不否认这两个层面以及抽象与直观本身的价值，但它们的价值不是先在的，只有在具有必要的联系环节时，理论才能成其为理论，抽象才能具有表述理论活力的功能；同样，现实也才能成为不可预设的状况，直观才能承载敏感的思想触角。反之，当理论结论的推演直接取代了对具体问题的解释时，那些重要的现实问题就不能够成为理论思考和问题意识的营养，它仅仅作为现实中的状况一闪即逝。

东史郎的出现以及他和他的支援者的境遇，又一次把这个问题推到我们面前。

东史郎律师小组曾经在《世界》上撰文，指出日本社会对于东史郎诉讼案基本持冷淡态度。对于我来说，更重要的信息却是日本的进步知识分子对于东史郎诉讼案的处理方式。诚然，有不少知识人声援了东史郎，包括集会、出版和诉讼，每一个环节都有知识分子的参与；但是，东史郎等人的斗争基本上被定位于现实活动层面，它并未成为一个"事件"，就是说，它所包含的思想契机没有真正进入人们的视野，至少东史郎等人围绕着诉讼展开的顽强努力没有成为一系列思想性讨论展开的媒介，因此，无论是赢是输，当官司打完时，这件事就会结束。在我看来，日本的思想界没有真正以思想的方式处理"东史郎现象"，它仅仅是一件现实中的事情，却尚未成为一个思想性的"事件"。

我曾经撰文涉及过东史郎访华期间的一个具体个案，它牵涉到了在跨文化的场域里战争记忆与传媒、学术与社会舆论以及历史学工作伦理等一系列复杂的问题。不言而喻，东史郎等一行人在中国的活动也被定位为现实活动，它在中国也未能构成一个真正意义上的思想契机。在我看来，东史郎访华是一个重要的思想史事件，而东史郎一行出场的那个电视节目则提供了一个非常切实的空间，把这个事件的思想意义演绎了出来。应该说，东史郎等人在战后思想史上写下了很重要的一页，他们首次使一场日本国内的官司牵动了大量中国市民的情感，显示了中日两国的普通市民在战争历史的感情记忆方面沟通的可能性。

我在《实话如何实说》中提到了东史郎一行在中国社会舆论中的定位问题。由于东史郎所面对的具体诉讼案件涉及它的发生地中国，为了赢得这场官司，他和他的律师小组必须到中国取证，顺理成章，他们获得了中国各个阶层的支持。由于中国传媒的参与，中国市民广泛获知了东史郎一行的活动，并自发地给了他们热情的声援。由此，无论东史郎本人意愿如何，无论东史郎的支持者们意愿如何，他们在事实上被置于一个不被当事人意愿所左右的社会性位置。因此，尽管东史郎和他的支持者们自觉地作为日本人、为了承担日本人的历史责任进行了旷日持久的斗争，但是他们却在客观上提供了一种跨越国别框架处理活着的历史的新视角。为了有效评价"东史郎现象"，必须把东史郎等人的主观意愿与事件的客观效果相区别，就此而言，那种纠缠于东史郎为人或者他的言辞信凭性的议论只能遮蔽问题的所在，把讨论引向本末倒置的方向，把思想的方式置换为直观的方式。

我当然并非无视中日社会各界人士与知识分子在战后以各种形态展开的有关抗日战争历史的调查和清理工作，更非意在否认中国和日本学者之间有关这段历史的"合作研究"所带来的成果。但是，正如《读书》2000 年第 7 期吴小东的《"记忆的暗杀者"》所指出的那样，这种"合作研究"往往是友好而轻松的，而"在轻松的外观下隐含的是对双方都感受得到的沉重历史记忆的回避"。我希望指出的是，在东史郎等日本人进行的这种跨文化努力引发的社会效应中，包含了前者所不具备的复杂性要素：

第一，在 1998 年 12 月，中国政府曾经针对东史郎诉讼案二审判决结果对日本政府提出过外交抗议，这意味着无论东史郎和他的支持者主观意愿如何，他们伸张正义的行动都揭示了战争历史作为国家行为结果、战争罪责的追究不可能摆脱国家存在这样一个基本的状况，立体地触及了清理战争历史的复杂维度。

第二，东史郎本人是一个有侵华经历的退伍老兵，以一个昔日的战争罪人为中心所进行的揭露历史真相的活动，在中国首次产生了如此大的规模和效应，它的特点在于中国人被东史郎唤起的历史记忆具有强烈的情感性和直接性，这是任何学术交流都难以做到而且往往被人们所忽略的。

第三，由于媒体的参与，东史郎一行活动的社会影响不可避免地成为人们关注的焦点，而他们在中国传媒和中国市民中受到的欢迎和支持恰恰与他们在日本传媒和社会生活中受到的冷遇形成鲜明对照，这一反差包含了非常复杂的内涵：后冷战思维和民族感情的潜在作用，中国人和日本人相互之间的文化想象，整体性思维和二元对立模式在处理民族感情问题时的决定性力量，中日社会之间在感情和理解方面的鸿沟，等等。由此，"东史郎现象"提供了中国和日本思想界得以深入讨论乃至对话的大量契机。

　　第四，在两次诉讼期间，无论从政治意义和历史意义上看，还是从社会良知和个人付出的代价上看，东史郎和他的支持者们特别是山内小夜子女士和律师团的成员都理应得到理解和尊敬，但是事实并非如此，东史郎在日本受到的打击不仅来自右翼，也来自少数同样致力于揭示战争历史真相的进步人士。对此，我曾在上一篇论文中有所涉及，在此需要补充的是，有关东史郎诉讼案的讨论如果以就事论事的方式被引向追究所谓"真实性"的方向，反而会遮蔽东史郎们的活动所隐含的重大"事件性"——这个"事件性"，就存在于东史郎们无法以主观意愿选择和决定的历史和现实政治关系之中。

　　至少由于上述四个原因，东史郎及其支持者们的贡献已经远远超出了一场官司的范围，在现实当中，他们的顽强战斗意志已经唤起了中国社会广泛的关注和日本良知者的反思，就此而言，他们履行了自己的社会责任；但是他们的贡献是否能够转化为新的思考能源，却取决于知识界对于"东史郎现象"的认识能力。令人震撼的是，理论的正确性在这样的复杂现实问题面前暴露了它的苍白和有限，从而使得知识人工作伦理问题不再是自明的前提，它成为需要讨论的问题。

　　在《实话如何实说》发表之后，我接到一系列反馈。最使我感到意外的，是来自东史郎方面的一些信息。由于未得到证实，我不能确认自己的判断是否准确，如有出入，责任在我——据说我文中有关东史郎等人把自家的问题推出国门，为了打赢官司而向中国人求助的说法对东史郎们构成了某种感情伤害，这的确使我在最初的时候感到惶惑。就我而言，这说法本是与文中下面的说法相呼应的："这位 87 岁的老人，事实上以他的行动向中国与日本的知识分子提出了严峻的挑战，而对于挑战的回应，暴露了两国知识界以不同形态存在着的狭隘民族主义情结和对于战争历史的肤浅态度。"不言而喻，在战后日本基本上关起门来讨论战争责任的上下文中，东史郎们的活动是难能可贵的，我自以为是在赞扬东史郎。

　　然而静下心来想想，我发觉问题没有如此简单。在一篇讨论感情记忆、讨论民族主义和民族感情的差异的文章里，我是否尊重了我讨论对象的感情记忆？我是否把一个活生生的感情问题以某种方式抽象化了？在我对于东史郎和他的支持者的评价背后，起作用的是跨文化的理解，还是中国人的民族感情？我不能不又一次回到讨论的起点，重新思考这样的问题：中国和日本的有识者如何共有这一段历史？我们应该如何处理自己的民族感情和对方的民族感情问题？

　　回答这一切问题谈何容易。正如一位多年致力于日本战争责任研究的中国同行对我说的那样：在战争问题上，不能对中日知识界"各打五十大板"。被害国和加害国的区别、责任追究者和责任承担者的区别，在处理民族感情的问题时构成了一个重要尺度。我们不能忘记作为一个"中国人"的责任，这责任不仅仅在于为无辜的死难者讨回公道，而且在于为世界史的公正书写履行自己的职责。而当问题进入了"世界史"层面时，面对加害国日本，我们就不得不进而区分其内部公然的和潜在的加害与被害，思考被害国的追究责任者作为个体如何区分和回应这种加害与被害间千差万别的具体状况。在此情况下，仅仅作为一个中国人就无法面对那些复杂的状况，因为状况越复杂，它的跨文化含义及其困境就越深刻，也越发无法在一国之内加以圆满处理。只有当我们真正进入了具体状况而又不仅仅满足于直观的结论时，"东史郎现象"的"事件性"才会呈现；也是在同一意义上，竹内好的工作层面才会被认识，他所处理的问题也才会成为问题。

　　当"民族感情"被抽象化地谈论时，它在具体语境中的困境就不会得到揭示；而当它仅仅被处理成具体的"感情"时，它隐含的问题性也不会浮现。比如，当南京大屠杀的幸存者说"日本人坏"的时候，这简短的四个字包含了对那场血腥屠杀的全部感情记忆，也包含了死者与生者共同承载的那一页沉重的历史；断定这表述仅仅是情绪性的因而无视它，就错过了一个进入那段历史的契机，历史将不再对无视它的人展现自身；而能否辨别出这四个字的重量并且通过它进入那段历史，取决于我们是否拥有进入活生生的民族感情的心力——它既非抽象的又非直观的，那是一种使历史在瞬间闪现并紧紧抓住它的心力，没有这种心力，历史要么是静止的资料，要么是直观的描述，它不可能成为今天和明天的一个活着的部分。正是在此意义上，民族感情不是一个可以草率对待的对象。进而，一旦试图在一个开放性的场域里对待民族感情，可以依赖的就不是在国别框架内的现成结论，而是尝试处理复杂问题的眼光和勇气，还有能够承载这种眼光和勇气的、使理性与直观重新得到锻造的思考层面。

　　我曾经在一篇文章中援引过法国电影导演兰兹曼在与日本文学批评家加藤周一对谈时的一句话，这就是战争有正义与非正义之分。民族感情，正是在这一意义上，也有正义与非正义之分。不过，假如仅仅在正义与否的层面上讨论民族感情的问题，那么事情就再容易不过了，因为只要有了正义的立场，一切就有了保障。但是这世界偏偏不是黑白两色的，东史郎老人教我明白了这一点。

　　东史郎和他的支持者在日本国内面对的最大困难，莫过于民族主义和民族感情的问题。日本右翼恐吓东史郎为"非国民"，进步人士里也有人在感情上对东史郎等人在中国的活动不舒服。而在现实斗争中跨越了国界的东史郎和他的支援者们，无疑也有着作为日本人的民族感情。我不能简化日本人的民族感情，因为它与日本的民族主义不同，并非日本右翼的意识形态工具。这是一个富于悖论性格的问题：民族感情会导致非常狭隘的排外心理从而构成民族主义意识形态的土壤，但是也会使人在面对外部世界的时候自觉承担自己的社会历史责任，在日本，首先这意味着承担战争责任。一个被民族感情所吞没的日本人，常常会充满敌意地面对外部世界；但是一个完全没有民族感情的日本人，也很难想象他会把承担和追究战争责任视为自己的使命：民族感情这东西有些像砒霜，量大了毒死人，适量却可以治病。当然，仅仅具有民族感情不足以使人面对世界史，但是至少，只有当民族感情在和其他品质结合之后，才会产生真正的世界史意识。

　　我相信，东史郎们在日本面对的就是如此复杂的境遇，我不能判断他们内心是否有这种悖论感觉，但是至少我得承认，我在行文中或者说在感情上的确忽视了东史郎和他的支持者作为日本人这样一个基本的事实，也忽视了他们在旷日持久的斗争中所付出的沉重情感代价。当我讨论民族感情的时候，我不自觉地以中国人的感情推断了他们的感情，以中国人的判断取代了他们的判断。

对于这个疏忽的反思，促使我进一步理解了研究者的工作伦理问题。在反思当中，我感到自己开始切近了竹内好的工作。

对于竹内好来说，"政治正确性"几乎不具有意义。任何从先验的预设进入的问题，于他都是虚假的；同时，任何基于现实事件的推理，也都是他所无法忍受的。他从一开始进入学界时就强烈地反对所谓"学者"立场，主张"赤手空拳"地面对问题，这包含着竹内好一生都不曾背叛过的工作伦理，这就是在理论思考和现实行动之间建立一个思想空间，并且在这个空间工作。

在这个空间中，竹内好一如既往地解构强势话语。这不仅意味着他在战后日本新一轮"近代主义"思潮中以讨论日本的民族主义和大东亚理念为己任，不仅意味着他在人人崇拜现代化的时候把"亚洲"和中国作为象征"抵抗"的资源，更重要的在于，竹内好以鲜见的彻底性警惕着"抽象"与强势话语的共谋关系，并从解构这种共谋关系入手不断向日本思想界提出新的问题。

强势话语并不一定诉诸政治权力，相反，无论在竹内好的时代还是在当今世界，它有时依靠的是对于政治权力的挑战姿态，或者依靠被人称作"常识"的心理定式，我们称之为"政治正确"的话语就拥有这样的强势。抽象往往是话语霸权的帮凶，因为它可以通过语焉不详把事实的复杂性降到最低而把话语的威慑力提到最高。只要观察一下诸如"民主""自由"等概念是如何被抽象使用的，就不难理解这一点。而意味深长的是，抽象并不总是发生在理论层面，它同样可以发生在具体问题的论述之中。发生在具体问题论述中的抽象，通常意味着对于问题关键之处的简化或偷换，它最常见的形态就是在具体问题分析中直接应用某些被人普遍接受因而不会加以质疑的结论。当复杂的事件包含着不能被理论简单回收的关键要素时，抽象扮演的是扼杀这些要素的杀手，通过对这些新要素的扼杀，抽象的论述把一个具有新契机的事件统合进已经约定俗成的那些既定结论，从而阻碍了理论发展自身的可能，也破坏了理论获取现实营养的途径。

尽管理论表述需要抽象，但抽象有时却会成为理论的陷阱。饶有兴味的是，这种抽象其实常常来自对于问题的直观式理解，而不是来自真正的理论感觉。依赖于约定俗成的既定观念，抽象显示了它的非理论性从而与直观建立了共谋——这一处于我们视野之外的问题，其实是如此广泛地存在于我们的精神世界里。而当这一与直观思维沆瀣一气的抽象话语堂而皇之地冒充"理论"的时候，它已然扼杀了理论的生命。

正是由于对具体问题的抽象，日本思想史上存在着一个奇特的景观，这就是批判性思想长时期地与它所批判的对象井水不犯河水地共存：在战后的时代，对于天皇制和法西斯的批判与保皇派的法西斯民族主义共存；在当今时代，对于民族主义的解构与花样翻新的民族主义共存。竹内好在谈到日本战后的左翼文学对于民族主义文学的批判时指出：左翼的批判不是深入对方的发生本源之处进行内在批评，而只是绕开了这一必由之路的外在攻击。民族感情，这一在战后日本长期被压抑的思想能源，也由于它缺少抽象的政治正确性而被简单化处理。竹内好在他一生中始终以鲁迅为精神本源建立他的批评精神，而他要"火中取栗"地批判和重造的，首先就是这一民族感情。20世纪70年代他和鹤见俊辅对谈时提出过如何理解战争受害国人民的感情，就是这样的尝试，竹内好试图为"我们日本人"的称谓注入新的内涵，使它具有世界史的含量。同时，几乎在每一次论战中都强调"整理问题"的竹内好，也试图通过论战消除直观思维基础上的抽象演绎带给日本知识界的种种弊端。他称之为"文学的方式"所处理的，其实何止是狭义的文学圈内的问题！

　　然而竹内好也不得不面对一个难题：在一种语境里是进步的观点，在另一种语境里却可能未必如此；在一种语境里是自明的立场，在另一种语境里却可能是富有争议的。这样一个基本的状况被"抽象"的表述所遮蔽时，"世界大同"的假象就产生了。这是一个竹内好没有能够解决的问题；当东史郎和他的声援团走进中国的社会生活时，他们唤起了竹内好没有能够处理的这个难题。围绕着东史郎现象产生的种种争议（包括我的文章引起的争议），其实有很多就起源于这种"语境转换"过程。于是，我们不得不面对这个基本的难题了：假如试图面对世界史，假如试图处理那个不可能在国别框架中单纯叙述的"缠绕在一起的历史"，那么，如何在语境的转换中避免陷入文化本质主义，同时又避免虚假的普遍性叙述？

　　我没有能力回答如此复杂的问题。不过，我想至少有一点可以肯定，那就是竹内好的工作层面能够有效地面对上述问题，而不是简化它。当抽象的理论预设与直观的事实考索暴露了它们之间的共谋关系时，或许我们才能发现理论与实践的真实关系存在于另外一个层面。

　　我想，那就是思想存活的层面。

　　　　　　　　　　　　　　　　　（原载《读书》2000 年 11 期）

# 直面相互缠绕的历史

年初逗留东京，在不同场合与日本和韩国的学者讨论，得到的是彼此相近的困惑和危机感：今天，无论是现实还是学理，都把我们逼到了两手空空的地步，即现成的理论和以此为据的批判方式并不能有效解决复杂的现实课题，而直观的道德正义性也不足以面对紧张的国际政治关系。在保守和右翼意识形态日益升级的日本社会，我深切地感觉到了学院精英批判意识的无力，以及政治正确性带来的自我陶醉和自我欺骗的负面效应。今年出现的一系列超越日本"国内问题"框架的具体事件，又把这种危机感进一步推向了跨文化的层面：事实上，我们没有权利对于日本社会和日本学院的一系列问题隔岸观火，因为它们同样是我们自身的问题。

回到北京，又遇到了看得见却摸不到的"中日关系紧张"。看得见，是因为大小传媒都在报道以新历史教科书编撰会编写的中学历史教科书有可能通过文部科学省审查为首的一系列事件，包括日航对于中国乘客的不正当待遇、三菱汽车公司的产品性能问题等，似乎一时间嫌日情绪又充斥着中国社会；而摸不到，是因为我不能在自己也身处其中的文化氛围中为这种情绪找到明确定位。就社会舆论而言，嫌日情绪既来源于战争记忆又不仅仅限于战争记忆，它招之即来挥之即去，且经常填充着对美国说"不"的空隙；对于知识界来说，日本意象总是跳动于几个固定的模式之间：算盘加论语，武士道文化加兽行，现代化加逃避历史责任。当这些模式不能被整合的时候，嫌日情绪似乎就充当了有效的黏合剂，使人得以暂时逃避思考的怠惰所带来的尴尬。然而这一逃避也终究得面对一个基本状况：当对于现实的回应无法被仅仅归结为立场性问题的时候，人们难以依靠单纯的"大批判"姿态解决问题，因为我们始终面对那个上了年纪的问题：日本人为什么不认罪？

　　无论怎样试图在思维方式上瓦解"日本"的单一整体性，这个问题到今天仍然以顽强的变体存在着，这自有它的道理。假如把日本社会思潮极其粗略地分成追究战争责任和逃避战争责任两大种类（这区分很难说明问题，在此我仅仅为说明"日本意象"的整合性而不得不做此区分），那么强调日本"排外整合性"的，显然与"不认罪"的思潮互为表里。如今新历史教科书编撰会正在力图通过文科省审查的教材，就是这种"整合性努力"的最佳样本。在编写者和文科省就修改各种表述细节展开"拉锯战"的时候，正像这个编撰会的会长西尾干二所宣称的那样，"但是，我们与马克思主义史观不同的想法本身却保留着"（《朝日新闻》2001 年 3 月 5 日）。这个"想法本身"，就是在情感上重新整合日本，它借助的动力是面向东亚邻国的排他性情绪。

近年来所谓新自由主义史观由曾经是日本左翼的知识人挑大梁，试图清算植根于日本马克思主义史学观念的、反省战争责任的所谓"自虐史观"，理由是这种"自虐"让日本人失掉了自信。"纠正自虐史观—修改侵略历史真相—增加日本人自信心"这样一个逻辑背后，隐藏的是日本必须作为一个排他性整体存在的思维定式。战后日本进步知识人一直试图建立的开放性文化主体，就这样被简单地置换为狭隘的"日本式心情"。而如果考虑到国际舆论的力学关系，那么不容忽视的是，尽管东亚邻国对于日本的谴责作为国际政治和外交的压力是必不可少的，但它同时在日本国内又有可能被转化为加强内部整合性并使其对立于外部世界的反作用力。

令人深思的是，当日本国内的政治势力之间试图借助于教科书事件的国际效应改变内部的权利关系时，最具煽动性的口实也是屈服于外力与否和所谓审查程序的民主性和言论自由问题。由于日本的中小学教科书采取多种版本的竞争原则，文科省在程序上不直接参与教科书的内容编写，而仅仅具有"审核"权利，因此在制度层面留下了教科书以"言论自由"之名随意改写历史的空间；这不由得让我们联想起东史郎一案审理的法律程序——一个在事实上具有强烈政治色彩的案件，依靠法律的"程序"得以成为民事诉讼案——表面上中立的制度是如何微妙地配合社会思潮中的强势力量，所谓"民主制度"是如何毫无矛盾地保障着保守乃至极右势力的利益！

沸沸扬扬的教科书事件提供了一个机会，使我们有可能在动态的国际政治关系中重新审视那些在国别框架内似乎很固定的观念：文化主体性；民主制度和民主理念；历史相对主义；左翼与右翼的对立；言论自由与自由主义立场……对于知识界来说，要关注的问题不仅仅在于教科书是否可以通过审查，更在于它引发了对于上述观念特别是"民主"观念的随意性解释。当日本国内不同立场的知识人各执一词的同时使用上述观念的时候，它们的歧义性造成的不同政治效果反过来促使学院的知识人不得不反省：在学理上进行的有关阐释，为什么无法为现实中的种种论争提供有效的武器？为了有效地处理小岛洁去年《读书》论文中涉及的"相互缠绕的历史"，究竟应该如何处理国内权利政治与国际张力之间的关系？问题的核心究竟在于形骸化了的"民主"被反向利用，还是民主本身遇到了危机？这样的歧义究竟该把我们引向新观念的生产，还是对既有概念架构的重新讨论？

恰恰在同一时间内，由小林善纪的漫画《台湾论》引起的"台湾效应"，更有效地强化了这种思考的复杂性：如果说我们曾经把中国大陆与日本的关系和中国台湾与日本的关系分而视之的话，这次来自日本同一阵营的不同出版物使我们不得不把大陆和台湾的问题结合在一起思考；大陆与台湾之间共有的现代史和张力关系，借助于两岸对于小林漫画的反应有可能激发出新的理解维度。而当我们进而了解到小林的"台独"立场与并不赞同这一立场的其他日本自由主义史观知识分子之间还引发了"内讧"式对立的话，那么情况的复杂性就更让人难以把"左、右"当成唯一可靠的区分标准了。

在这样的情势当中，受《读书》编辑部之命回应沟口先生的论文，使我感到了超过自己能力限度的责任。在如此复杂的日本和国际语境里，作为一个试图在跨文化的话语空间承担历史责任的日本知识分子，沟口推到我们面前的，是一个无法被简化为意识形态结论的复杂课题——当对于战争责任的追究难以仅仅就事论事地加以处理的时候，当历史修正主义者们使用如此拙劣的方式把历史相对主义的原则庸俗化为随意篡改历史的时候，批判知识分子的责任究竟是什么？

日前由大江健三郎等日本社会知名人士组成的一个文化人群体在记者招待会后向日本政府正式要求不批准"新历史教科书编撰会"的历史教科书。这举动让我联想起安保斗争中的 1960 年 5 月 18 日，由松冈洋子、竹内好等十一位知识精英组成的小组会见岸信介，要求日本政府做出拒绝日美缔结新安保条约的决定，并要求岸信介辞职的历史镜头。当这两个镜头在我眼前重叠的时候，我突然记起了竹内好事后写作的《大事件与小事件》。在这篇发表于同年 8 月号《世界》的随笔中，竹内好简洁地传达了他当时的心情：

"作为十一个代表中的一人，我去国会面见首相。我很想推掉这个差使，可是心理上又有一股力量不允许自己这样做。其他人好像也是一样的感觉。等待的时候，感觉很憋闷。"

　　我很想知道大江健三郎等我所尊敬的师长与友人是否也有如此感觉，因为我正是在竹内好的这种"憋闷"的瞬间感觉里读出了日本思想史的一个潜在脉络。

　　在竹内好等人面见岸信介的第二天，1960年5月19日深夜，日本国会强行通过了日美安保改定条约。当时，正在国会周边按照宪法规定行使"请愿权"的学生和工人达两万人，翌日，冒雨示威抗议者达十万人。

　　在日美安保改定条约强行通过的第二天，1960年5月20日，竹内好辞去东京都立大学教授职务。从此，他摆脱了"国家公务员"的身份和"尊重、拥护宪法"的誓约。在那之后的日子里，东京都立大学的游行队伍曾经打出这样的标语："竹内好不要辞职！岸信介辞职！"

　　竹内好的辞职与他面见岸信介劝后者辞职同样仅仅是一种姿态，但是假如没有前者，后者所包含的那个"憋闷"的瞬间感觉不可能承载思想史的内涵。假如把竹内好的辞职泛泛地理解为"反体制"就错了，他的这一姿态中所包含的内容是他对日本国带有强烈"进口"色彩的宪法本身表示根本质疑。

　　竹内好在同年6月12日发表的讲演《我们的宪法感觉》中阐释了这一质疑："以5月19日为界，我们遭遇到了历史上前所未有的事件：经过形式上的民主主义程序，独裁者诞生了。"

　　与日本至今尚存的使用抽象化的西方民主想象对抗本土保守立场的学院左翼思潮相对，竹内好始终保持着对于这种方式的质疑。他敏锐地意识到，当日本如同脱掉一件衣服般摆脱了天皇制旧宪法一变而为民主国家的时候，这个新体制随时会以政治正确的名义保护旧体制中最黑暗的部分并使它合法化。而对于西方近代价值基准的简单挪用和由此而生的绝对化倾向，造成了民众在实质上缺少民主训练的"民主"感觉，这正是独裁的土壤。他尖锐地预言道：就算是岸信介被迫辞职，岸信介第二、第三立刻会取而代之！

　　我猜想，这就是竹内好那个"憋闷"瞬间的思想史内涵。当他别无选择地参与这一就事论事的"民主行动"时，他明白这并非解决问题的有效途径。竹内好战后的思想课题，就凝缩在这一瞬间的复杂感觉中。他意识到，如果不把旧宪法下生存者被扭曲了的"自由"愿望转变为新宪法的"内在感觉"，日本人不会获得独立的人格，即使数十万人行使了宪法规定的"民主请愿"的权利，他们仍然会在和平时期与战时同样沦为奴隶。使用同样的文法，我们也必须追问：即使新历史教科书编撰会的教材不能通过审查，为了不再出现第二、第三本同样的教材，我们该做的是什么？

　　当年竹内好一直坚持追究一个困难的课题：如何使日本人的战争体验"一般化"？如何通过这种对于战争体验的自觉建立日本人新的宪法感觉？在这个课题面前，战争体验不仅仅是过去的事件，它亦是战后出生的人同样可以经验而且必须承担的。竹内好所考虑的"一般化"，正是让后来者有效继承战争历史，并通过例如安保斗争那样的体验进入历史。日本的战争历史与日本的现代化过程本身是密不可分的，这使得对于战争历史的检讨不能不与对于现代化的检讨相结合；如果进而把战争视为最极端的现代性事件的话，那么对于战争责任的追究就无法脱离对于整个近现代史的认识。如果说日本的马克思主义者曾经以沟口批评的变相"日本近代优越论"视角简化了近代在东亚的历史含量的话，他们把追究战争责任简单地等同于批判日本近代资本主义和帝国主义的思路的确是一个不能不吸取的教训；而对于日本马克思主义者这种简单化思路的反省并不能使我们赋予新历史教科书编撰会所谓纠正自虐史观的做法以正当性，因为后者奉行的逻辑根本无视日本近代的内在逻辑：日俄战争的历史记忆使日本人在太平洋战争爆发时曾经一度产生过代表亚洲抗击西方的幻觉，这一幻觉如何与侵略东亚和东南亚的战争在同一结构中加以讨论，一直是日本思想史上的一个难题。

竹内好在 20 世纪 50 年代末期讨论《近代的超克》的时候，曾经试图在两者之间建立联系，在 60 年代讨论"大东亚战争的理念"时，也显示了这样的思路；这也是他探讨战争体验一般化的动力。在 60 年代反美的特定语境中，这种"一般化"的课题局限于普通日本人在国内的创伤经验；而到了 70 年代初期，伴随着又一次安保斗争，竹内好的这一课题发展为如何使日本人在战时的受害体验转化为他们对于东亚受害国人民创伤经验的感知。但无论是哪个时期，竹内好始终紧扣着一个基本视角，那就是对于战争历史的整理不能排除创伤经验，但是创伤经验本身不经过在不同时代中的"一般化"环节，无法构成历史的真实。

这也正是沟口雄三今天仍在追究的课题。他多年从事的对于"前近代中国思想"的研究，正是把有关现代性和战争历史的反思从日本左翼和右翼共有的西方式近代价值观怪圈中解脱出来的尝试。值得深思的是，当沟口试图把这个课题推向日中知识界的共同空间时，他又一次遇到了当年竹内好曾经遇到过的难题，那就是由充满"日中友好"诚意的专家们不断再生产的、在本国语境中将对方流动的现实"知识化"的模式，以及这一模式不断引发的现实效应。正是由于这一模式妨碍了知识人在跨越国别的主体层面进入活的历史，现实中的紧张被消解从而简化为单纯的理论推演与国别叙事，民主制度反倒在最保守的意义上成为冷战格局的支撑物。这一切都使得新历史教科书编撰会得以在情绪层面以极为单纯和狭隘的方式把从古到今的日本史整合为日本人的顽强奋斗史，把复杂的日本现代史简化为日本对抗西方和在这一对抗中受挫的历史。

　　沟口以不同的方式重申了竹内好"战争体验一般化"的课题，他在追问：谢什么罪？怎样谢罪？而作为国际政治关系中的一方，中国人要求谁来谢罪，如何谢罪？"要求谢罪"这件事情，对于中国公民意味着什么？对于中国知识分子又意味着什么？当"要求谢罪"的呼声被轻易地简化为一种嫌日情结的时候，当教科书问题仅仅被孤立地视为一次性事件的时候，我们是否错过了一个思想形成的真正契机？不得不承认，包括我自己在内的中国知识分子还没有足够的准备来回答这样的问题。因为它不仅仅意味着追究战争责任，而且意味着超越嫌日情绪直面自己复杂的现代史——那是与邻国和其他地区相互缠绕的历史。

　　在此意义上，我国台湾地区知识分子的声音显得特别重要。

作为共有着中国现代史的知识人，台湾地区知识分子的在地经验撞击着一个根本问题——中国的现代史格局问题。当沟口把战争体验"一般化"的课题以自己的方式推到我们面前时，他要求我们参与对于这一"相互缠绕的历史"的介入；而作为一个有效的参照系，台湾地区的现代史与我们的关系更为直接，对于台湾的关注不仅可以丰富我们的现代史感觉，而且有助于揭示我们自身历史意识的盲点。正如沟口论文涉及的那样，当反思涉及感情记忆制作的"装置"本身时，我们无法简单地满足于仅仅以受害者的身份对待那一段历史，因为中国的反侵略战争也是我们现代化进程的组成部分，它牵涉到我们如何认识自己的现代化进程、如何建构自己现代史的学术伦理责任。

今年1月，在竹内好当年辞职的东京都立大学，法学部教授宫村治雄出版了他的新著《丸山真男〈日本的思想〉精读》。这是宫村面向社会人的"市民讲座"的结集，它引起的反响是饶有兴味的。这部被归入《岩波现代文库》丛书的学术著作在出版后三个月之内已经再版，在漫画横行的日本社会，这是罕见的现象。3月的《周刊朝日》和每日新闻社4月的《经济学家》分别刊登了《精读》的书评和作者访谈，社会人的反响走在了学院反应的前面。去年三联书店翻译出版了丸山真男的《日本政治思想史研究》，使得这位使用西方现代理论资源批判日本天皇制、为建立日本民主社会而不懈努力的思想家开始进入中国知识界的视野；而当年在安保斗争中曾经与竹内好并肩战斗过的丸山真男，尽管一贯使用极为学院化的方式工作，却始终把面对社会人的"市民讲座"视为自己工作的有机组成部分。这使丸山的工作有效保持了与复杂现实的关联性。他至今仍然未被日本社会遗忘的原因也正在于此。《周刊朝日》（2001 年 3 月 23 日）保前信英的书评这样回顾他当年作为某公司白领阅读丸山真男《超国家主义的伦理与心理》时的感受："丸山指出：他的论文分析的是第二次世界大战中的日本军队，但是这一理论也同样适用于现代企业的职员。这样的普遍性中隐藏着丸山受欢迎的秘密吧。"

"这样的普遍性"与竹内好的"战争体验一般化"的课题之间有什么关联？ 1960 年竹内好那个"憋闷"的瞬间是否可以引发我们对于今日似是而非的"民主"话语使用方式的反思？我在《精读》一书引发的"丸山真男效应"中感受的不仅仅是日本社会潜在的反省和批判能量，更是上一代知识分子示范的社会和思想责任。在我们这个无法关门说事儿的时代里，思想正在经受着现实的重新检验，学院知识人的工作伦理，将再次成为我们的课题。

（原载《读书》2001 年 5 期）

# 亚洲论述与我们的两难之境

　　去年（1999 年）夏天逗留日本时，听人说《读书》第 8 期发表了韩国白永瑞先生一篇关于东亚问题的文章，或许是地理位置使然，生出一种又远又近的奇特感觉。回国后找来拜读，那又远又近的感觉却又涌了出来。我曾花了不少时间研究日本近代以来亚洲论述的历史脉络，但却疏于了解朝鲜半岛的思想资源；我非常希望知道，在全球化几乎成为一个先验命题的今天，东亚邻国的思想资源是否可以碰撞出我们自身的某些思考盲点；更何况那场以"大东亚共荣圈"命名的战争，使得日本人对于亚细亚主义的复杂追求也成为东亚三国不得不共有的历史课题。而对于东亚思想资源的漠视，在当今中国知识界乃至中国社会所引起的负面效应，也首先表现为中国人对"二战"历史的肤浅态度。除掉感情上的纠葛之外，不能不承认对于日本与朝鲜半岛近代以来思想历程惊人的无知致使我们几乎无法正面清理这段复杂的历史。接近东亚的近邻，有时比接近遥远的欧美世界更为艰难，这或许是我读白文时那种复杂感觉的由来吧。

正如白文所指出的那样，"生活在 20 世纪的大部分东亚人几乎都被大国梦魇所缚"，在大国可以置换为强国的前提下，这个判断当然是有道理的；只不过仅就东亚三国而言，这大国梦也还是不均衡的：中国人的大国感觉伴随着地理上的实体感觉，而韩国人和日本人的大国感觉不伴有这样的实体性。讨论东亚视角，这种地理上的实体性不可小视，因为它潜在地引发着非常不同的问题意识。比如说，对于近代以来的中国人来说，最难以理解的怕是江户日本人的"华夷变态"之说和李氏朝鲜以中华正统自居的姿态。前者自称自己是"中华"而清朝中国是"夷"，后者则认为中华文明的正统不在它的发祥地而在朝鲜半岛。近代中国人似乎从未有过兴趣与邻居们争论到底谁更能代表"中华"，不用说历史上以宗主国自居时的心态，即使在国民国家的框架里，"谁是中华"的问题也只能引起国人一笑，不仅仅因为它的越俎代庖性格，更是因为伴随着实体性地理感觉的大国心态和不伴随这种地理感觉的"经济大国"心态，这二者间是不能简单地以"大"为名画等号的。

尽管高科技思维今天正在瓦解实体存在的意义，我们似乎还没有达到看轻地理边界的地步。正是在此意义上，强调中国人的地理感觉有助于我们关注东亚邻国所习惯的那些为中国人所陌生的思维方式。白永瑞先生提醒我们，包含着内在紧张关系的东亚视角或许可以为摆脱大国梦提供某种机遇，可是，问题的麻烦或许恰恰在于，东亚视角自身在某些历史情境之下其实也会成为大国梦的一种形态。假如我们真的把这些问题追究下去，那么将导致自身进入一种无法逃避的两难之境——假如东亚视角具有解构民族主义的功能，那么它以谁为中心、以什么为基础？在并不存在民族主义替代物而跨国资本又以"全球化"名义推进不平等经济关系之时，民族主义与东亚视角之间是否真的具有相互牵制的作用？我们既不能因此据守民族国家的单一框架，因为经济全球化的复杂事实已经跨越了这个框架；又不能简单地寄希望于对这个框架的否定，因为我们并没有找到有效的替代物。

白文结尾说得好，"浮木"是不该背的。可是如果背上的不是浮木而是那个过了河越走越沉重的叫作"现代"的孩子呢？

有很多东西比浮木更难甩掉，比如历史。

按照日本学者滨下武志的解释，近代日本的"脱亚"实际上是重新安排东亚国际关系中华夷秩序的一种形式而已。说白了，就是日本希图充当新的东亚秩序中的宗主国，取中国而代之。但是，滨下同时注意到了一个易于被语词的概念性所遮蔽的历史事实，那就是以中华为中心的朝贡体系和与此相关的所谓华夷秩序理念，并非简单得可以望文生义地理解为"霸权"和"支配"关系。

滨下把朝贡秩序的特点归纳为三：一、朝贡体系所实行的"无关税"特别恩典，为外部世界提供了极富魅力的商业机会；二、即使朝贡具有很强的"纳贡"性格，它也不仅仅意味着单纯的支配与服从的关系，它还具有通过册封保障周边地域王权的正当性的效果，因而可以维护地域政治的安定；三、朝贡秩序所奉行的理念，就中国方面而言，意指皇帝的恩德教化四海因而囊括不同质的文化，对于朝贡国来说，这意味着只要履行一定的程序成为朝贡国，就会在朝贡体系中与其他的朝贡地域发生接触。这同时也就意味着中国在事实上充当着异质要素之间交流的媒介。

滨下武志冒了很大风险，因为他看上去有点像在为中国说好话。他的以广域经济圈为框架的地域史研究，很自觉地以解构绝对性的民族国家思考框架为目标。如果以近代意义上的国家观念看待朝贡体系，显然会遮蔽滨下所揭示的这些重要的事实，把问题单纯地引向霸权与不平等；而滨下武志的论述却向我们展示了朝贡体系这一历史过程与抽象的"朝贡"概念所引起的近代式理解之间的差异，这一差异首先在于是否把朝贡体系理解为霸权关系。

滨下告诉我们以国家为前提的"地域政治学"并不能有效揭示地域性历史过程，并且进而试图描述东亚"近代"的内在历史连续性。他触及一个饶有兴味的问题：只有正视朝贡体系上述特征，理解历史上朝贡经济圈内对于华夷秩序理念的长期共有，我们才可以穿透西方式"近代"的外包装，理解何以历史上东亚的周边国家会在近代民族主义的发生期前后以取中华而代之的方式而不是对立于中华的方式寻找自我认同；何以中国这一历史上绵延几千年的古老帝国会在极其动荡的朝代更迭中以动态的方式保持它的"中华"凝聚力。

不过即使如此，亚洲论述的两难之境对于滨下武志也是个避不开的难题，他究竟也必须面对自己是一个现代日本人的事实。这个宿命使他不得不面对日本近代以来脱亚与兴亚的历史，背负他最希望躲开然而却不得不背负的那个叫作"现代"的孩子——

民族国家建构与东亚国际关系为日本和东亚邻国带来的恩恩怨怨——用白永瑞先生的话说，就是构成这一地区的多样性主体之间的矛盾。而朝贡体系的论述，不言而喻，是无法圆满处理现代人在面对历史时的跨文化紧张感的。

今天，所谓亚洲研究渐渐变成了热门话题，尤其是那种拼盘式的、由几国学者联手的合作研究举不胜举。这种由专家的区域性知识组合而成的所谓亚洲研究已经受到了很多有识者的批判，比如美国的日裔学者酒井直树就尖锐地指出，当亚洲研究被视为由"中国研究""日本研究"等更小的地域政治学的指涉对象所组成的集合体的时候，那不过从属于国民国家内部均质性想象的研究而已。滨下武志也在他的著述中强调，已有的地域政治学以国家为前提且视野仅限于国家框架之内，这种方法忽视了地域政治学研究对象与国家统治对象在历史上的不一致。可以说，拼盘式的亚洲研究在思维方式和理论建树上不具有任何原创性，它只不过以知识的形式强化已有的国民国家观念而已；对于亚洲某一个区域的知识，并不必然地把我们引向国别研究所遮蔽的问题。

但是，假如不想局限在这种似是而非的亚洲研究框架之中，面对的问题就更为复杂和艰难。最困难的问题是，假如亚洲论述不以国民国家为基础单位，那么它的基础是什么？亚洲是理念还是实体，作为整体它存在还是不存在？

在历史上，强调亚洲理念性和亚洲存在整体性的，主要是人文领域的知识人，而他们面对的课题主要是如何对抗各个层面西方霸权的问题；与此相对，人文色彩不那么浓厚的社会科学学者更关注"事实",而率先否定亚洲作为一个基本思考单位的合理性的,也首先是这一类学者。

20 世纪 50 年代末期,日本的生态史学者梅棹忠夫就提出过这样的疑问,他的结论是亚洲这个前提根本就不具有意义。梅棹忠夫旅行西亚和南亚的时候听到当地人说"咱们都是亚洲人"的时候,觉得无论如何找不到感觉,那里的一切都与日本不同,他不明白为什么非得建立这样一个海市蜃楼般的认同。不仅如此,他还进而强调亚洲内部的紧张关系和这种紧张关系隐含着的危险性,给强调亚洲理念性的思想史家们当头一瓢冷水。梅棹忠夫试图用反本质主义的"生活样式"来重新为世界确定格局,按照他的想法,决定差异的不是文化的本质而是文化的机能,也就是生活样态的差异;他完全化解了亚洲,重新划分了欧亚大陆的区域,把两端的西欧与日本划归为第一地域,把中间的部分称为第二地域。尽管他本人并非意在强调日本与西欧的一致性,但是这划分方式总是引起"日本优越论"的误读。梅棹本人曾经一度觉得很委屈,不过平心而论,这误读的责任在学理上也有他一份。

从开始主张文明生态史视角的时候,梅棹忠夫就自觉地站在了历史学尤其是思想史立场的对立面。在他眼里,历史不过是只见树木不见森林的偏颇研究,它只专注于某一个狭小地域和价值判断。因此,亚洲论述对抗西方价值建构主体性的积极面就被梅棹以偏颇为由消解了。这种使历史"零化"的方式在 50 年代末到 60 年代初期的确给日本思想界吹进了一股新风,因为当时正是一些日本人重唱日本优越论老调的时候。可是梅棹却忽视了一个同样重要的问题，那就是并非靠着他对于历史的"零化"历史就真的成了零。在他的欧亚大陆两个地域的版图里，社会主义阵营与资本主义阵营的两军对垒被知识分类遮盖了，所有的思想对抗都被一笔抹掉；但即使在后冷战时期的今天，谁又能说这种历史紧张不再存在？被文明生态史观所解构了的东西方对立图式，的确具有很多负面效应，但是在对抗西方中心论的历史情境里，它仍然是个绕不过去的黑洞。梅棹忠夫的生态史观对于意识形态化的思维方式的确具有解毒功能，只不过这种解毒功能仅仅存在于理论层面，在现实层面，由于它无视那个黑洞，所引起的基本上只是副作用而已。

不能一笔勾销的思想史问题，包括东亚内部的历史紧张关系，不可能简单地由地域史生态史的视角加以替代，这一点已经被事实所验证：当今日本知识界正热衷于"海洋国家"的论述，梅棹忠夫充分暴露了他无视历史紧张的弊端。他几乎毫无戒心地呼吁日本脱离与大陆的联结转而"面向海洋"，与太平洋诸岛国如印尼、澳大利亚等结成共同体；在日本国旗国歌法制化的问题引起东亚各国强烈反感的时候，梅棹的发言客观上一笔勾销了日本的亚洲责任。我不想简单地因此把梅棹忠夫划归为右翼知识人，相反，他的局限性具有意识形态以上的沉重意义：在今天地域史研究与解构国民国家的思维定式日趋强固的情况下，我们是否会因而轻视了历史紧张本身对我们宿命般的渗透？

曾经与滨下武志合作过的比较经济史学者川胜平太，也是海洋史观的积极倡导者。他的论述在意识形态方面所起的负面效应已经引起日本进步知识分子的强烈不满，以至于他被视为"自由主义史观"的外围分子。川胜在去年（1999 年）8 月与梅棹忠夫在同一个研讨会上发言时，呼吁建立西太平洋海域国家的经济文化联合体，取代以中国为中心的大陆文明思路。他甚至以简化的方式断言，通往近代文明之路，在历史上存在着经由海路的欧洲型与日本型两种。海洋史观本身并非右翼论述，而且即使是川胜平太这样貌似"日本主义者"的知识分子也并非可以简单地视为右翼；要害问题在于日本早已有了一百余年"脱亚"的历史，那不是一段可以随意卸掉的浮木，尤其在"二战"的历史创伤尚在流血的时候，不清理这沉重的历史，如何离开大陆轻装入海？既然历史没有办法归零，川胜等人的姿态中隐含的新"脱亚"意识，又如何不使人产生历史的联想？

亚洲论述之于我们，也具有同样的两难困境。假如把它看成可以超越近代国民国家的对立物，其实很容易遮蔽亚洲论述的危险性。假如国民国家的论述不能用简单归零的办法消解掉，那么，亚洲论述就很难绕过它而另起炉灶。梅棹忠夫与川胜平太从生态史和经济史方面所做的消解思想史内在紧张的尝试已经证明，这种绕道而行最终会以最简化的方式被纳入它试图无视的那个问题框架，从而被以最为意识形态化的方式利用。早年的京都学派在"二战"中的表现已经充分证明了这一点。亚洲论述，在它显示了超越狭隘的民族国家思考框架的可能性时，也就同时遮蔽了地域性合作中的不均衡力量对比关系，哪怕今天它是以经济面孔呈现的；于是，我们遇到了选择的两难：不可能在民族主义和亚洲主义、经济立场与思想立场之间简单地二者择一，因为如此单纯的立场在现实中并不存在！

中国人自古以来习惯于以世界中心的立场来感觉地球。这种中心感被周边国家称之为"中华思想"。近代以来，世界中心的感觉淡化了，亚洲中心的意识并没有削弱。而冷战格局中两大阵营的对立，在后冷战格局中南北经济的对立，都使得所谓亚洲论述甚至东亚论述失去了立脚的根基，对于中国人来说，亚洲这一前提是否存在，似乎是个比梅棹忠夫的疑问更深重的问题。按照中国这样一个构成复杂的文明方式，中心意识不以区分自我和他者的形态，而是相反，以自他不分的方式体现出来。中国人不谈亚洲，其实和韩国人不谈亚洲的历史脉络很不一样，白永瑞先生在文中指出，朝鲜半岛的分裂状态所导致的无法超越具体国家界限的思维方式，是韩国不讨论亚洲的重要原因。对于我们中国人来说，在很大程度上不讨论亚洲却是因为中国在潜意识里被视为亚洲至少是东亚的中心。中国的不谈亚洲并非意味着"脱亚"，它恰恰意味着亚洲这一含糊其词的所指被内在化了。

白文呼吁要把韩半岛等作为周边国家纳入考虑范围，回应这一呼吁就意味着要摆脱历史上朝贡体系所遗留的宗主国心态，练习对等地与邻国相处。白文揭示的孙中山大亚细亚主义在朝鲜引起的批判态度是饶有兴味的，在它的上下文中，孙中山的大亚细亚主义和日本的亚细亚主义几乎没有本质差别：这至少意味着东亚邻国对于中国人视为正面理念的"关注弱小民族"的态度并非能够毫无保留地接受。这就又回到了那个棘手的问题：地理上的实体性所导致的大国心态，包括它所具有的各种可能性，究竟能否与不具备该实体性的地域所沟通？假如不能沟通，我们该在何等程度上破除它，如何破除它？

正如韩国的知识分子所大声疾呼的那样，东亚邻国各自的问题在影响着整个东亚地区的命运。朝鲜半岛的分裂局面，韩国经济的推动力量，日美安全合作防卫指针的签订与冲绳美军基地存在方式的问题，难道仅仅是韩国和日本自身的课题吗？进一步说，日本的天皇制被视为日本人自身的问题，而以这种社会结构为模式的日本经济输出到亚洲各国包括我们中国，以经济的方式渗透着天皇制绝对服从的意识形态，我们是否对此有足够的警惕？中国知识界急功近利地以日本为例大谈所谓"儒教与现代化"的时候，是否恰恰堵塞了接近现代日本社会真正问题的途径？韩国的知识分子与中国知识界之间尚未建立最基本的理解与沟通，民族主义情绪仍然阻碍着真正的一体感的形成，这又意味着什么？……这一切隔膜所遮蔽的问题或许是令人吃惊的，它证明中国人隔着太平洋大声说"不"的时候，其实却默许着甚至同谋着身边那些按理最应该说不的现实问题。在中国人对于东亚邻国的漠视之后，隐藏着的不正是对于当今世界格局的片面化与表面化理解吗？

然而亚洲研究却似乎正在这种无知的前提下成为一个热起来的话题。尤其是在西方知识分子出来打抱不平说东方知识界的社会想象力被殖了民的时候，亚洲论述就以"后殖民"的方式开始"全球化"了。但是亚洲论述是否因而变成了我们自己的问题，似乎还是个疑问。在近代史上中国人的亚洲论述虽然未能形成一条独立的线索，但是这方面的资源却并不匮乏；不过中国人视野里的亚洲想象，却很难与日本韩国的同类想象画等号。最大的差异，恐怕在于前者的中心感与后者的对抗感。今天必须面对的两难之境，在于全球化进程一方面强化着酒井直树所说的"内部／外部"的思维方式，一方面又对这种思维方式进行正面挑战；这种同时并举的形态使得知识分子在其中扮演的角色比任何时候都无力和暧昧。亚洲论述，关键还不在于它是否能够成为对抗西方中心论的前提，在探讨亚洲和东亚哪一种概念更有助于揭示历史之前，恐怕更需要思考的问题还在于，对于边界的强调和对于边界的简单瓦解同样会造成对于真正问题的回避。至少在面对社会科学学者消解思想史问题紧张度的努力和思想史学者过于理念化的亚洲论述时，我感觉到亚洲问题的提出有助于我们直面这样的两难之境。

（原载《读书》2000 年第 2 期）

# 鲁迅脱掉的衣裳

一

　　大概是九年以前，我在东京看了一场话剧，叫《上海的月亮》，主人公是鲁迅。剧本的作者，是著名的井上ひさし。他是一位活跃的当代剧作家，喜欢插科打诨；那时我的日语极其不地道，可不知道为什么看这台话剧却从前笑到后，今天想起来，还是很佩服这位井上先生，他好像很懂得调动语言的最大潜能，让一个日语很次的老外也掉进他的陷阱，不必查字典就跟着他的指挥棒转。而且体会到，其实观众对于语流所传达的意义，并不仅仅借助于语义加以理解；至于语义之外的什么因素在传达意义，我就说不清了。当然我得在此说明，我后来买了该剧的剧本，本文依据的是剧本而不是我当时的观剧印象。

　　那台话剧除人名外"纯属虚构"。故事发生在 20 世纪 30 年代的上海，鲁迅在白色恐怖中逃难到了内山书店，戏中的几个日本人谋划着为身体羸弱而又拒绝医治的鲁迅治病，同时还谋划着陪同鲁迅亡命日本。"上海的月亮"就是鲁迅构想他亡命日本之后将要写作的小说的名字。按照剧中鲁迅的说法，上海的月亮有双重含义：一是遮盖日光下被暴露无遗的丑恶，把一切都幻化为美好的意象；二是象征沟通人类心灵、消除人间隔膜的努力。这两重意思都充满了日本式的"幽玄"，有点让人想起谷崎润一郎，或者是日本白桦派人道主义作家，却怎么看也不大像是鲁迅。不过这倒不打紧，因为最终剧中的鲁迅也和现实中的鲁迅一样并没有亡命日本，他决定留在上海以让敌人的世界增加一些"缺陷"。

小说《上海的月亮》没有写成，话剧《上海的月亮》写的却是另一个故事。鲁迅逃难到内山书店后，好心的内山完造请来了两个日本医生：一个是内外科兼治的须藤五百三（须藤是现实中鲁迅临终时的主治医生），一个是牙科医生奥田爱三。由于鲁迅不肯延医治病，为了接近他，须藤扮成鲁迅的热心读者，奥田扮成了为鲁迅画像的画家。他们要尽各种花招，终于探得了鲁迅的身体状况，得出的一致结论是，鲁迅身患五种疾病，已经到了衰弱的极限，如不治疗会有生命危险。二人决定从治疗鲁迅的牙齿开始，因为这是改善消化状况的关键。他们用"笑气"麻醉鲁迅试图为他拔牙，不料麻醉作用使得鲁迅产生了幻觉，错把在场的人认作藤野先生、秋瑾、朱安、年轻作家洛文（洛文是鲁迅的笔名。井上想以这个名字代表受鲁迅影响的年轻作家，如左联五烈士等。不过井上并非鲁迅研究家，似乎这种错误不必追究，所以我仍然沿用"洛文"这个名字）等。鲁迅对每一个人都表示了忏悔，透露了他的内心秘密：他对违背藤野先生的期待而改行写作心怀不安；对秋瑾回国革命而自己却没有投身革命活动而深深内疚；对朱安，他谢罪说自己从未把她当成与自己平等的人，只是把她看成封建遗物而粗暴地对待她；对年轻作家洛文，他则怀有深深的自责，认为没有自己的文字，年轻的作家也不至于惨死在国民党的屠刀下。

牙没有拔成，鲁迅又添了新病，忙煞一群日本的鲁迅迷。为了消除鲁迅的人物误认症，他们煞费苦心，分别扮演了藤野、秋瑾、朱安和洛文，向鲁迅表示了"原谅"。在一片温暖的谅解声中，一直因内疚而拒绝医疗以图变相自杀的鲁迅振作了起来，开始恢复了常态。

然而好事多磨，上海的日本侨民因须藤和奥田在治病救人方面不问国籍只看病情的态度而嫉恨，利用白色恐怖对他们进行围攻，形势急剧恶化，不要说鲁迅，就连医生们的人身安全也不能保障，于是在内山完造的倡议下，大家决定保护鲁迅转移到日本的镰仓，在那里为鲁迅治病并开始各自的新生活。

就在这个关键时刻，鲁迅又出现了问题，他开始失语了。井上施展他的调侃手腕，让鲁迅的台词充满了各种令人捧腹的歧义，引起观众接连不断的哄堂大笑。但是这失语却是一个让人笑不起来的原因所致：鲁迅如果亡命日本，就意味着向国民党特务的暗杀行动低头。在鲁迅内心里正进行着激烈斗争。为了让词不达意的鲁迅恢复正常，须藤立刻返回日本寻医问药，其他人则在日本侨民的恐吓行动中保卫鲁迅的安全。这时，许广平站出来反对鲁迅大逃亡的计划，她说，鲁迅没有资格让在场的每个人放弃自己在上海为之奋斗了很多年的生活，鲁迅应该留在上海。而鲁迅也最终做出了拒绝出走的决定，他说，自己的前半生一直在逃避，重大的历史事件都不在场，这使他终身担负着沉重的心理重荷，而人物误认症与失语症就是他加给自己的惩罚。当鲁迅说出这些话的时候，他的失语症不治自愈了。鲁迅就此变得明亮而富于"进取性"，他表示说要积极治疗坚定战斗，舞台充满让人振奋的乐观战斗精神。

鲁迅的避难生活结束了，《上海的月亮》剧终。结尾处鲁迅已经去世，而结局是大团圆的，就连剧中的朱安，也领养了一个孤儿院的孩子以慰孤寂。许广平在结尾处朗读了一封给朱安的信，说道，在鲁迅临终之际，守护着他的是一些日本人，这显得有些不可思议。

其实没有什么不可思议的，因为这位鲁迅本是日本籍的。只是，比起那位真正的"日本籍鲁迅"来，《上海的月亮》中的这一位实在是貌合神离，似是而非。

二

日本籍的鲁迅诞生于20世纪40年代初期一本薄薄的小书。这本书的名字是《鲁迅》，它的作者是日本现代思想家竹内好。说起竹内好来，稍了解日本现代思想史的人都会屏住气息。有一个著名的插曲可以象征竹内好给人的感觉：1977 年他因病去世，在他的追悼会上，著名日本中国文学家增田涉致悼词时心脏病突发随之而去。在场的竹内夫人照子后来回忆说，她当时不由在心里唤道：夫君，请你罢手吧！

无论是生前还是死后，竹内好都有一种让人不可抗拒的威慑力量。著名的政治思想史家丸山真男称竹内好为自己的"畏友"，算是说到了家。早年日本知识分子还不像今天这样只谨守专家的一亩三分田，据说丸山真男在东京边缘地带的寓所里经常聚集着当时的各路知识精英，在他们一起谈天说地的时候，丸山真男的雄辩与竹内好的沉默总是相映成趣，没有人敢于忽视竹内好的沉默，就像没有人敢于挑战丸山真男的雄辩一样，倒是丸山真男的雄辩常常在竹内好的沉默面前退让三分。生前，竹内好是人们公认的精神领袖，死后，他似乎仍然有能力带走他亲密的伙伴。

或许就是这种特别的气质，使得竹内好走近了鲁迅，而一旦走近，他就再也没有离开。自从《鲁迅》问世之后，竹内好一生的著述都以鲁迅为参照系，他以鲁迅为基点建立了对于现代日本的批判立场；尽管竹内好远比鲁迅更多采用妥协的策略，但是他也在一生中把论战作为自己的主要工作方式。更重要的是，假如没竹内好，无法相信鲁迅是否会真正进入日本，更无法想象日本人是否在 20 世纪 90 年代还会以鲁迅为剧作主人公，无论这鲁迅是否成功，他都被打上了竹内好的印记，并且暗示着我们，我们的邻国仍然有人记得鲁迅。

即使今天读来，《鲁迅》一书也仍然充满新鲜感。竹内好在这部名著中勾勒了一个很特别的鲁迅，重要的是这个鲁迅被置于一个完全不同的结构中；竹内好说，鲁迅一生中有一个关键的时刻，他称之为"回心"，在这个时刻到来之前，所有的人生经历都构成了对它的准备，而在这个时刻到来之后，它就决定了鲁迅直到生命尽头的人生。竹内好说，在阅读鲁迅文章的时候，总是会碰到一个固定的影子般的东西，它总是出现在同一个位置；就像是在华丽的舞场中有一个骷髅跳舞一样，最终所有实体都会隐去，而这个骷髅却不知不觉间在人们眼中变成了实体。鲁迅背负着这个影子度过了他的一生，竹内好用"赎罪文学"为这个影子命名。

于是，在《鲁迅》里，竹内好贯彻了他的一个最终无法解答的疑问，而且这一疑问最终贯穿了他的一生：鲁迅固然在他的虚构作品里讲述了自己，但是他讲述的是过去时的自己，不是现在进行时的自己。现在进行时的鲁迅，多数情况下是在他的作品之外，他如同脱衣裳一般地弃掉了他的作品，不让人在作品中寻找到他自己——比如当他认同于阿 Q 时，我们的确不能用惯常的方式去直观地理解作家与作品的关系：这是为什么？

竹内好在《鲁迅》中追随着那个他命名为"赎罪文学"的影子。他承认鲁迅有着不同发展阶段的不同思想变化，他更倾向于把这种变化视为鲁迅与中国文坛共同的摇摆，而不是鲁迅的先知先觉性；但是竹内好关注的其实不是鲁迅如何变化，而是在这变化之下掩盖着的某个使鲁迅成为鲁迅的关键契机：它宛如一个磁场，吸纳进各种对立的要素，形成一个看不见但却存在的空间。鲁迅一生中的变化，就围绕着这个空间被组织起来，鲁迅之为鲁迅而不是别人，就在于他的作品中投射出的这个不能够提取出来的空间，它几乎是不可视的：假如只有对于语词和概念的反应能力，那么你不可能承认它的存在。但是一旦你拥有穿透语词的感受力，就会被它吸纳进去。

比如，竹内好提出了这样一个问题：鲁迅的刻薄、讽刺和悖论，是否真的仅仅是他个人才能所导致的写作技巧？竹内好认为，鲁迅的这种个人风格与鲁迅文学的本质紧密相连，"我一个都不宽恕"和"最高的轻蔑是无言，而且连眼珠都不转过去"的基本态度是对鲁迅文学本质的最好说明。这种基本态度构成了鲁迅文学的政治性——假如和解如同《过客》中女孩的布条，是让人止步的好意，或者是"无物之阵"中使勇士无所用其力的"一式的点头"，刻薄与讽刺就意味着不断戳破"太平"的假象，意味着拒绝把一切图式化和静止化的思维惰性；"永远的革命者"意味着永远处于流动性的思考之中，竹内好称之为"作为行动的文学"。这种"行动性"使鲁迅文学开创了中国现代文学的传统：它不为既定观念所束缚，也不为理性框架所归纳，它永远在既定的结论之外。在含义复杂的"混沌"之中，中国现代文学锤炼了它对几千年的丰厚历史传统与现代世界文化格局的复杂选择态度。竹内好甚至由此断言，在现代中国，与形成中的现代文学从始至终相伴随、至死未被文学革命所淘汰的"现役文学家"只有鲁迅一个人，那是因为，鲁迅从来都不是一个先觉者，他只是一个强韧的生活者，一个充满了内在矛盾的人，他由此而与现代中国共有了它最基本的矛盾。

由于鲁迅的这样一个定位，我们不能不再回到竹内好那个最基本的问题上来——鲁迅不在他的作品里，他与自己作品的关系像人和脱掉的衣裳一样存在着一个距离，而不是如同多数文学家那样，大于或依赖于自己的作品；这是否意味着鲁迅有可能改变我们对文学的笼统感觉，从而改变我们对中国现代文化基本问题的估计？事实上，在"永远的革命者"这样一个意义上，鲁迅文学所显示的"行动性"暗示了这一距离的意义，那就是使阅读者把目光从一个个文本移向潜藏其后的那个不可视的空间，从而把鲁迅作品作为思考的起点而非抵达的目标。当读者试图在对鲁迅的阅读中与鲁迅一同思考的时候，鲁迅不在其中的作品才会把我们引向鲁迅，"走近鲁迅"才成为可能；否则，无论是对鲁迅的赞美还是詈骂，都只能面对鲁迅脱下的衣裳。

其实在竹内好写作《鲁迅》的时候，他并没有能力整理乃至回答这个问题，他试图回答这个问题的努力是在其后的三十几年里。在他卷入各种论战和对各种重大事件表明态度的时候，他正是沿着这条思路展开了他的论述。这条思路，就是他对文学与政治关系的思考。

从《鲁迅》一书开始，竹内好就在不断讨论文学与政治的关系，他一直试图在日本思想界以鲁迅为资源建立真正的政治感觉。他指出，鲁迅意识到文学不能换算为炮弹，但是文学以它对自身这一无力性的自觉而获得了政治性；作为一种"行动"，文学的政治性就在于它撕掉那些"正确"说教的面纱，建立开放的社会性关怀。在鲁迅强调"一要生存，二要温饱，三要发展""血的应用，正如金钱一般，吝啬固然是不行的，浪费也大大的失算"的时候，他体现了成熟的政治智慧。竹内好批判说，日本无产阶级文学缺少这种政治性，它把小林多喜二的牺牲绝对化，使他被孤立为一个偶像，无人效法并且因无人效法而使人人都有心虚之念，这使小林多喜二的牺牲失掉了其意义。竹内好因而断言，日本的无产阶级文学运动是非政治性的，这种非政治性强迫人们屈服于某种既定理念，把政治前提变成了先在目的；进而言之，不仅是无产阶级文学运动，日本文化结构本身就妨碍成熟的政治感觉生长，战争期间日本军队所谓的"特攻队精神"显示了同样的结构。

　　1943 年年底，竹内好以写作遗书的心情写完了《鲁迅》之后就被迫走上了战场，作为日军的一个文化兵，他亲身经历了那场非正义的侵略战争。战争结束之后，当竹内好断言中国人在道德上赢得了抗战而日本人是作为一个野蛮民族战败并为此设定了自己"改造国民性"的工作目标时，鲁迅作为他的精神支柱，支撑他渡过了日本知识分子最沉重的那个历史时期。竹内好在其后的几十年里一直致力于批判日本知识界的"抽象性"，这绝不是方法论层面的工作，他要建立的是日本知识分子的政治感觉，那是一种面向社会开放性的感觉方式，它了解自己相对于现实政治的"无力性"并由此而把现实政治作为自己的"场"而不是自己的工作目标。在这个前提下，以竹内好为中心，日本思想界先后进行了国民主体性、亚洲主义等一系列讨论；但是竹内好并没有因此建立起他所期待的政治感觉，假如他生前能看到《上海的月亮》，我相信他肯定会感到沮丧。

# 三

　　《上海的月亮》把鲁迅搬上舞台，其实是功德无量的事，因为今天日本社会主流对中国缺少关心，正如我们对日本缺少兴趣一样。

　　可是有趣的是，这出戏却究竟是日本文化氛围的产物，它对于中国和鲁迅的处理方式，恰恰是竹内好终其一生所批判的日本式人道主义的方式。

　　竹内好在《鲁迅》中提醒人们说："把思想从人那里提取出来，这方法本身并非不可行；但是假如不考察产生这思想的人的决断，就无法判断这思想的当否。"在这台话剧里，我们不仅可以看到对于鲁迅的"提取"，而且可以看到对于竹内好的"提取"。可惜的是，两者同时都缺少对于鲁迅和竹内好本人现实思考的关注，这提取是抽象的和简化的。话剧模仿了竹内好有关"赎罪"的说法让鲁迅患了人物误认症，又让"宽恕"治愈了这块心病，而鲁迅的"一个也不宽恕"的现实政治感觉，就消解在这明亮的人道主义里面了；话剧又提取和简化了竹内好有关文学与政治关系的思考，以竹内好最不能容忍的方式让鲁迅的政治性仅仅简化为"不躲避"的对抗姿态（尽管鲁迅也曾在参加杨杏佛葬礼时不带钥匙出门，但是以此类姿态概括鲁迅实在简化了他丰富的政治感觉）。竹内好在《鲁迅》中花了大量篇幅引用的鲁迅《魏晋风度与药及酒之关系》所包含的政治斗争智慧，在话剧里荡然无存，对于鲁迅的景仰和鲁迅文学的巨大感召力，被抽空为一些无力的观念。

于是，我不由得想起竹内好的比喻：这话剧给我们展示的，仅仅是鲁迅脱掉的衣裳。它的确展示了鲁迅一生中的某些"事实"，但那却与鲁迅无缘，也与鲁迅的作品无缘。

鲁迅已经离我们而去，16 卷本《鲁迅全集》成为我们走近鲁迅的唯一途径。然而鲁迅是不容易走近的：就如同我们无法靠着既定的观念走近历史一样，我们也无法靠着被抽象化了的理念和先在的前提走近充满了内在矛盾的鲁迅。把鲁迅从神坛上解救下来，并不等于我们还了人间鲁迅的真面目；即使是作为普通人，鲁迅之为鲁迅，仍有他特别的地方，我想，那是充溢在鲁迅作品中的"氛围"。竹内好曾经把这种氛围称之为"赎罪"感觉，那仅仅是一种比喻而已。《上海的月亮》把这比喻当了真，遂使鲁迅接受了谅解。但这"氛围"不能被谅解所消释，因为它并非宗教意义或现实意义上的罪孽感。鲁迅之所以无法变得明亮，是因为他以自己的方式呈现了时代的氛围。当鲁迅对绝望也绝望了的时候，他把那个时代最深刻的矛盾和痛苦鲜活地呈现了出来，把一个古老而博大的文化在转折期的举步维艰沉重地演绎了出来。

在明治维新后迅速调整自己取向的日本以小国与岛国之故获得了转变的成功，尽管日本人同样为这转变付出了以侵略战争为极限的沉重代价，但是他们仍然无法体会一个构成复杂的大陆国家转变之际的内在冲突。竹内好极为敏锐地抓住了这个区别，他批评说日本人近代以来奉行的优等生原则只关心如何跻身于世界强国之列，却因而不断转向而失掉了自我；鲁迅所代表的"挣扎"精神，则象征了中国式近代的特有气质，它无法丢掉自我而简单地认同于强者，并由于内部的冲突而无法迅速调整方向。竹内好把《聪明人和傻子和奴才》的解读作为这种区别的象征：如果把聪明人和傻子对立起来并且抽象为人道主义类型，他们是并不鲜见的；日本的人道主义作家会把自己定位为傻子，最终奴才会获救；而鲁迅却并没有在寓言中描写聪明人与傻子在价值观层面的对立，他要告诉人们的是傻子最终未能拯救奴才。鲁迅揭示的是奴才做梦时的虚假与梦醒后无路可走的两难情境，并且把这种情境内在化为自身的处境。竹内好说，明治维新成功了，辛亥革命"失败"了。后者之所以失败，乃由于它是"革命"，是内部激烈挣扎的结果。日本的上层指导者之"优秀"，使得他们彻底挫败或利用了视明治维新为失败的那些动向，从而使日本历史走上了无抵抗的路，"日本文化总是向外等待新的东西到来"。鲁迅使竹内好在日本式人道主义的欢呼之处看到了堕落，使他意识到鲁迅所表现的"拒绝成为自己，同时也拒绝成为自己以外的任何东西"的状态是东方文化在转折时期最真实的自我保存方式。竹内好因而指出，日本式人道主义不具有内在的自我否定，它因而才得以明亮地和抽象地让"傻子"去拯救"奴才"。竹内好于是痛心地说：日本文化什么都不是。

竹内好批判日本永远没有失败时，正是战败后的 1948 年。面对日本的优等生文化新一轮"转向"，竹内好感受到了鲁迅"绝望之为虚妄，正与希望相同"的沉重；而鲁迅脱掉的衣裳，在那时的中国也已经日益被绝对化和简化，进而被提取为抽象的"思想"。

竹内好在 20 世纪 40 年代预言说，鲁迅还不能成为古典，因为与他共生的那个时代还没有解决自己的课题；今天，这预言似乎仍未过时。

正如鲁迅产生于一个特定的历史时刻一样，日本也在特定历史时刻产生了鲁迅的理解者。或许竹内好之于日本是一个偶然，然而鲁迅在中国的出现却是必然的：那个特定的历史时刻已经过去，我们为何仍然会记起鲁迅，再说鲁迅？

我们只能活在自己的历史里，这就是答案。

（原载《收获》2000 年 4 期）

# 理想家的黄昏

　　大半个世纪之前，泰戈尔站在日本横滨郊外眺望着大海松涛和落日的余晖，发出了这样的感慨："我知道在荣誉失去尊严和先知者成为一种时代错误时，在淹没一切声音的声音就是市场的喧哗时，一个人在一群身强力壮的竞技者当中被称为理想主义者是多么危险。然而，有一天我站在横滨市郊的时候，我撇开它那五花八门的现代市容，注视着你们南面海上的落日，感受松林覆盖的群山中的静谧和庄严。同时雄伟的富士山在金色的地平线上逐渐显得暗淡，就像被自己的光辉衬托得暗淡的上帝一样——通过傍晚的寂静，涌出永恒的音乐，我感到天空和大地与黎明和黄昏的抒情作品是属于诗人和理想家的，而不是属于那些粗暴地轻视感情的市侩。人类在忘记自己的神圣之后，将重新记起上天经常与人类的世界保持接触，绝不能把人类世界放弃给现代这些厉声嚎叫、酷嗜人血的豺狼。"

　　请不要告诉我泰戈尔是个诗人，也别说他这种感慨背后深藏着印度文化追求和谐的精神；我阅读这段话语感受到的震撼，绝非来自上述这些理由，这是因为，泰戈尔的这段描述是他 1916 年在日本发表题为《日本的民族主义》的讲演的结尾。当泰戈尔面对这和谐美丽的黄昏时，他脑际里浮现的却是从西欧席卷东亚的民族主义风暴。

　　在 20 世纪初的那段日子里，日俄战争的胜利为东方有色人种带来的喜悦是我们所无法体验的。直到 1924 年孙中山访日谈论"大亚洲主义"的时候，仍洋溢着这种喜悦的余绪。这种喜悦反衬着的，是亚洲有色人种对于近代欧洲日益膨胀的世界霸权的忧虑和反抗，也是亚洲人对于自身现代化途径的认真思考。日本在当时被视为亚洲面对欧洲而奋然崛起的象征，部分来自日俄战争的胜利，部分也来自它所采取的以学习西方为基调的富国强兵政策。然而无论是泰戈尔还是孙中山，他们都没有停留在这个层面认识东方的现代化和亚洲对抗西方的现实性问题，当他们在日本谈论东方的现代化的时候，同样透射着对于日本现代化方式的怀疑和警惕。

　　泰戈尔说："你能向别人借来知识，但是你不能借来性格。"他不相信日本一夜之间变成东方强国是由于它模仿西方。因为泰戈尔深信生命是不能模仿的，文化是不能移植的。在日本喧哗的现代化胜利背后，泰戈尔力图发现的是"它的深厚的人性，它的英雄主义和美的和谐一致，它的深刻的自我克制和丰富的自我表现"；而不是它对于功利的追逐。

　　据说当泰戈尔在日本的神户港上岸时，这个直接接触西方的代表性港口以它的西式建筑风貌惹起了泰戈尔的不快。这种不快一直持续到他坐的火车驶过静冈，一群年轻的僧侣手执香火迎接他的时候才总算消解了。所以，当他在讲演中谈到"真正具有现代精神的人并不需要现代化，正如真正勇敢的人不是吹牛家一样。现代主义并未穿上欧洲人的服装，也不在欧洲儿童上课时被拘禁在里面的那种令人讨厌的建筑物里……真正的现代主义是精神的自由，而不是趣味的奴隶"的时候，他对于日本现代化浅薄之处的厌恶溢于言表。

　　然而日本究竟寄托着泰戈尔对于亚洲弱小民族获得解放的希望，他甚至说"亚洲将用你们的声音回答欧洲向人类提出的问题"。在泰戈尔眼里，日本是东方进行现代化实验的场所，它应该提供使亚洲人获得自信、挖掘自身生命和力量的样本。他呼吁东方在有机器的地方注入生命，用人心代替冷漠的功利，不那么重视权利和成功，而重视和谐和富有生气的发展，重视真和美。

　　泰戈尔是个理想家，但他不是那种被人们在道德层面浅薄而空洞地谈论着的理想主义者。当他谈论美与善、人道与自由的时候，他并非在玩弄抽象观念，他比任何人都清楚他面对着的是怎样一种强势话语，而他也比任何人都自觉地表现着对于这种强势话语不妥协的抵抗精神。

　　这种强势话语，就是西方现代性所依附的西方民族主义观念。

　　泰戈尔并不是个反西方的东方主义者。在他眼里，印度的历史不属于一个特定的种族，而属于一个创造过程，世界上不同的种族为它作出了贡献。英国也在忠于这个历史。所以，当泰戈尔谈论民族的时候，他不是在替处于弱势的印度伸张正义，而是在谈论人类的生存方式；同时，泰戈尔眼中的西方也不是铁板一块，他尊重西方精神理想和它所缔造出的文化传统，抨击西方民族主义对于西方精神的背叛："当西方精神在自由的旗帜下前进的时候，西方民族却在铸造它那种在整个人类历史上是最无情和最牢固的组织锁链。""我们也从未遇到这样可怕的妒嫉，（民族）它们互相张牙舞爪准备撕裂对方的心脏。"这个由近代的理性和科学装备起来的西方民族，把它的自私和冷漠，把它的骄傲和残暴推向东方，伺机把异己置于绝境或消灭它们。

与今天大量的对于现代民族国家和民族主义的反思性文字不同，泰戈尔对于民族主义的批判不是在它的内部进行的，也没有采取西方式的理性分析方法。换言之，从形式到内容，泰戈尔都拒绝进入西方的现代性话语系统。当这样的拒绝以拒绝东方自身的民族主义情结为基点的时候，泰戈尔使自己与那些浅薄的东方民族主义者相区别，又使自己的民族主义批判有别于来自西方现代性内部的批判，从而暴露了后者理性分析框架中最致命的问题。

泰戈尔说，在印度有些地方保留着在特定日子里禁止寡妇吃饭喝水以示虔诚的习俗。他并非以"没有理性""迷信"为标准批判这种习俗，相反，泰戈尔认为这种看似"非理性的"行为是说明西方现代理性实质的最好例子："这种完全不真实的抽象的虔诚，使个人的道义感完全泯灭"，"这些概念是我们的智力的产物，因为它们是逻辑上的分类，所以它们能够轻易地使个人在它们当中消失"。于是，泰戈尔解构了我们习以为常的思维定式，揭示了理性与迷信在"抽象"这一点上达成的共谋关系。

　　这正是泰戈尔批判民族主义的基点。他看到科学的组织与理性的效率如何通过现代民族国家的制度把这种"智力的产物"转变为新的迷信，如何通过民族自我崇拜把最恶毒的利己主义计划付诸实施。他看到，个体生命的尊严如何在那些"迷信自己有自由的人民"中被消解掉，又如何成为利润和权利的牺牲品。而泰戈尔根深蒂固的疑问是，以复杂的个人被解体而产生的现代民族主义，是否只能以同样的方式与其进行对抗？换言之，日本迅速组织起来的现代民族，是不是应该视为东方回应西方民族主义挑战的成功范本？

　　泰戈尔最终未能在日本找到他所希望找到的东西，相反，他看到日本正在以西方民族主义的动力作为它自己的动力，"它的社会理性正败于政治手下"。他同样看到，西方对东方国家进入民族舞台怀有强烈的恐惧，因为这对它形成了威胁。于是，无论在西方还是日本，泰戈尔都不能不在身强力壮的竞技者当中充当理想家的角色，对他们谈论横滨郊外那只属于诗人和理想家的黄昏：出于对"抽象"的遮蔽性和它消解人类同情心恶果的敏锐洞察，泰戈尔在黄昏的和谐中看到的是一种真理："它培育了一种内在的知觉——一种视觉，一种在一切有限事物中看到无限真实的视觉。"这种视觉帮助泰戈尔既看到东方爱与美的生命本体，又看到印度问题的复杂性——泰戈尔绝不是个高唱理想主义的空想家，他的理想建筑在透彻的现实分析上：他指出，西方的历史不能成为解决印度问题的根据，赶走英国人这种西方式民族主义的目标只能在思想上解除对国家的责任感。

泰戈尔的理想在日本被视为"失败的人民的诗篇"。对于志得意满的日本人来说，指出西方现代理性和科学会消解人类的同情心和理想，会为了使人变得强大而缩小他的灵魂、指出民族没有长远目的而它本身就是目的，这是毫无疑问的弱势话语。日本人有太多的理由挖苦它，虽然它出自诺贝尔文学家之口；竹内好在一篇批判日本人这种浅薄和强暴根性的文章中沉痛地说，泰戈尔在日本没有得到理解。

泰戈尔似乎并不刻意在东方寻找知音，因为他很清楚"东方"正成为被西方所建构而又正在逐渐失掉自我的新的民族国家，他试图建设的是面对东西方紧张关系但又不简单认同于任何一方的新的思考维度。试想，一个有力量宣布印度的历史是由东西方不同民族共同创造的思想家，怎么可能把自己套在狭隘的民族利益之中呢？而事情的复杂性却在于，哪怕是在泰戈尔的时代，民族的形成也已经是世界政治权利关系中最基本的要素了。在后来的历史里，无论是印度还是其他亚洲国家，都不得不把自己套进民族这个小鞋里去——如泰戈尔所言："我们的双脚只有些微的自行调节的余地。"

泰戈尔明白这种不得不接受的两难之境会使人类最终忘记它的真实处境，他毫不妥协地大声说：在我们的思想不自由的时候，政治自由并不能给我们自由。已经得到政治自由的人们，不一定就是自由的，他们只是有权威的。泰戈尔以他"内在的视觉"看到，思想的自由没有地域边界，欧洲也存在着抵制欧洲民族主义的真正的盟友。

我不知道泰戈尔最终怎么确定他的欧洲盟友,但是《民族主义》一书把我引向对欧洲"思想自由"的探讨时,它没有指引我去阅读诸如霍布豪斯《自由主义》那样的著作(那里面充满了泰戈尔所抨击的有关自由的制度和"观念"的论述,却没有关于思想自由的独立论述),却把我引向了与他同时代的欧洲早期女性主义批评家。于是,我惊奇地发现,泰戈尔微弱却坚忍的声音,回荡在伍尔夫的《一间自己的屋子》里。

《一间自己的屋子》是一部我反复阅读的著作,尽管它被女性主义者们宣布说"太老了",但我偏爱它远胜于任何一部精巧复杂具有强烈批判精神的现代女性主义文本。这部分地是由于它不像今天的西方女性主义著作那样坐稳了交椅以至于任何男性想表示自己边缘化的时候总要借助于它的存在,还表现在它不具有今天女性主义的理论性格因而以更为直接的方式暗示了更广阔的思想自由。是的,早期的弗吉尼亚·伍尔夫只是在谈论小说,她固执地不肯离开自己的女性生活经验;然而她谈论的问题真的是那么直观和简单吗?正如泰戈尔的黄昏,它仅仅象征着乌托邦式的和谐吗?

伍尔夫说,女人要有一间自己的屋子。她们一向在家族的起居室里掩人耳目地写作,这使她们不能书写历史、散文和诗歌,而只能写作不怕被打断的小说。假如真的有了一间自己的屋子,有了固定的年收入,那她们是否会更容易建立自己的传统,为自己找到合适的写作方式?伍尔夫又说,这个世界那么复杂,我们只有一性怎么能对付呢？假如一个女人觉得自己是一个女人在那里说话，那她就无救了，任何写作在那种意识的偏颇中都不再会生长。

伍尔夫还说，思想要有自由的习惯。这习惯就是当一群男人包围着你，对你指手画脚地说，那不是你的路，那是只有优等生和研究生才可以走的地方时，不要慌乱和踌躇，不要停下来骂或者停下来笑，你一定要跳过你面前的栅栏，否则你就没有希望；这习惯还意味着消除你脑子里的障碍，最大限度地面对这个世界，于是你获得了超越两性层次的、高出你所想要的东西的勇气。

伍尔夫这么说的时候，她知道女人只在小说里而不在历史里。她了解被排除在历史和社会之外的女人与另外一性没有建立平等的关系。当她面对这种不平等而论述思想的自由时，她事实上谈论的就不仅仅是妇女解放和两性同体的理想：她在阐述基于女性生活经验的自由观——它是女性对人类理想的一份贡献，而并非在捍卫女性利益。恰恰在这一点上，伍尔夫这位理想家，也站在了与泰戈尔同样的立场上：伍尔夫面对强势话语表达的更强的力量，表现为她对于女性愤怒的自觉消解；泰戈尔面对民族主义的不可一世，也表达了他超出民族主义的人类理想。只有当我们有能力跨越简单的东西方对立和性别对立的思维框架面对这两个文本时，才能发现它们深藏的批判力度是惊人一致的。

与泰戈尔对于科学理性概念的无情批判一样，伍尔夫也对这种来自男性话语霸权的产物持有不妥协的批判。但是与泰戈尔不同的是，她表现了更彻底的清醒："成为自己比什么都要紧。不要梦想去影响别人，这就是我要说的，假若我知道怎样能说得更高尚动听。只要就事物的本身想。"出于这样的基点，她说：知道女人有多少钱，有多少间屋子比去对她们的能力造出许多理论来要重要得多，剑桥的方帽子并不代表价值的最后评定，在评定者的判决之下屈服是最奴性的态度。她向女性疾呼：为了手拿银瓶的校长或袖藏量尺的教授而牺牲自己想象中的一根发丝，甚至头发上的一点颜色，都是最卑鄙的自欺。

在女性不能接受完整教育、没有自己写作空间的时代，伍尔夫对于"最卑鄙的自欺"的警觉意味着什么？它意味着女性对于以学术和理论面目出现的男性话语霸权的彻底的批判精神，它宣布，霸权不一定都是刀剑相伴，它有时不过表现为"赞美和非难"。

当伍尔夫谈论女性如同"新生的小树"一般"宽大热切而自由的感觉"的时候，也正是泰戈尔谈论来自西欧渗透亚洲的民族主义的时候。对于伍尔夫来说，她面对的强势是白种人内部的男性中心话语；对于泰戈尔来说，他面对的强势是由东西方的民族主义现代政治所制造的权力结构。我并不简单地认为他们有可能结为盟友；但是即使如此，我仍然认为把他们的文本放在一起讨论有可能揭示更丰富的、为我们所忽略了的东西。

让我再次回到泰戈尔面对黄昏的感觉上来吧。当他感受那"永恒的音乐"时，我猜想他同时一定意识着背后那"五花八门的现代市容"。而同时，我不知他是否记忆起他后来在《西方的民族主义》里也谈到的印度人"在布满沙砾的地面上赤脚行走时"的感觉？它面对极端讨厌的东西但却仍有自由使得生命之线构筑自身；

泰戈尔说，当你拿出统计数字将我们的双脚过去碰到的沙砾数和目前制度（他视其为封闭式的鞋子，当沙砾进入鞋子时，双脚只有些微的调节余地）的缺点进行比较的时候，这些统计数字几乎触及不到问题的实质：这不是外在障碍的数量问题，而是个人是否有能力克服这些障碍的问题。

黄昏的宁静唤起的，不是泰戈尔的乌托邦理想，而是他不能不面对的印度和亚洲在现代化过程中的两难之境。泰戈尔知道，主张印度的民族独立、强调东西方对抗不是印度也不是人类的出路，重要的是克服阻碍印度社会种姓制度造成的缺乏自尊和依赖于统治者的盲目性和惰性。但即使如此，他仍然看到印度的种姓制度是容忍种族差异的产物，它具有西方排斥外族的民族主义所不具备的多样性，因此它不可能以西方的民族主义方式加以替代。同时，他也指出印度民族主义者最大的弊端在于强调自身传统的完美，而把一切罪责都推给来自外部的偶然性因素，因而它会阻挡自己历史的真实潮流。那么，当泰戈尔论述关于鞋子和脚的辩证法的时候，我们不能不说他面对的却是对于印度现实的艰难的思考。泰戈尔之所以如此激烈地强调科学与理性概念的有害性，是由于他看出任何一种现成的模式、任何一种固定的观念，都无助于解决印度人在 20 世纪面临的复杂问题。当他强调生命的不断运动和这种运动所带来的"不断改变自己的进程、形式和内容"的时候，他是在说没有任何一种现成的秩序可以僵硬地直接套用。

伍尔夫在叙述她有关思想自由的理想的时候，在另一个方面把泰戈尔最易被人误读的地方讲清楚了：她看到了从贫穷、受压抑直到自身的愤怒为止，都是使人的感觉获得自由的最大障碍，她强调女人不能把女人本身作为思考的前提，"性忘却自己"才是性自觉的成熟。你当然可以说伍尔夫是在历史和社会之外说话（无论女性是否愿意，只有她们有这样做的可能）；不过你无法否认，她表现了如此可贵的勇气。伍尔夫勇敢地宣布，一切与现实的复杂性相抵触的"说法"，无论它多么冠冕堂皇多么理直气壮，都是真正自由的最大障碍。

在泰戈尔与伍尔夫的文本和我们之间，相隔了第二次世界大战和战后的一系列历史变动。可是谁敢说他们有关自由的理解已经过时了呢？今天，当自由这个字眼被如此大量再生产的时候，我们是否敢于面对他们说一句：我们今天的思考比他们更为自由？

（原载《读书》1999 年第 3 期）

# 日本汉学的临界点

　　"汉学"是历史上与"宋学"相对的学问还是广义上的国外中国学，是靠它的上下文来决定的。对于这一点，中国人似乎不用咬文嚼字就能心领神会，所以至今也未产生进行全面梳理的需要。另一方面，在分工日益精细的现代社会，一个表示学科范围的语词本身的暧昧，有时倒可以带来一些方便：它往往可以提供某些意想不到的新的可能性。当然不能指望所有语词都具有这样的功能，我无意在此为那些因研究者的怠惰而被随意滥用的语词张目；但是"汉学"这一在使用过程中具有相当的随意性的中文语词，却的确具有这样的生产性。

　　这是因为，"汉学"是一个有丰富历史内涵的语词，它不仅包括了不同历史阶段的学术内容，而且涵盖了中国文化与世界文化的接触点；它来自中国学术自身演变的轨迹，也来自近代西方研究中国的需要。而这两者的结合产生了"世界汉学"的特定语感：

由国外学者进行的、以研究中国古典（训诂考据占重要位置）为主的学术领域。但是，在考察日本汉学的时候，情况有些不同：西方的 sinology 可以译成中文的"汉学"一词，在日语里却只能译成"支那学"，不能译成"汉学"；换言之，日本的汉学不是日本的中国学，在日本许多大学里，前者属于国文科或国文汉文学科（这一点因学校而异），后者属于外国学学科。至于日本汉学那令日本知识分子不快的特定历史语感，更暗示着一个日本中国学界不甘认同、而中国学者又往往茫然不知的"知识错位"的领域。要言之，由于"汉学"一词具有如此复杂的内涵，它的使用不仅歧义重重，而且至今它所蕴含的生产性也尚未得到穷尽。

我在此使用"生产性"一词，并非意在对于"汉学"（无论是中文的还是日文的）进行价值判断。换言之，我不想使用肯定或否定性的判断简化这个极其复杂的知识和历史领域的问题。当中国、日本和世界的汉学各自经历了历史的变迁之后，我相信我们有可能超越价值判断的层面，把它们视为一种为人类提供精神营养的资源（不言而喻，"营养"可以来自正、负两方面的遗产）。只有在这一意义上，"世界汉学"才会成为中国人进入世界的一个新的视角，而不仅仅是中国知识界寻求海外认同的自我认知方式。

本文试图简单勾勒日本"汉学"中隐含的几个关键问题，从知识和历史的层面对其进行分析；我所感兴趣的问题是，"汉学"在日语的上下文中具有什么样的临界点，它所经历的历史变化为它提供了什么契机，而日本汉学本身，作为一个日益失掉吸引力的松散知识领域，它的衰亡本身是否能够提供某种建设性的启示？

　　"临界点"本是物理学术语，指事物从一种状态转变为另一种状态的条件，后来被用来借指事情性质发生变化的关节点。日本汉学，正是一个富有"临界性"的领域，它在历史沿革中曾经催生了日本学术中最富于创造性的部分，也保留了日本学术中最陈腐的部分。本文所要探讨的，恰恰是在今天走向没落的日本汉学在历史上发生性质转变时的动态状况，而不是它作为一个固定学科的静态构成。通过对这种动态状况的思考，我希望能够重新考察那些司空见惯的定论。限于个人知识准备和篇幅的限制，本文只限于对于问题的提出，而进一步的论证则只能留待今后的研究。

## 日本汉学之于"世界汉学"

　　日本汉学究竟从何时、最初经由哪些人而诞生，这是一个与日本历史源头同样富有争议的问题。通常，日本汉学被理解为以儒学为中心的经、史、文研究。据《古事记》所记，应神天皇（公元 5 世纪前后）时代《论语》和《千字文》经由百济传入日本,《日本书纪》记载这最初的文化使者名为王仁。由于缺少确实的证据，目前能够肯定的汉籍传入的确切年代是在 6 世纪中叶，当时把带着汉籍进入日本，并对日本上层人士讲解它们的外国人（可能是朝鲜人甚至是中国人）称为"五经博士"。而圣德太子则是五经博士最出色的学生，并将儒家典籍活用到他的政绩中，他制定的《宪法十七条》就是依据《诗》《书》《论语》《孟子》等写成的。这可算是汉学的原初形态。日本汉学最基本的特点是：

1. 使用汉语书写形式，但是称之为"音""训"的读音却与中国汉字读音相去甚远[1]，这是因为在汉学形成的时期日本尚没有自己的文字，但是却有声音文化；同时阅读的顺序也与中文的语序不同。古代的上层日本人似乎在很短的时期内就为传入日本的中文典籍确定了一套特殊的阅读方式，从发音到语序，他们很快就从单纯的模仿转而形成自己的阅读规则；但在书写形式上，日本汉文仍然保持中文的书写原貌，哪怕是由日本人创作的汉文作品，书写形式也与中文相同。

2. 日本汉学具有"国家学术"的特点，亦即它是上层统治者所操纵的文化工具，这是东亚儒教文化圈之外的西方国家的"汉学"所不具备的特点。尤其在古代日本，汉学占据意识形态中心位置，遣隋使、遣唐使的派遣强化了这种"自上而下"的文化机制，而即使在废除了遣唐使的平安时代前期（9 世纪末），汉学也仍然以曲折的方式成为当时的主流文化。[2]

3. 基于以上两个特点，可以看出，日本汉学是一种相当特殊的文化形态：它既不能纯粹归属日本，也不能纯粹归属中国。说它不是纯日本的，是因为它使用的材料来自中国，它的书写形态也来自中文古汉语，这使得日本汉学的文字标示方式区别于 6 世纪诞生的"万叶假名"[3]，更区别于平安初期诞生的日本假名[4]；说它不是纯中国的，是因为日本汉学既不采用中文的阅读规则，也不用来研究中国的问题，近代以前的日本汉学家可以对于中国的儒家典籍倒背如流，却不会用汉语来读它并且对中国社会一无所知，这种对于西方汉学家来说不可想象的情况对于日本汉学家来说却是顺理成章的。

　　如上所述三个特点，在日本汉学形成以来直至江户时代为止，虽然经历了不同历史阶段的不同表现形态，但却基本上得以持续。如何认识这种现象呢？现今的日本汉学家们对于日本汉学的这种暧昧的骑墙性格一直保持"点到为止"的态度，越是晚近，这个问题就越是变得棘手，因为现代社会的国家观念不可能为日本汉学这样的骑墙学问确定一个准确的位置，所以在谈论日本汉学的时候，它的归属问题便被一笔带过。在战后，随着日本中国学研究的发展，日本汉学的轮廓日益模糊，成为一个极为松散的知识领域，比如日本大修馆书店在出版十卷本的《中国文化丛书》的时候，第九卷就是《日本汉学》[5]；这部书很典型地代表了日本汉学在归属问题上的不确定性，尽管它跻身于"中国文化"的行列，但是并没有明确的"中国意识"，而只是表现出了对于中国儒学典籍的兴趣；同时，由于它避免讨论汉学在现代社会的位置，在面对现代日本汉学何去何从的问题时，便只好纠缠于一些技术性的细枝末节。在20世纪60年代末出版的这本书，可以视为日本汉学寻找归属的一次不成功的努力，尽管它提供了有关日本汉学的许多具体知识，但是却无法回答这样的问题：在日本知识界已经掌握了足够的有关中国的知识以便进行中国学研究的时候，日本汉学这样的知识领域独立存在的必要性是什么？

　　日本汉学的归属性不是靠编入中国文化丛书就能够解决的，在它的背后，不仅有学理问题，也有意识形态背景。对此，直到80年代末才有学者从正面给以揭示。日本中国学家沟口雄三在他的《作为方法的中国》中以极为明快的方式揭露了日本汉学在它的"知识性"面纱背后所掩藏的保守乃至右翼的意识形态内容："日本汉学的特征……在于它试图构筑一个没有'异'的'自我'的世界，亦即舍弃'异己'而以自己为小宇宙的世界。""所以日本汉学当然不可能是外国学，在本质上，它只能是日本学。不过，这里所说的日本学，并不是以日本为研究对象这一意义上的学问，而是强调日本的自我、所谓反相对主义的学问。结果，日本汉学的学术根基，在于以我为中心地强调自我，而这与将自我的世界相对化的立场是背道而驰的。"[6]

沟口雄三的汉学批判虽然有失简略，但提出了两个重要的问题：1. 日本汉学的学术立场是缺少将自我相对化的自我中心主义立场；2. 这种自我中心主义立场将阻碍日本学术在国际化过程中寻求与普遍性的联系。这种分析主要针对的是战后日本汉学的问题点，而汉学的这些问题点背后，隐藏着与近代日本意识形态中"日本特殊论"的逻辑联系，在这一意义上，日本汉学间接参与了日本"国体论"的制作，它与战后日本中国学的精神背道而驰，这正是日本的中国学家拒绝被称为"汉学家"的原因所在。

那么，在这样的背景之下，我们所面对的"日本汉学"便导致了"世界汉学"语义的扩展：它意味着汉学中包含了不以中国为研究对象因而也是"反世界"的学问。在这一意义上，日本汉学的确是世界汉学中的不和谐音。由于这样的情况不存在于西方世界，日本汉学的这种性质一直被习惯使用西方话语的中国学术界所忽视，它从自己的语境中被剥离出来，被含糊其词地划入了世界汉学的领域，当成了"日本中国学"的代名词。尤其是战后的日本汉学，由于它失掉了江户以来汉学的主流意识形态功能，仅仅保留了考据学的知识性表象，更使得中国知识界易于忽略它在日本历史中的上下文而产生"纯学术"的误解。

于是问题便产生了：日本汉学是不是世界汉学的一部分？我们该从何种角度去谈论它？既然它与日本中国学有复杂的联系（我将在后文中涉及这个问题）又有重大的差别，我们的问题设定是否也要作相应的调整？

这个问题直接关系到我们如何理解"世界汉学"的问题。我相信，它与近年来的儒学热和全球化的思潮有关。第一世界包括日本正在盛行"中国威胁论"，据我所知，日本知识分子中为了抵制这种论调也有学者在倡议建立全球性的"中国研究网络"；在这种形势下，"世界汉学"不仅仅是一种纯学术的视野，这是不言自明的。无论是否正面提及，我们都必须面对一个问题：国外汉学究竟是中国知识分子通向世界的窗口，还是我们转向自身的捷径？

或许有人会说这两者并不矛盾。的确，如果我们不把自己的思考局限于是否向"后殖民"表示认同的命题，那么，其实通向世界与转向自身本来是相辅相成的。但是，这两者之间所暗含的紧张在遇到具体个案的时候才会爆发出来，在本文所要处理的问题中，就包含着这样的紧张：如果我们试图通向世界，那么，日本汉学在它所处语境中的位置将会成为我们关注的重点；而如果我们希望回到自身，那么，完全有理由无视它的意识形态上下文而仅仅关注它的"知识性结论"。不言而喻，这两者所导致的结果截然相反：前者是一种世界性的立场，后者与日本旧汉学一样，也是自我中心、没有他者的立场。

在欧洲中心主义的普遍性受到批判而东方的民族主义特殊论亦受到质疑的今天，"世界汉学"变成了一个极富"临界状态"的领域。它可以提供具有建设性的思想资源，也可以变成一个因循陈旧的话题。就中，日本汉学的这种临界性尤其突出。在历史事实方面，日本汉学从近代以来一直走向没落，它失掉了江户时代的勃勃生机而逐渐变为思想贫困的知识手段；本文讨论的日本汉学问题，并非意在为这种已然没落的日本汉学招魂；但与此同时，今天日本汉学思维方式的保守性与排他性，却仍然在日本学术中阴魂不散，它也正与日本社会保守的意识形态相吻合。在此意义上，沟口雄三在人们已不把汉学作为对手的 20 世纪 80 年代末仍然对其进行批判，堪称有识之举。这从反面证明，日本汉学在日本文化的结构中占据着不可忽视的文化位置，只不过被它的知识性假象所掩盖了而已。我们固然无法直接向今天的日本汉学索取精神和思想资源，但是可以在它历史轨迹的临界点上获得丰富的收益：在日本知识界对于汉学的批判和汉学在自身转型时期所引发的论争中，曾经产生过思想巨人；如果把对日本汉学的理解从狭义的和静态的训诂考证之学推向更为开放的学术领域，尤其是注视它在临界状态下所受到的刺激与冲撞，那么，在知识的帷幕之后，我们将看到有声有色的思想源泉。

# 荻生徂徕"翻译论"的启迪

　　日本汉学到了江户时代，达到了一个顶峰。说它是"顶峰"，并非因为在江户时代汉学曾经成为显学并在此时期真正渗透到了民间；也并非因为儒者们只有在这个时期才真正独立成为一个阶层：日本汉学只是在这个时期，才显示出它的各种临界状态——在日本历史上，江户时代这种内含多种可能性的时期是绝无仅有的，日本汉学在这一时期的异彩纷呈，在汉学史上也堪称前无古人后无来者。

　　江户时期（1603—1867）的儒学大约可以分为两个阶段。前一阶段从幕府开府到德川中期（17世纪末），此时期占主导地位的是朱子学，后一个阶段从享保年间（18世纪初叶）开始，此时期朱子学受到了来自古学和国学的挑战。关于江户儒学历史过程的评价，丸山真男的学说有着决定性的影响：朱子学前近代的思维方法在17世纪初至中叶获得正统的地位，这与幕府确立自身正统性的需要有关；而中经山鹿素行、伊藤仁斋的古学，到了荻生徂徕创建古文辞学，日本的儒学发生了重大转变，形成了具有近代特征的思维方式。[7] 在建立历史的上下文方面，这种源自近代视角的勾勒自然有它的诱人之处：它最为接近现代人的问题意识，因而也最容易在貌似陈腐的史料里点化出思想的光彩。事实上，丸山真男虽然没有从汉学的角度论述日本的近世儒学，他却给了我们最为重要的"进入"江户汉学的线索，这就是徂徕学在江户儒学中作为分水岭的特殊地位。

荻生徂徕（1666—1728）以诠释三代圣贤之书作为自己毕生的事业，他的古文辞学和译学都以此为终极目标，在此意义上，他是个"汉学家"；但是，他同时又是日本汉学阵营内部的叛逆：当他还是一个默默无闻的年轻私塾先生时，他开始着手废除日本汉学借以安身立命的汉文训读，推行将汉文作为中文文本来阅读的崭新主张。他的处女作《译文筌蹄》，便是他讨论如何翻译中文典籍的记录。可以说，在日本汉学史上通过废除训读所进行的原创性思考，是在荻生这里形成规模的。训读是日本汉学的阅读方式，上文提到日语语音有"音""训"两种读音，前者为对汉语语音的模仿，后者为日语语音。对同一汉字，日语一般都有这两种读音。训读就是使用日语语音来阅读中文原文，在书写形式上不改变中文的方式，但是在旁边注以阅读标记（训点）提示阅读者改变语法顺序以及提示部分读音。这是一种似是而非的翻译，因为它使用日语的语音、语法，却不使用日语语汇和书写符号；反过来说，中文书写符号又因为失掉了自己的语音语法而不再是外语。训读与日本汉学一样，具有骑墙的特性。

在荻生的翻译理论里，"翻译"究竟占有何种位置，其实还是一个疑问。作为一个儒学者，尽管他后来成了批判朱子学的急先锋，但他始终是在日本汉学的语境里思考问题的。当他主张废除日本汉文训读法的时候，他敏锐地抓住了日本汉学的要害，即训读所造成的汉学日本化；但这其实并非他要解决的问题。他翻译理论所指向的目标并不是现代意义上的"民族国家语言"，而是与这种民族国家语言意识具有相反性质的历史相对主义语言观念。

在荻生的著述当中，成文于他晚年的《徂徕先生学则》极为精练地表述了他的学术方法论。在《学则》第一、第二中，他集中提出了自己的语言观：日本与中国各自拥有自己的语言，而日本汉学的训读方式则使得这种区别变得模糊，荻生特别以作为遣唐使渡唐的吉备真备（695—775）为例，指出他使用训点方法传入的汉籍"乃吉备氏之诗书礼乐也，非中国之诗书礼乐也"。[8] 其理由是，如果像汉文训读那样将中国的语言视为本国语言，那么，必将会把中文所包含的内容偷换成日语的内容。他进而举例说，读《橘颂》时，长江以北地区不产橘的地方以枳替代，来设想其颜色味道，焉能不张冠李戴？而"中国独有四海皆无之物，其理亦有所同"。所以，他主张要恢复中国典籍的"中国特色"，在中文的语境中用中文的方式去阅读，并认为只有这样才能通达"天下之志"。

在荻生早期的重要著作《译文筌蹄》的《题言十则》[9]中，以一种悖论的方式表达了他对于翻译的认识：他一方面指出"译之一字，为读书真诀"；即翻译是一种领会原文的手段；在这一意义上，他认为"和训"这一翻译方式不如使用近世俚语更能够接近圣人之道的"人情世态"；而在另一方面，他又激烈地批判了当时学者"贵耳贱目、废读务听"的倾向，引出了著名的"读书不如看书"的命题。他主张不用口耳听说，而要用心灵去体验，用眼睛去"听"。具体的方法是把陌生的文本放在它所由产生的历史上下文中去反复揣摸，直到意会神通为止。当他第一次阅读李攀龙、王世贞二家文集时，据说最初完全不得要领，他所使用的方法就是反复阅读李、王倡导古文运动的蓝本——从六经到秦汉的文章，直到对李王之文亦有领悟为止。他特别强调文章气象"非耳根口业所能辨，惟心目双照始得窥其境界"。因此，"译语之力，终有所不及者"。在此意义上，译文正是达到目的便可抛弃的"筌蹄"。荻生不仅指出了翻译的极限，而且排斥了声音。他推崇"崎阳之学"（即使用中文语音阅读并且译为日语俚语的翻译学）的目的并不是追求完满的日语译文，而是"始得为中华人"，亦即依靠中文的语音进入中文的语境。

　　荻生在他批判汉学的立论中强调了"声音"的重要性，但是在他的个人实践方法上，"声音"并不是最重要的因素。在很大程度上，对于声音的强调只是他瓦解汉学训读的一种策略。他在1711年请长崎通事冈岛冠山主持"译社"的中文研习，但是《学则》的草定却是在1715年。在其间，他又一次强调了用眼代替口耳的意义。荻生本人在阅读汉文的时候究竟是否发出声音，发的是哪种声音，至今仍是一个悬案，可以确定的仅仅是他是按照汉语顺序去"看"的，这与使用训读颠倒汉语语序的阅读方式不同；在他个人的学术方法上，他所强调的是书写符号本身在它所由产生的语境中的含义，这种个别性的含义，实际上是不可译的，所以荻生一再强调"身临其境"的重要性。为汉语恢复声音不是他语言理论的终极目标，因为对他来说，声音和文字都仅仅是载道的工具而已，而他关心的是在心灵的融会贯通之后去把握那些无法用规则概括、无法用讲授方式习得的内容，这就是"道"的真谛。在《学则·三》里，他批判老子的"道可道，非常道"，强调六经是具体的，道就寄寓于具体之物当中。"圣人恶空言也。"荻生表示了对于语词抽象性的高度警惕，他经常强调不可拘泥于语词本身、要在历史上下文中确定语词意义，这与他对于声音的"得鱼忘筌"态度是一脉相承的。

荻生的古文辞学，意在对于当时占据主流意识形态的朱子学进行否定性批判，而同时，也对于伊藤仁斋的理论进行批判。[10]有学者考据说，荻生的这种两面出击的做法是根源于个人恩怨[11]，但是正因为他需要批判以古义学来否定朱子学的伊藤仁斋，这反倒使他的学说更为精细，从而更加突出了他的相对主义历史观。在这一意义上说，荻生的个人恩怨对他的学术倒未尝不是一种营养。在《辩名》中，荻生对于儒学的关键语词逐一进行了读解，而作为他所批判的对象，朱子学和伊藤仁斋的古义学同样被作为不懂圣人之道的样本。[12]理解了荻生这种批判精神，才能理解他为什么要执着于相对主义的语言观念和历史观念。

如果充分注意到荻生语言论背后所隐藏的重要思想架构，那么他语言论中所潜在的生产性会把我们引向另外的方向。在《学则》中，有一些对现代人亦有启迪的重要思想，这就是他的相对性认识论。《学则·二》开篇的一句是这样的："宇犹宙也，宙犹宇也（空间犹如时间，时间犹如空间）。"他分析道：时间与空间在一定的距离之下，会产生同样的陌生化效果。在这一意义上，同一时代不同国家的人与不同时代同一国家的人，在理解对方时所遇到的困难，实际上是同样的。所以即使是自己祖先的语言，对于血脉相承的后人来说，也与外语无异。荻生进而说，"世，载言以迁移，言，载道以迁移"。在移动变化的大千世界，他虽然设定了绝对不变具有普遍性的圣人之道，却同时又意识到了"道"与"言"之间的流动关系，因而强调后人读古人的不可靠。在流动变化之中，荻生敏锐地感觉到时间的距离比空间的距离更加难以克服：千年岁月流逝，风俗流变世事消亡，我们如何能够置身于仲尼之时呢？显然，这一困难要比同时代人理解"外语"更为困难。但是荻生坚信，不朽者会留下千古之文，后人可以将其烂熟于心，使自己从语气到精神皆酷肖不二，从而达到与古人朝夕相处的境地——这也是他强调以目代口耳的良苦用心。

在把时、空相对化的同时，荻生其实也把民族国家的界限相对化了。结合日本汉学的历史，有学者倾向于从福柯知识考古学和德里达书写文字学的角度来考虑荻生的语言理论，指出了荻生对于语言透明性和内部化的追求[13]，这的确是一种相当诱人的历史分析，它使那些难以解释的问题变得清晰了；但是由于它侧重于对历史的重新建构，这一建构过程似乎把荻生本身也变得透明了。就汉学历史而言，徂徕学对于训读的挑战的确带有对语言透明度的追求和对不同文化独立价值的强调，然而与此同时，正如他同时向朱子学和古义学挑战这一事实所象征的那样，荻生的相对主义使他总是看到语词（事物）的临界状态，意识到不同事物之间的对立不是绝对的；他实际上同时以这种临界点化解了所谓国家的框架和语词的透明度。意味深长的事实是，荻生在《译文筌蹄·题言十则》结尾处说："古云通古今谓之儒，又云通天地人谓之儒。故合华和而一之是吾译学，合古今而一之是吾古文辞学。"

这一获生早期的思想在他的学术高峰时期并未改变，在晚期代表作《学则》中，它体现为获生复杂精细的"兼收并蓄"精神。[14]在近代国家意识尚未普遍化的时代里，这种天真的儒生气概与民族观念并不能直接挂钩，与现代语言学也不可同日而语。

《学则》的灵魂其实在它的第六则。在这一章里，获生提出了一个重要命题：君子不轻易弃人，亦不轻易弃物。他引用《论语·里仁》之语指出不拘泥于是非善恶才能成就伟大之业，并进而论述道：物不得其养、不得其所为恶，得其养、得其所便可转而为善。因而圣人时代不抛弃任何人，也不憎恨恶本身，这是圣人得以成其大业的根本。而儒者将善恶邪正区别开来，只能令先王和孔子的领域变得狭隘，这是儒者之罪。后世学问不及古代，原因亦在于失掉了广博和兼容的精神，只守一家立场。

当然，无论是对于"圣人之道"的理解还是对于汉文训读的瓦解，获生的兼收并蓄都有一套复杂的相对主义的技术处理方式。例如他强调没有绝对的古也没有绝对的今，在时间长河中的任何一点都既是古又是今；但同时他又强调古有圣人而今无圣人，圣人与普通人的区别在于前者能够集大成而后者只是恪守小智。在对于训读的态度上，他一方面指出训读是不准确的翻译，力主以"崎阳之学"代之，同时又对翻译本身的有限性保持着清醒的认识，主张抛开翻译、抛开声音而以心目感应直接力透纸背，接近圣人之道。在语词问题上，他一方面强调语词的相对性，批判伊藤古义学过分拘泥于语词而忽略了圣人使用语词的真意；另一方面又批评汉文训读在读解方面的模棱两可，主张准确把握语词。获生的这种复调思维方式有效避免了他的学术体系因强调广博与包容而陷入大而无当或八面玲珑的境地，不仅保持了强烈的批判精神，而且同时创造了丰富的发展可能性。

对于我们这些后人来说，荻生徂徕的启迪是什么呢？首先，他对于异质文化之间"不同质"问题的清醒认识，对于时间与空间距离的文化理解，较之近代以后狭隘的民族文化思维框架，更加富于弹性。作为"前近代"的江户儒者，荻生徂徕反照出了以国家为本位的现代人的思维局限。其次，他从语言角度对汉学传统进行批判的做法，暗示着语言问题在日本汉学史中与思想问题的密切关联。事实上，在其后的历史过程中，围绕着汉学的生死存亡问题，日本人所进行的思想论争主要是在语言层面进行的。同时，徂徕学知识结构背后的思想体系使其具有了原创性，这使它反衬出近代以后日本汉学的致命弱点：逐渐失掉了这种思想潜能而仅剩知识本身。因此，荻生徂徕提供了读解日本汉学史的重要视角。第三，荻生徂徕对于语词从音声到字义的相对主义观念、对于语词所处上下文的强调，仍对我们有方法论的启示。至今，荻生所批评的伊藤仁斋过分拘泥于语词而误解原文的错误，其实仍然盛行于现代学术界。如何回到历史语境当中去，如何作为今人来阅读历史，这不只是江户时代的问题。

## 日本汉学的"不死之身"

经由伊藤古义学、徂徕古文辞学和本居国学以及兵学、兰学等的内外夹攻，日本以朱子学为中心的汉学从体制之内被排挤到了体制之外。江户开国[15]这一决定性的历史转折，使得日本汉学的骑墙性格变成了一个问题。应该说，哪怕是在荻生对训读发起攻击的时候，汉学的性质也不足以成为一个问题，在他的时代里，儒学者们对于汉学的读解方式产生疑问，并不直接等同于国民国家和民族语言的自觉。本居宣长对于"汉意"的排斥与日本民族观念的联系或许体现了日本人民族意识的自觉，但这是个需要相当论证的复杂问题。可以确定的是，在江户幕府岌岌可危的19世纪中叶，随着欧美列强对日本威胁的加剧，以及鸦片战争的结局造成的对于同时代中国的轻蔑，一方面使得"国家"进入了日本人的思维领域，另一方面也带来了日本对中国态度的改变。这样，汉学的处境便发生了根本改变。

　　早在17世纪中叶，江户的儒学者中就产生了一种把"中华"符号化的动向。他们认为清朝取代了明朝是"华夷变态"，亦即夷狄掌握了中国；甚至有人主张把日本称作"中国"。在此，中国不是国家实体的名称，而是文化正统性、文化优越性的代名词。在19世纪上半叶出现的"尊王攘夷"之说，承接的正是这种日本式"中华思想"。有些日本学者注意到这一情况并进行了出色的分析。[16]这种文化相对论的思潮在何时演变为近代意义上的国家观念，它的媒介是什么，笔者无力在此进行研究，能够指出的仅仅是，"中华"的符号化思潮本身，造就了日本知识界特有的思维定式：把"中华"甚至"中国"这一语词从它所指称的地域（亦即近代意义上的国家）中分离出来，使它得以相对独立。在此前提下，"偷换概念"便是不言自明的结果了。

这种思维定式显然来自日本汉学的骑墙品质，而这种思维定式又在很大程度上规定了日本汉学日后的命运：当它被作为日本近代化的阻碍而遭到否定和扬弃之后，它便从自身中游离出来，作为知识、教养的代名词，甚至作为更为暧昧的知识领域而获得"不死之身"。

对于日本汉学的又一次攻击同样来自语言方面，这就是日本"言文一致运动"的始作俑者、江户末期的前岛密（1835—1919）所提出的废除汉字的主张。前岛在江户幕府末期任开成所[17]翻译，任此职期间，他于1866年上书将军德川庆喜，题为《汉字御废止之议》，提出国家之本在教育国民，而汉字的艰深晦涩不利于这一目标，因此应采用诸如西洋诸国的音符文字，亦即假名。不言而喻，前岛采取了与荻生徂徕不同的立场，他要瓦解的不是汉学的读解方式，而是汉学的存在本身。然而他采取的方法却与荻生相近，即从语言文字入手。

前岛上书的1866年，也正是福泽谕吉出版他的《西洋事情》初编的同一年。这一巧合构成了明治维新前后时代思潮的象征，即以西方为参照系建立近代日本的"国民国家"框架，通过对于传统汉学的否定实现建立平民文化体系的目标。前岛密在明治维新之后亦坚持了他的基本立场，在1873年创办了《每日假名新闻》，尽管这份仅使用假名不使用汉字的报纸出版一年多便停了刊，但它所代表的并非成功的尝试却在日本语言文体变革历史上具有特殊的意义：这是民族性与平民性在"文明开化"的前提下对于汉学的一次清算。与前岛密相对应，创刊于 1874 年的《明六杂志》在第一号上刊登了西周（1826—1894）的《以洋字写国语论》，呼吁使用罗马字代替难懂的汉字，尽管西周本人仍然使用汉字进行他的翻译与启蒙工作；1885 年，由外山正一、矢田部良吉等人发起了"罗马字会"，力主依据声音进行书写；该团体有两名外国籍会员充当了推行罗马字的中坚力量，并且拥有自己的罗马字刊物。

与前岛的以假名代汉字和西周的以罗马字代汉字的激进主张相对，福泽谕吉提出了相对温和的"汉字限制论"。这位有很深汉学教养的学者为了实现他普及文明开化思想的目标，在汉文文体充当西学翻译手段的时期，着手改革汉文文体，使其通俗化、平易化。福泽避免使用难解的汉字，创造了平易近人的"福泽调"，这使他的著述在汉文盛行的明治初期得到广泛的阅读。以假名和罗马字取代汉字的主张，尽管在工具上进行了彻底的改革，但是终于未能得以持续。而它们真正的建设性意义，却在于其引发的从文学到教育以及大众传媒和政府公文等各个领域的"言文一致"运动。

当汉字受到如此猛烈的攻击，并且被视为建立近代市民社会的绝大障碍的时候，汉学的处境自然十分艰难。日本学者绪形康指出：在明治初期的 1870 年开始的十二年间，刚刚创立的大学南校、大学东校（亦即后来的东京大学）取消了汉学学科。明治政府的这一"汉学断种政策"，有力地促进了包括言文一致运动在内的近代日本文化的重构。[18]

然而这并不意味着汉学的真正消失。明治天皇在稍后视察了东京大学，对于日本举国上下学西方科技的潮流表示了忧虑。他认为如果不搞国文、汉文的话，医学、理工科再先进，日本也无法治国。[19] 而据绪形康考证，东京大学经一系列改组，在 1889 年增设了汉学科。他指出：复活的汉学，在三个方面与江户以来的汉学有着重大的区别：一、把重心从仁斋、徂徕学、折中学派等江户儒学传统移到以朱子学为中心的新儒学和注重考证的宋汉学方面；二、作为日本帝国鼓吹臣民道德的意识形态工具，复活的汉学被要求以"纯学术"的形态为后来的日本侵华政策提供依据；三、新汉学在文字符号的领域里，部分成功地掌握了新的主导权。[20]

　　汉字未能废除，汉学也未寿终正寝；而意味深长的是，有着西学教养和中国知识、以区别于旧汉学的近代科学方法建立了日本"支那学"的第一代日本支那学家，如狩野直喜、桑原骘藏等人，均是东京大学汉学科的早期毕业生。尽管他们已经算不上是汉学家了，但是这种特殊的教养途径使他们及其弟子在后来年轻一代的中国学家眼里仍被视为汉学的传人。当然，日本支那学家对于汉学只取改良态度，从不进行彻底清算，这也是他们与中国学家不同的立场。

　　经过上述一波三折的历史，日本汉学虽未脱胎换骨却得以改头换面。不言而喻，同是日本汉学，江户汉学与明治汉学在社会文化结构中所占的位置、所起的作用不同，它们的内涵也不同；而即使同为江户汉学或者明治汉学，各个学派、各个时期之间的根本性差异也显而易见。在上文提到的大修馆《日本汉学》一书中，这一切都被归入"日本汉学"的领域之内，仅此显然无助于问题的解释。正如水在一定温度与压力下可以改变形态一样，汉学在临界点上也会发生性质变化。日本汉学正因为极其富于临界性，它才具有了"不死之身"。而正因为它的这种临界性，宽泛地谈论"日本汉学"几乎没有意义。所以，日本学者更加倾向于具体地讨论问题而将"汉学"束之高阁。

但是日本汉学的"不死之身"却是一个不应该忽视的问题。正因为它缺少一个清晰的轮廓，它对于大到日本文化小到日本学术的潜移默化的影响才一直被遗漏在日本学者的视野之外，只有少数具有敏锐问题意识的学者注意到了它。前述沟口雄三、绪形康的研究从完全不同的角度涉及了汉学在思想史中的位置问题，而另一位学者渡边浩对于汉学的影响提出了更加值得注意的观点。他在讨论日本、中国近代前后的"进步"观及其与西方进步观的异同时指出，在近代日本接触西方文明的时候，是通过经过置换了的华夷观念理解西方的："西洋在某种意义上说，比'中华'更为'中华'。"明治政府树立的正是"参照儒学价值基准的理想化了的西洋图像"，并以此为目标为维新定义。因此，渡边指出在明治维新时期儒学者的作用，例如在《明六杂志》上著文数量位居第三的阪谷素的"文明开化"言论，"恐怕并非奇妙的例外"。[21]在今天的学术界尚倾向于把近代东方的"西方图像"看作西方自身，并且使其与东方固有文化两立的状态下，渡边的揭示有深刻启发。无疑，他的讨论所涉及的也正是汉学的"不死之身"问题。儒学的思维方式、价值观念对于近代日本人制造"西洋图像"的直接

影响，暗示了日本汉学不仅不能局限于一个学科，甚至也不能仅
仅在一个领域中加以认识的复杂历史实态。

## 中国学与支那学的龃龉

日本汉学的"不死之身"这个提法是竹内好提出的。这位在
20世纪30年代就开始其中国文学研究活动的思想家和中国学家，
在某种意义上说，具有与荻生徂徕同样的"相对主义"知识感觉
与现实感觉。尽管他不是徂徕那样的学者而更多是一位评论家，
然而他思想之深刻与洞察力之敏锐却赋予他的文章以跨时代的不
朽生命力，这使他与徂徕同样，属于那种在历史中无法绕开的思
想家。竹内好在文化活动与学术活动中提出的一系列问题，在他
那个时代具有预见性和深度，在我们今天的时代也仍然具有同样
的价值。借用他本人评价冈仓天心的话说，竹内好也是一个"不
断扩散放射能"的"危险的思想家"。[22]

在竹内好进入中国学界的20世纪30年代，日本汉学已经在
很大意义上为日本的支那学所取代，在这个领域里，内藤湖南、
狩野直喜、桑原骘藏等大家已然取得了辉煌的成就，他们创造了
与西方中国学同质的近代学术。由于日本语近代文体在30年代已
经日趋成熟，加以大众传媒对于知识界的广泛渗透，日本汉学在
竹内好的时代失掉了它在福泽谕吉的时代尚且具有的社会根基。
昭和前期的日本思想界文学界忙于在"科学"的旗帜下引进西方
的各种新思潮流派，与此同时以日本浪漫派为代表的文化国粹主

义者也开始形成自己的阵营，日本汉学在这样的情势下，不再具有江户、明治时期的话语权力，而仅仅剩下"知识"这唯一可以据守的阵地，它从社会中退了出来。

在此情况下，实际上对日本汉学的评价很难成为当时学界的热点。然而，独具慧眼的竹内好，却在昭和时期日本汉学的存在状态中发现了重大问题。1935 年 3 月，由竹内好等年轻一代中国文学研究者组织的中国文学研究会会报《中国文学研究月报》创刊发行，同年 7 月该杂志第 5 号发表了竹内照夫的论文《关于所谓汉学》。该文针对当时学界对于日本汉学"非科学性"和"助长封建制度"的批判进行了反驳，强调汉学由于具有包罗万象的"百科全书"性质而最适于成为启蒙的工具，同时强调汉学具有"实践性"因而是"圣学"。他认为汉学在幕府时期既充当了为政的工具，也孕育了反幕府的精神，同时又是与洋学相同的"外国学"；而儒学"述而不作"的传统，使得汉学在诠释经典的框架内容纳了庞大的创造性内容。所以，汉学因了其杂多性而获得了永恒。同年 10 月第 8 号上，发表了竹内好的文章《汉学的反省》，对竹内照夫的论点提出了尖锐批评。他指出，竹内文虽然对于汉学的历史基础进行了令人信服的论述，然而却依靠对汉学理念的阐述回避了对于现实汉学的批判。"我们想要听的，并非作为理念的汉学是否是'圣学'的问题，而是对于'圣学'之汉学为何堕落（有教养的说法是不景气）至今日地步的适当自觉，以及有关如何改变现状的分析。"竹内好敏锐地抓住了汉学的临界点问题，指出汉学在历史沿革过程中已经发生了性质变化，不能用"杂多""圣学"

掩盖它在现实中的堕落。

那么，竹内好所看到的汉学的堕落是什么？他说："失去了意识形态功能、被弃之不顾的汉学，集过多的封建桎梏于一身，置身于社会进化之外，徒具形骸；这正是导致诸恶之根源。……即使一切学问都无法舍弃其经院性质，只要允许鲜活的外来气息自由进入，它尚可防止自身的硬化；今天，一般社会思潮均不得不程度不同地依靠大众传媒，而传媒对汉学的冷淡是不明智的，这一点自不待言；首先应予追究的，倒是不知利用（抑或是害怕）传媒的汉学者自身的因循态度。"他进而指出，汉学者不管如何执着于虚名，在学问上却不得越儒教"绝对服从"的雷池一步，对于公开论争总是畏首畏尾；这是因为汉学者自己所写文章不欲为人所读，也无力理解他人所写文章，抱定"独善"态度和缺乏批评精神，亦是因为汉学者依靠晦涩的文字来掩盖逻辑的粗浅。竹内好的结论是，现实中的汉学已经失掉了学术热情，在此意义上，他认为汉学需要注入"游戏精神"。

竹内好文章的要点可从正面概括为三点：一、学术应保持对现实社会的关心，置身于社会进程之内，具有开放性；二、学术应具有批判精神和平等自由精神；三、学术要有"热情"，亦即发自内心的人生兴趣。

竹内好的这篇短文引来了竹内照夫的反驳和武田泰淳等人的不同意见，而竹内好所指出的汉学"堕落"的问题[23]，却未得到真正的讨论。尽管这场小小的论争不了了之，然而竹内好的这篇短文却不容忽视。其一，在后来的历史中，只有竹内好的意见得到了证实，日本汉学既未成为"圣学"，在实质上也未与日后的中国学合流而变成"新汉学"，竹内好所批评的僵化、封闭、缺少自由的创造与批评精神而据守文字要塞的因循态度，一直构成日本汉学界的基本学风。因而，当日本学术走到 20 世纪 80 年代后期的时候，仍然需要重新对于汉学进行批判。其二，更为重要的是，竹内好在其后与支那学家们进行的一系列论争，其基调均与这篇短文一致。如果不理解他对于汉学上述学风的高度警惕，便无法理解他在后来何以对很有作为的新一代支那学家那般"苛求"，也无法理解他何以在语言问题上挑起那么多争端。

　　1939 年 11 月《中国文学月报》5 卷总第 57 号刊登目加田诚的论文《文人的艺术》，对中国古代文学中诗画结合的"文人精神"进行了论述，次年 1 月的第 59 号刊登了竹内好的《目加田的文章》，对这篇相当平淡的文章进行了激烈的抨击。文中的具体论点在此省略，值得注意的是，在文中竹内好对支那学进行了相当明确的宣战："就算我整得动目加田本人，也动不了他借以为生的地盘……我是打算以'长泽、吉川、仓石、目加田'[24] 为题来作这篇文章的。这一类品种对我来说极有兴味。……我对他人来说也许不逊，但对于绝对者却远不像这般人那样傲岸。……每天早上夹着皮包到支那文学事务所去上班的生活不合我的性情……"应该说，这是竹内好批判目加田的真正用意。在他写这篇文章时，他已经自觉地在中国学与支那学之间划了一条界线，为了区别于支那学的基本立场，他在其后又以论争的方式与他所说的"这一类品种"的中坚力量交锋。值得指出的是，他对于支那学的批判其实来自他对于日本汉学的批判，在很多场合，他用汉学来指称支那学。从支那学对于汉学的立场和方法的改良主义态度来看，竹内好的这种激烈的言论不能说是没有意义的。

从第 6 卷总第 66 号（1940 年 11 月）开始，《中国文学》开设了《翻译时评》专栏。其动机在于"翻译的问题不仅仅是语言学和表现的问题，说到底最后还是归结到人的问题上去"。[25] 这以后，竹内好在语言层面上与支那学家们进行了多次交锋。

在第 69 号（1941 年 1 月）上，竹内好发表了他的第一篇《翻译时评》。在文中，他对当时大量粗制滥造的中文译本表示了忧虑，特别指出这种状况起因于大多数支那学者不能创造新的翻译基准而固守训读的传统，而训读所造成的"忠实于原文"的假象，使人们把它和直译相混淆，也就妨碍了独立的翻译立场的形成。竹内强调"需要对使翻译得以成为文化现象的社会文化基础的批评"，呼吁要独立对待中国与日本文化，意识到两国的语言是两种完全不同的语言，从而不以日语附和中文（亦即使用训点进行训读），而以日语解释中文。在这一意义上他不仅否定训读，也抨击直译。

竹内好在很大程度上是在重提当年荻生徂徕所提出的问题，而令人惊异的是，时隔两个多世纪，训读在日本仍然悬而未决，并且比江户时代更为深入地渗透到初具规模的日本翻译界。当时言文一致运动已接近尾声，日本文学的文体、欧美文学的日译文体等均在现代日本语的基础上形成，只有在中译范围内，训读的痕迹仍非常明显。但是，竹内好面对的问题已经不是荻生徂徕的问题了，他关心的并非如何读解圣人之书，而是如何摆脱文化混淆形成日本的民族语言翻译基准。他对直译的激烈否定，正表现了他对于"日本文化至今尚未从支那文化的支配下独立出来"这一状况的忧虑，在这一点上，他始终自觉站在近代立场上。

在建立日本民族语言方面，竹内好所不愿引为同道的支那学家意外地与他同道。这就是由仓石武四郎首倡的"支那语教育运动"。1941 年 3 月，仓石武四郎出版了《支那语教育的理论与实际》，正式提出改革和调整中国语和日本汉文关系的设想，即在学校教育体制上废除汉文科，把汉文归入国文科，使支那语完全变为外国语。这本 200 多页的小册子立刻在支那学界引起了反响，人们分为赞成与反对两派，在众多的赞成者之中，竹内好是"最深刻的赞成者"。[26] 但是，他其实又是最深刻的否定者。从《中国文学》第 71 号（1941 年 4 月）开始，陆续组织了围绕这部书的讨论，大部分论者均在与仓石同一层面上对他表示支持，只有曾与竹内好论争过的竹内照夫著文强调中日文化自古浑然一体，故对"仓石主义"持保留态度。而竹内好的立场则与上述人不同。在《中国文学》第 73 号（1941 年 6 月）上，他发表《支那学的世界》，在对支那语改革运动本身表示支持后，对于这一改革的目标表示了怀疑："仓石相信可以依靠手段的改革来救助支那学的贫困，其实对于支那学来说，思想本身才是贫困的。""如果命中注定了没落的话，那么促进没落才是学者的使命。""我对于学问的理解更为严峻：所谓否定的型塑者是也。我所考虑的学问不是作为实际存在的东西，而是无意义之物。""实现不可能才是学问。"在这一层面上，他对仓石武四郎在时机成熟的时期发起的绝不会失败的运动给以很低的评价。

在这篇文章中，最值得注意的是竹内好对于"热情"的看法。他说仓石的语言里充满了明亮的确信，那不是一个相信热情的安那琪的人的语言，在那毫无阴影的充满确信的姿态中，他看到的是以漫画形态展现的使人痛心的传统。在竹内好与支那学家论战中反复出现的"人生热情"的命题，其实是他有关日本近代和西方近代关系思考的基本母题。所以，这篇短文结语部分的"支那学改造得了改造不了，这对于我无关紧要，我更注重的是自己的生存方式"一语，是不可小视的"竹内视角"。下文将有所涉及，这也是他抨击吉川幸次郎"旁观者立场"的出发点。

在批评仓石武四郎的同时，竹内好与吉川幸次郎就翻译问题进行了一场论争。这是一次饶有兴味的交锋，因为双方旗鼓相当，可称为支那学与中国学的代表者；而论争又是围绕着翻译这一既是技术性的问题又是文化性的问题进行的，透过双方问题点的错位，可以观察到当时日本知识界的基本动向。

《中国文学》第70号（1941年2月）上发表了竹内好的第二篇《翻译时评》，文中对直译进行了进一步批判；与此相对，把吉川幸次郎等称为"意译派翻译家"。他肯定了吉川翻译的准确性，同时又指出，吉川"语言感觉的敏锐性不足"，这表现在他对于原文的格调缺少感觉。[27]因而，他称吉川氏为自己所尊敬的"学者"，认为他不是个杰出的"文学家"。该文发表后，引起吉川幸次郎强烈反应，第72号（1941年5月）以《翻译论的问题》为题发表了他和竹内好之间的往来信函。吉川强调说，自己并非竹内所说的"意译派",倒更像是"直译派";理由在于他"尽量把支那语所具有的观念不加附带物也不加省略地原样移到日语中来,与其说重视日语的协调,不如说致力于寻找可以原样保留支那语言本色的日语"。在此意义上,他称自己的翻译是"一种训读"。诚然,他并非自认汉学家,也对旧训读的方式提出了批评[28],但是,吉川对于汉学的态度显然与竹内好不同,这位成就卓著的支那学家并没有感觉到与日本汉学划清界限的必要。他在信中还强调,竹内好所指出的他译文中的误译"是因不了解国语所致,并非由于误解了支那语"。接着,他花了大量篇幅一一驳回竹内好指出的误译之处。

同期发表了竹内好的回信,他显然对吉川的反驳有些茫然。他称后者为"意译派",原本是一种赞扬,意在寻找摆脱当时训读式直译法的新规范;而吉川对于直译意译却有自己的一套理解,与竹内好在基本点上相悖:吉川在很大程度上保留着日本汉学的文化观,他在研究中国文学的时候缺少"他者"意识。[29]竹内在批评仓石武四郎的时候说过:"如果这一世界受到来自外部的冲击,那会怎样呢?……对于仓石来说,支那学是无可怀疑的实在的世界。"[30]其实对于吉川幸次郎来说,问题也是同样的。他在支那学框架内建立自己的学术体系,对他来说,这个"世界"本身是绝对的、无可置疑的。他不关心这个世界之外存在的问题,也不像竹内好那样试图通过建立准确的"意译"而摆脱汉学传统,从而使中国文化与日本文化成为相互独立的参照系;所以,他对直译的评价高于意译。竹内面对这样的隔阂只好甘拜下风,他在信中

收回了有关直译意译的区分，但并未放弃自己的立场："我最初读
《四十自述》时就感到，吉川这个人好像是学支那语学过了头，把
日语给忘了。这感觉竟与吉川的说法相符，很有意思。""原文倒
是正确理解了，但在表现它的时候却搞错了——真的存在这种二
元阶段吗？……我认为解释就是表现，表现就是语词。……语词绝
对是'存在之物'。在这一点上，清楚地存在着两种态度：是主体
性地去把握它，还是作为旁观者站在它之外。……对我来说，使
支那文学存在的就是我自身，而对于吉川氏来说，无限地接近支
那文学才是学问的态度。"

　　在三四十年代，竹内照夫那样的汉学者已经不可能构成学术
主体了。尽管斯文会等汉学组织也有它的地盘，但具有影响力的
是支那学与中国学。竹内好以文学的方式处理了这两者的关系：
揭示了支那学以客观的纯学术形态所掩盖的旧汉学特质——将支
那学世界绝对化的封闭形态，同时，通过对自我主体的强调把中
国学相对化。结合他在初期批判汉学时就一直强调的"热情""人
生"来理解，竹内好对主观性的强调其实一直针对着汉学（支那
学）的"客观性"而言。这种对主观性的强调固然使竹内的文章
出现前后矛盾、用词不统一的特点，但也使他充分意识到语词的
极限与主观性。他多次强调"语词的背叛"，强调"语词的不足"，
从来不曾表现出吉川幸次郎、仓石武四郎等支那学家对于语词的
确信态度。在这一点上，竹内好更为接近荻生徂徕的语言感觉。[31]
诚然，他要解决的并不是朱子学解释经典的可信性以及语词在读
解中的作用问题，但是，竹内好比他的同时代人更清醒地意识到

了语词的临界性质，是因为他也同样处于价值观念转型与重新组
合的时代。在这样的时代里，同一语词往往要承担多种价值观，
竹内好显然比吉川幸次郎更敏感地感受到了不同价值观念在同一
语词中相碰撞的痛苦。《中国文学》杂志上的一次次论争，明显地
表现为竹内好"热情"的痛苦与支那学家"旁观"的平静之间的
龃龉，这终于导致了竹内好绝望的结论："不管我如何宣称不以汉
学为对手，其实汉学那一面也不把我当成对手；汉学以不死之身
活动着。因了这样的事态，我不能不对所有的事情抱有无力感。"[32]

　　但是，竹内好却做了一件了不得的事情：他以自己的这些论战，
揭示了日本支那学自我封闭的倾向，直接切入日本社会的问题点，
为新的中国学在日本文化结构中确定了位置。所以，竹内好以后的
日本中国学，一直以密切关心中国社会现实、同时介入日本社会现
实问题为其特色。竹内好本人也在从事中国研究的同时写下了极有
分量的日本研究著作。更重要的是，在有关中国的著述中，他的问
题意识始终紧扣日本思想传统这一基本点，这使他的著述与日本
大部分支那学家就中国谈中国、"把日语给忘了"的学风判然有别。


## 并非结论：对于"临界"的思考

　　日本汉学，在它的历史演变轨迹中为我们留下了丰富的遗产。
这遗产来自它内部的变革与改良，来自它外部的批判与否定。要
言之，日本汉学对于后人的启迪来自它的临界点。当日本汉学从
静态转向动态从而发生某种性质变化的时候，它便为我们提供了

思考的新视点。相反，当它试图在成规中固守的时候，它便丧失了学术活力。

　　本文不可能回顾日本汉学的历史，更不可能归纳日本汉学的所有问题点，所涉及的问题也仅仅是粗线条勾勒，不可能进行深入的论证。笔者所以采取这样的方式，意在探讨"汉学"这个思考框架究竟能容纳何种内容。所谓"世界汉学"本身，是否也有"临界点"？

　　仅就日本汉学的状况而言，它显然远远超出了"日本人研究中国"的范围；不仅如此，日本汉学在日本学术中所引出的问题，恰恰是日本文化本身的基本问题。换言之，日本汉学在日本文化中的特殊位置，使它总是引起一些重大的冲突，它的"不死之身"不在于它是否具有特定的能量，而在很大程度上取决于它所处的文化位置。日本汉学的骑墙状态，使得它涵盖了近现代的一些基本问题；在它内部也曾产生过如荻生徂徕这一类儒学者，这使它拥有提出和解释这些基本问题的资源；日本汉学在近代以后的衰亡是一回事，它的文化位置是另一回事。今天，日本的很多优秀学者所研究的问题，比如对于江户思想史的研究，对于日本近代性的研究，初看起来与日本中国学和日本汉学并无直接联系，但是事实上，这些问题意识却与日本汉学的文化位置有着密切关联。在这一意义上，从日本汉学这一视角中，我们可以窥斑见豹地了解到日本思想史的基本问题点，也可以更多地了解日本文化这一"既近又远"的参照系。

　　竹内好当年批评日本支那学封闭性的学术规范时，一再强调支那学不该成为安身立命的空间；[33] 他一生致力于建立新的思想传统，其特点就在于开放性。竹内好不是个经院式学者，正因如此，他才独具慧眼地看到了经院式学术在思想上的局限。"在站在支那学的立场上看事物之前，为什么不能站在更广阔的立场上看看支那学呢？"竹内好的质问针对的是日本支那学（他在文章中称汉学者和支那学者在他的语汇中是同义语），但他的这种质问所具有的放射能其实具有更广阔的针对性。当他思考日本汉学的问题点时，他亦在思考近代日本的文化范型问题。在 1947 年他回顾与吉川幸次郎的论争时明确指出："我在吉川氏的身上看到了顽固的'汉学'传统。在那（次论争）之后过了两年，吉川氏在公众传媒明确发表了日本文学必须指导某国文学的主张。……对于那个某国，吉川氏曾经采取过卑屈态度，他显示了这样的尊大之态，让我觉得顺理成章。尊大与卑屈互为表里，那不过是植根于日本文化的非独立性、奴隶性的、不自觉的崇拜外国—侮蔑外国之心理的反映罢了。而吉川氏在他的主张之下从事实际活动，日本的文学家也支持他的活动，这一状况在我眼里不足为奇。"[34]

竹内清醒地看到日本汉学不是孤立的，它之所以改头换面得以"不死"，是因为它的奴隶根性与日本文化的奴隶根性恰恰合拍，而这种奴隶根性有着广泛的社会基础。竹内好一生致力于摧毁它，他推崇鲁迅的因由也在这里。他的有关东西方文化对抗的思考，他对于形成日本独立思想传统的关注，以及他的中国观和他的"人生热情"本身，均基于这样一个基本点。在我们思考"世界汉学"的时候，竹内好把日本汉学作为思考日本文化特质的切入点这一方式不是一个很好的参照系吗？

日本汉学在它的临界点上创造过或诱发过优秀的精神遗产，它所提供的精神资源属于全人类。而在世界汉学的视野中，我们能够看到的也不仅仅是外国学者的中国研究结论本身。假如我们"站在更广阔的立场上"对待世界汉学，它的临界点也会浮现出来。我深信，那时映入眼帘的，将是真正意义上的"他者"，而对于获生徂徕"宇犹宙也，宙犹宇也"的议论，对于竹内好"如果这一世界受到来自外部的冲击，那会怎样"的疑问，中国人也会有新的共鸣吧！

（原载《世界汉学》创刊号 1998 年）

**注释**

1　日本汉学的语音问题有一个复杂的历史流变过程，在早期的读音中有一部分语音十分接近当时的汉语读音，所以在日语汉文读音中有吴音汉音以及唐音之分；但是，这部分语音在进入日本后便脱离了中国本土的语音演变轨迹，同时在日语汉字读音中还存在着百济即韩国语音的影响，故与其后的中文汉字读音相去甚远。这部分发音方式被称为"音"；另一方面，日本本土的语音亦被用于阅读汉字，这也就是后来与音分庭抗礼的"训"。

2　平安时代（794—1192）的日本汉学经历了从官方进入贵族阶层的过程，它的直接后果便是导致了日本汉文学的繁荣。初唐至盛唐诗文文体在此时空前流行，上至天皇，下至贵族，日本上层人士完全使用汉语诗文的体裁进行创作。而在平安朝后期，白居易的影响达到统领日本文坛的程度。

3　万叶假名是日本第一部歌集《万叶集》所采用的文字。在形式上看，它采用的是汉字，但是使用汉字的规则与日本汉文不同，是用汉字来记录日本本土的声音，汉字字义仅在有限的范围内有效，在这种符号系统中不能成为基本的书写阅读规则，故万叶假名是中国人所不能猜读的外语。

4　"假名"一词相对于"真名"而言，是日本人在接受了汉字书写符号之后发明的本土书写符号。真名意指汉字，假名则是从万叶假名的笔画中摘取必要的部分进行简化后发明的拼写符号。现有 48 个，通常称之为"50 音"，可以用它们自由拼写日本的本土语音。

5　水田纪久、赖惟勤编，日本大修馆书店 1968 年出版。

6　参见《法国支那学与日本汉学与中国哲学》，文载《作为方法的中国》（东京大学出版会，1989 年 6 月）。

7　参见《日本政治思想史研究》（东京大学出版会 1952 年初版，1986 年新版）。丸山特别注目于江户思想史中"政治思想"的含义，因而他对于徂徕学最杰出的分析也在于诸如公私观念与国家观念的联系等方面。而对于荻生创建古文辞学的意义，他涉及得极为简略。对于丸山真男的分析，有些学者进行了相当激烈的批判，例如韩国学者金容沃的《朝鲜朱子学与近代》，认为丸山过分强调了近代的价值而贬低了朱子学的意义，甚至认为他根本没有理解朱子学内在的可能性。文载《アジアから考える 7　世界像の形成》（东京大学出版会 1994 年）。

8　参见《学则·一》，《荻生徂徕集》（筑摩书房 1970 年）。在原文中荻生为避将军纲吉之讳而将吉备写为"黄备"，为简略起见在译文中仍将其译为吉备，特此说明。此外，本文所引荻生原文均引自上书，不再另行注明。

9　《译文筌蹄》是荻生早年开设私塾时所讲授的内容，用今天的话说，那是一种"翻译课"；但是，荻生在他的翻译学中充分注意到了语词的功能问题，例如语词在"读书"中的作用；"翻译"在读书中的位置等问题；所以他提出以江户时期的"平常俚语"取代训读的文言，以更为准确地理解三代之文。但是，荻生关心的并非翻译，对于他来说，翻译仅仅是达到理解中文的"筌蹄"（语出《庄子》），得鱼忘筌才是真意。这一思想一直贯穿他古文辞学的始终。《译文筌蹄》在荻生 27 岁（1692 年）时由其门人记录整理而成，在当时的汉学界引起极大的反响；正文之前有荻生本人所作《题言十则》，简练地概述了他对于"译学"与"古文辞学"的想法。《题言十则》与《学则》是研究荻生徂徕古文辞学的重要文献。

10　徂徕古文辞学的批判功能相当复杂。他的学说本来是针对朱子学进行批判的，但同样批判朱子学并在古学方面为他铺平了道路的伊藤古义学，却也成为他的批判对象。

11　参见野口武彦：《评传·荻生徂徕》，载《江户人的历史意识》（朝日新闻社 1987 年）。据野口考证，荻生攻击伊藤的古学派，是因为他曾致函伊藤，因后者病笃而未接到回信；荻生不知情而生怨恨，后来此信在伊藤逝世后被发表，又加深了他的积怨。所以，荻生为了攻击伊藤，有时甚至不惜站在朱子学的立场上。

12　例如他批判伊藤仁斋误读《易》的"一阴一阳"；过分拘泥于孟子的言论，不懂孟子所谓"四端"之说并不是完成"仁"的方法等。他由此将古学派和朱子相提并论，认为他们同样没有读懂圣贤之书。

13　具有很好的后现代理论修养的日裔美国学者酒井直树在他的英文专著 *Voices of the Past : the Status of Language in Eighteenth-Century Japanese Discourse* 中专门讨论

了这个问题，书中有许多精彩的见解。比如他认为"和训是揭示书写形式中日本语在何种层次上与中国语发生关系的最合适的材料"，并从话语空间的角度提出了很多深刻的见解。该书的立论基点在于以 18 世纪为时间单位横向考察言语危机问题，因此对于"日本特殊论"有积极的批判功能；但是，由于问题的设定偏重于理论需要，所以徂徕学的音声部分被强调到首要的地位，而对其与他"读书不如看书"的主张之间的关系却缺少分析；由于过于强调语言透明度，荻生"合华和而一之"的思想也很难作为问题加以讨论。笔者所读到的是该书日译的两章，载《批评空间》11 号（1993 年 10 月）、12 号（1994 年 1 月）。所论也仅以此两章为依据。

另一位学者宇野田尚哉的论文《读书不如看书——荻生徂徕与近世儒家言语论》（《思想》1991 年 11 月）则注意到了这一点，文章指出近代儒家言论中"耳口二者"并未占有近代语言学习中那样的第一位的地位，而是屈居第二。在这一点上，荻生与同时代的其他儒者是一致的。

14 从以汉文训读方式写成的《译文筌蹄》的《题言十则》到近世日语写作的《学则》，荻生有很多变化，如他对于训读的态度，后者比前者更为严厉。对语音和语言的国别的强调，后者也较前者显著。但是，荻生的一些基本看法并无大的变化，尤其是他对于翻译有限性的看法和"道"之包容性的强调，在这两个文本中保持了一致性。

15 通常以 1853 年美国海军将领佩里率军舰抵达日本递交国书强迫幕府接受"和亲条约"为基本分界来界定日本的开国。但是在此之前江户幕府已经在各国的特使、军舰、商船的压力下无法维持锁国状态。

16 例如黑住真：《日本思想及其研究——关于中国认识》（《中国：社会と文化》11 号，1996 年 6 月），指出了这种将中国相对化的潮流在进而演变为将日本自身纯粹化的动机时，便产生了谋求神道正统性、排斥"汉意"的本居宣长国学。又如渡边浩《进步与中华》（《アジアから考える 5：近代化像》，东京大学出版会）指出，在江户日本，对于"华夷观念"的对应是一个困难的思想问题。它导致了各种回答方式，也引起了不息的争论。渡边指出当时的"文明开化"实际上就是日本的"中华化"尝试，而同时又将西方视为"中华"从而使中国"非中华"化。

17 幕府创办的教授荷、英、法、德、俄等国"洋学"以及洋式数学的学校，几经变化，后成为现东京大学的一部分。

18 参见绪形康：《他者形象的演变 投向中国的目光》（《江户的思想》4 号，ぺりかん社 1996 年）。

19 参见吉川幸次郎编：《东洋学的创始者们》（讲谈社 1976 年），174 页。

20 同注 18。

21 渡边浩：《进步与中华》，《アジアから考える 5：近代化像》。

22 竹内好：《冈仓天心》（1962 年），《竹内好全集》第 8 卷（祐摩房 1980 年），163 页。

23 在《中国文学月报》9 号（1935 年 11 月）上，刊登了一组相关的讨论文章。竹内照夫的《非道弘人》对于竹内好文中用语的偏激处加以猛烈回击，然而对他提出的汉学现状问题仍采取不承认态度；丸山正三郎的《汉学者与新闻媒介》把重点放在了新闻界与儒学教养的关联问题上；武田泰淳的《新汉学论》虽支持了竹内好对于汉学现状的批判，但是重点却在于如何拯救汉学，而不是否定它。

24　即支那学家长泽规矩也、吉川幸次郎、仓石武四郎、目加田诚。

25　见《中国文学》66 号《后记》。另外，从 60 号开始，《中国文学月报》更名为《中国文学》。

26　见竹内好《支那学的世界》(《中国文学》73 号,1941 年 6 月 )。

27　在此竹内好以吉川幸次郎所译胡适《四十自述》为例，说"胡适原文是格调不高的( 但这不等于它没有价值 )；不过其中却有着某种难以因其格调而舍弃的情绪；而在译文里，却只有这种低格调存在。我想恐怕吉川氏并没有对胡适文章感觉到讨厌吧"。

28　当时吉川幸次郎正受到汉学界的批评，他翻译了《尚书正义》后被贬斥为 "汉文的意译家"，这导致他对意译一词极为敏感；但他尝试新的翻译方法的目的却是建立区别于旧训读的直译法，从他在其他场合对江户时期训读的推崇看，他并不在整体上反对训读。

29　解释吉川幸次郎的文化立场是一个相当复杂的工作，因为他并不是那一类只从事考证的旧汉学家。他的杰出著作如《元杂剧研究》显示了他考证的功力是服务于文化研究的目的的。吉川不是一个没有头脑的腐儒，然而他的思想被严格局限于支那学的框架之内，这是他与竹内好的重大分歧所在。关于这一点当另行撰文专论，在此无法展开。

30　《支那学的世界》(《中国文学》73 号，1941 年 6 月 )。

31　最能体现竹内好这一语言感觉的是他的《支那与中国》(《中国文学》64 号，1940 年 8 月 ) 一文。在文中，他对当时流行的以 "中国" 取代 "支那" 的做法提出了疑问，他指出在支那一语尚未得到理解、它的内涵尚未得到穷尽的时候，自己宁愿使用 "支那" 一词。"我不想简单地对待语言问题。" 在回答目加田来信的《返答》(《中国文学》60 号，1940 年 4 月 ) 中，他提出了另一个问题："我想，目加田是一次也没有被语词背叛过的幸福的人种中的一位。以我的逻辑言之，这是因为不爱，所以不会被背叛。" 这种语言感觉在当时并不多见，反倒在荻生徂徕的语言论里可以找到类似的感觉。

32　《关于支那语的教科书》(《中国文学》78 号，1941 年 10 月 )。

33　参见《支那学的世界》。在文中，竹内好批评仓石武四郎说："我不拥有如支那学那样的可以安身立命的场所，在这一点上，仓石也许是另一世界的人。""支撑着支那学的东西是什么？在站在支那学的立场上看事物之前，为什么不能站在更广阔的立场上看看支那学呢？在把支那学的延续作为前提之前，为什么不把自己的生活作为根据呢？"

34　《评吉川幸次郎译〈胡适自传〉》，见《竹内好全集》第 3 卷 ( 筑摩书房 1981 年 )。

# 翻译的政治 [1]

　　有关语言与翻译的政治，是我们中国学人思考中的一个盲点。这个盲点并非来自知识的不足，而是来自实感的缺乏——当不具备自身紧迫的问题意识时，知识永远是身外之物。或许，如何阅读这本译自西文的论文集《语言与翻译的政治》，倒是对于我们自身的问题意识构成了一个考验。在这本以理论形态呈现的论文集面前，最容易犯的错误就是"理论性阅读"。假如我们不具有切肤的问题，那么这本译文集也不过是不断累积着的西方知识库存中的又一个无关痛痒的知识点而已。

　　被翻译过来的这本讨论语言和翻译的论文集，提出的并不仅仅是"他们"的问题。在"他们"与"我们"之间，所有人为的"东西方"鸿沟都在复杂的历史和现实关系以及对于权利关系的解构中暴露了它的虚构性和遮蔽性。正如本书中唯一的一位大陆出身的在美学者刘禾所指出的那样："因为存在着许许多多的中介，这就使我们不可能自称拥有一个物化的过去。""我们或许更应该关注的是，在历史偶然性的关键时刻，西方和中国过去的思想资源究竟是怎样被引用、翻译、挪用和占有的，从而使被称为变化的事物得以产生。"（249 页）

或许这也是对于我们当下知识情境的一种描述。在又一次面对翻译的高潮、面对西方思想资源被引用、挪用和占有的时候，我们或许也正在面对近代中国知识人曾经面对过的那一"历史偶然性的关键时刻"。在这里面，不仅仅传统与西方这一问题预设缺少问题性，而且，对于这一问题预设虚假性的揭示本身也隐藏着虚假性的陷阱：当思考不再能够以否定一方来确立对立的另一方的时候，我们不得不同时抵御来自文化本位主义的思考惰性和所谓"全球化"世界描述对地域性紧张关系的遮蔽性，更何况，我们又不可能摆脱在打破这两种思考格局的同时利用它们造成的某种思维定式建构新问题的宿命。于是，这无可摆脱的张力就形成了多重的张力场，于是我们面对的问题就分外复杂：语言与翻译的政治，它对于今天中国的学人来说，是一个什么样的问题？它与其他问题的关系是怎样的？对于中国知识界的思考来说，它能否带来新的刺激和生长点？许许多多的"中介"，是以什么样的方式、在哪个层面上介入了我们的思考，重塑着我们的现实感觉？

一

本书的翻译从福柯开始。这似乎构成一个隐喻，为解读有关当代话语和翻译的政治确定了从一开始就注定要被质疑的起点——很少有人像福柯那样一针见血地指出"起点"的不可靠和诱惑性:"我想很多人都有类似规避开端的欲望,以求从最初即在话语的另一边,这样便无须从外部考虑话语的奇特、可怖和邪恶之处。体制之于这一常有愿望的答复却是讽刺性的,因为它将开端神圣化,用关注和静默将其围绕,并强加仪式化的形式于其上,似乎是为了使其在远处亦能更为容易地辨认。"(2页)

在福柯日益被东方知识分子符号化为一个不可置疑的"起点"的时候,倾听福柯本人的这种提示就不可能仅仅意味着对于福柯谱系学的理论阐释;至少不无讽刺的是,我们完全可以从这段话里联想到福柯本人在东方是如何被神圣化并且被强加以仪式化的形式的:似乎引用福柯变成了一种标签和通行证,它使得引用者获得了某种在远处容易辨认的"起点"。但是,在此我没有余地讨论福柯在东方知识界的偶像化过程,更迫切的问题是,在这部论文集的阅读中,福柯这篇论文在排列上所构成的这个"开端",是否可以为我们提供一个与他的谱系学相似的充满"断裂"和"异质性"以及"偶然性"的思考基点?

福柯在这篇短文里以浓缩的方式提出了他在几部主要著作中讨论的基本问题。我们可以看到他对于话语权力和话语霸权的体现方式、控制话语的程序、作者功能的阐释等熟悉命题的再度揭示,可以从他对真理意志的质疑中获得极具现实性的启示,但使我尤其感兴趣的是他对于"话语实在性"或曰"话语事件"的阐释:在本文乃至本论文集中,它获得了一种不断释放的能量,使得我们不能不把习惯的思路稍加收敛，以图"沿着初看是悖论性的非物质性的物质主义方向前进"。

福柯论述到：西方思想似乎警惕着只让话语在思想和语言之间占据尽可能小的空间，使得它变成了透明的沟通桥梁而不具有自身的实体性。而福柯则强调话语的具体实在性，从中引出两个相互关联但很少为哲学家们在哲学规范中加以定位的概念：事件和断裂性。

"事件不是实体亦不是偶然，不是质量亦不是过程；事件不属于有形的物体范畴。但它也不是非物质的东西；它总是在物质的层面产生功效，成为结果；它有自己的处所，位于物质因素的关系、共存、弥散、交叉、积累和选择之中；它不是实体的行动或属性；它是作为物质弥散的结果而产生，且在物质弥散之中。"

"如果话语事件必须被按照同质但在彼此关系上又断裂的系列来处理，那么我们将给这种断裂以什么样的地位呢？当然这不是时间上的瞬间连续性问题，也不涉及不同思维主体的多元性。这是一个关乎打破瞬间并把主体散布于多种可能的位置和功能之中的那些停顿（caesurae）的问题。此种断裂敲击并取消那些传统上被承认且最难加以质疑的最小单位：瞬间和主体。"（22—23页）

福柯在别处论述"由来"概念被用于分析人种和社会形态时的谱系学意义的时候强调过："微妙的、独特的、隐藏于个别之下的各种各样的痕迹，交错于个别之中、亦足以构成难以拆解的网结的痕迹——确认所有这一切才是问题所在。这种起源，与相似关系的一个范畴完全不同，它整理相异的所有痕迹，使得它们有可能区分为完全不同的东西。"[2]

在对起源的传统式兴趣中，通常隐藏着的欲望是归结相似关系和揭示这种关系在历史脉络中的连续性，福柯的知识考古学揭示了这种欲望本身的历史性特征，即它亦是被建构起来的从而隐含着知识权力关系；而福柯的兴趣其实更在于提供一套"不在真理之中"的新的概念工具和新的理论基础，因为它不在真理之中，所以它也谈不上是谬误，然而它却容易为真理或谬误所回收。

最容易被回收的就是福柯这种谱系学所导致的问题意识：它是不是"反历史的"成为一个问题。其实只要我们如此发问，我们就远离了福柯：福柯用"考古学"或"谱系学"为历史重新命名其实并不重要，重要的是，当他通过"断裂"敲击并取消瞬间和主体的时候，福柯同时开启了一个不同于瞬间的缝隙，使得我们能够进入那个充满了纷纭和不确定的"痕迹之网"，这就是福柯意义上的历史，"当历史在我们的存在自身中导入非连续性的时候，它就变成了'实际的东西'。实际的历史分割着我们的诸种感情，把我们的诸种本能型塑为活剧，使得我们的肉体多样化，并使得肉体与肉体自身相对立。具有安定性的、给予我们有关生或者自然的那种安心感的一切，都不能够存在于我们之下"[3]。福柯的历史感觉，就存活于这种没有起源没有坐标的无数被遗失了的事件之中，只有拥有了这种与其说接近哲学不如说更接近医学的历史感觉，话语的不透明性才会呈现。

福柯是一个使用结构主义策略的解构主义者，或者说他是一个反结构的结构主义者。但是这种他本人所反感的定位只有与他上述基本的问题意识结合起来才能具有意义——诚如福柯所言，抽象讨论"结构主义"之类的问题不会引出任何问题。在此我们不能不追问的问题是，福柯为什么要使用断裂来敲击主体与瞬间，这与他所强调的"痕迹"和"相异性"究竟有什么关系？

在福柯的知识谱系学里，"历史"不是由连续性的确定事件构成，而是由不确定的、如同船只驶过水面之后那种波纹般的"痕迹"组成。尽管福柯使用了结构主义式的二元对立模式为自己的论述确定了明确的对立面，但是他关注的这种痕迹和断裂却使得他不可能成为真正的结构主义者：他彻底地解构了结构主义给我们的那种安心感。而"主体"和"瞬间"，就在这种安心感的瓦解之下被敲击从而变成了"实际的东西"。

福柯指出，由于断裂被赋予了话语事件"连接体"的意义，主体就被散布于多种可能的位置，于是，那个所谓不同思维主体多元共存的预设就被打破了。当主体不能再充当传统意义上的最小单位时，我们面对的问题就发生了根本性的变化。我们追究的不再是能否建立主体性的问题，也就是不再追究是否建立了主体性以及此主体与彼主体的共存关系问题，而是追究作为主体的自我被建构过程，以及看似矛盾的主体存在方式所包含的多层次内涵。在理论和实践层面，福柯强迫我们面对不确定的差异关系时，我们便面对了主体的非整合性开放状态从而面对了话语与翻译的政治。

没有任何一个领域如同翻译话语那样更能够体现主体性的这种内在的"断裂"。在大量的话语实践中，翻译话语的"主体"所面临的是最不安全的处境。对于主体，它意味着对于自我整合性的否定，意味着进入陌生的区域使得主体失掉这种整合性而发生"弥散"。在"主体"不再能够自足的时候，"他者"也不再能够自足，而主体与他者的这种同时发生的弥散和聚合，就以话语事件的非物质性为自己的存在空间：它为这弥散提供了场所。正是在此意义上，福柯称话语事件"总是在物质的层面产生功效"。发生在话语事件中的，正是主体对于绝对的自我认同的质疑，于是，那些由于自我认同而被舍弃的所谓"个别性"和"偶然性"的事件，便突然获得了它们的意义。

　　福柯并没有正面讨论翻译的政治，但是他对于主体性断裂的论述却暗示了一个进入翻译政治的基本途径。主体在什么情境之下才是"实际的东西"？这是福柯向我们提出的问题。这里的麻烦在于，我们并不能以传统的作为最小单位的"主体"概念去面对福柯的提问（我相信，这正是福柯易于被误读的关键所在），主体必须在被敲击和断裂之后才能进入福柯的问题。也就是说，发生了弥散的自我与他者的再次组合，已经不能够简单回归原来那种具有整合性的自我了，新的自我具有多种可能的功能和定位，它因而不得不自我开放，冒着不再是自我的危险。在本书所收的斯皮瓦克（Gayatri Chakravorty Spivak）的论文中，这种危险得到了更充分的论述；结合对于福柯的阅读，或许更容易理解斯皮瓦克为什么要把"他者"更名为"她者"。假如我们把他者作为与传统意义上的主体相对应的最小单位，那么，弥散就不会发生，断裂和痕迹就失掉了它们的"分割"功能，历史就变成了形而上学的工具，而翻译的政治性，就被整合进了对于相似性和连续性的建构过程中，它所可能发生的对于主体的"敲击"功能，也由于这种整合而丧失殆尽。反过来，这时话语与翻译的政治性，就体现为它们对于那个作为"最小单位"的主体的认同与共谋，通常，这也就意味着它们放弃福柯所强调的那种"作为物质弥散结果"的作用，不以自己的文化功能促使主体散布于多种功能之中。

但是，福柯对于主体性的取消绝对不意味着他对于主体性的否定。假如把这个问题放在福柯的"非结构主义的结构主义论述方式"中思考，可以看到福柯其实一直在追究主体可能具有的"实际样态"，他反对的是整合性的形而上学主体，却不是体现在谱系学里的历史性主体。就后者而言，断裂、弥散、差异和不确定构成了主体可能存有的形态，但是它们本身足够扰乱我们对于主体的固定感觉从而使人感到主体无法存在。或许只有进入实践层面，只有面对所谓的"文化冲突"和翻译的种种困境，福柯在理论上很难进行到底的这种对于主体的论述才能呈现它的价值。也正是在此意义上，德里达、斯皮瓦克这样的解构主义者的理论武器更有效地显示了主体性追求过程中的两难之境。在本书福柯与斯皮瓦克的论文之间，是否可以整理出有关主体性建构问题的内在关联，或许是一个值得讨论的问题，但是至少在思考结构主义与解构主义理论的生产性功能时，福柯与斯皮瓦克表面上没有直接关联的论述从不同的角度提醒我们，避免以二元对立的方式曲解围绕着主体性问题形成的上述理论探讨，谨慎地对待诸如"断裂"、"差异"、"偶然"和"痕迹"等概念，可以有效地避开那些把旧理论贴上新标签的可怕陷阱。

在本书的隐喻之中，话语和翻译的政治由于福柯文本的这种他本人最不情愿的"开端"位置获得了"你得继续，我不能继续；你得继续，我将继续"的特征。尤其是当这种讨论必须首先透过翻译本身——而翻译得依靠话语的修辞功能，如斯皮瓦克所言，修辞一旦被收编，它的功能就被破坏殆尽——进行的时候，福柯最大限度地提醒了我们脚下这块基石的不可靠。或许正因如此，我们才有可能追问一个问题：在轻松地进入这本译文集的阅读之时，我们正在被什么样的"真理意志"所支配？而福柯以他的话语秩序理论向我们要求的，又是一个什么样的"新的概念工具和新的理论基础"？那些难以被约定俗成的真理或者谬误所回收的知识遗产和批判武器，在当今社会的话语实践中，究竟是否能够生根？

## 二

使我对福柯发生兴趣的，其实是一个并不属于福柯的问题：在今天这个时点上，作为东方知识分子，我们为什么要谈论话语和翻译的政治？

这似乎是个不言自明的问题，因为今天人人都在谈论西方文化霸权和文化多元主义的副作用。不过事情似乎没有那么简单：事实上，对于霸权理论的知识今天正和各种形态的霸权意识并行不悖，井水不犯河水。其实西方文化霸权究竟在何种程度上来自西方已经是一个疑问，更何况在东方这个虚拟的时空中，西方也在很大程度上是一个虚拟的话语。当东方与西方日益变成一种符号的时候，所谓"西方文化霸权"体现的往往是东方文化自身的等级结构。在此意义上，翻译的政治首先并非来自"外部"对"内部"的入侵，它来自本土知识精英权力乃至利益的分配关系，来自知识精英与政治之间的错综复杂的纠葛。而问题的复杂性在于，除掉被日益定格化的"霸权"政治之外，那些被我们所忽略、却渗透于社会生活本身的潜移默化的"政治"往往被知识的面貌所遮蔽，特别是当它以话语的形态呈现的时候。而这一切，恰恰是福柯所关注的那种"微妙的、独特的、隐藏于个别之下的各种各样的痕迹"，它们以非政治的姿态或者惊人的政治无知性显示着"话语的秩序"，这秩序本身就是政治的痕迹。

话语的秩序首先体现为翻译的现状。中国的翻译状况一直是令人不满的，不仅翻译的水平参差不齐，译者队伍素质不高，而且在选题与构想方面也存在许多明显的缺陷。但是，这些令人不满的基本状况是可以弥补的，而且近年来已经得到了相当程度的弥补，所以我认为这并非翻译现状的核心问题。核心的问题是在这一切背后活动着的那个系统，那个以中国的外语教育体系为基础的外语教育和翻译的理念，那个把语言视为传达思想的工具的古老传说。正是这一切，在把话语透明化的同时，不露痕迹地抹掉了话语和翻译的政治性。

有一个很典型的情况可以象征中国的外语教学，那就是同声翻译的训练。一个掌握了双语的翻译要接受同声翻译的训练，要点是把自己"清空"。据说经过是这样的：首先，接受训练者要经过一段"鹦鹉学舌"的过程，就是通过耳机不断接收母语信息，再以最快的速度不断把它用母语传达出来。这是同步传达，同步而不翻译。当他习惯了这种程序之后，在事实上自我意识已经被"清空"，他变成了一个传声筒。接下来，耳机开始传达外语的语词信息，接收者用母语把它表达出来，接收者的要点是迅速对译关键词。反过来，接收母语表达外语也是同样的要点。我有几位很优秀的同传朋友，据他们介绍，其实他们翻译过的大部分内容他们不甚了解，也不需要了解，甚至有时一场翻译下来，他们几乎不记得自己究竟听过和说过什么。除掉那些他们自己感兴趣的内容之外，公事公办的翻译不需要使用头脑。

也许这种表述有些违背了我们的常识，尤其对于没有接受过这类训练的人的来说，这不啻天方夜谭。我们无法判断一个人传达那些不进入自己的理解程序的话语时是何种感受，因为作为每天使用语词的人，我们没有办法理解与理解脱节的识别，也没有办法理解与内容脱节的"形式"。但是千真万确，假如同传翻译尝试理解，他就很难工作了。

然而同传训练中却隐藏着一个重大的真实，它指示着翻译的政治所处的隐蔽位置：当意义可以通过识别加以传达的时候，意义的政治性就有可能被最大限度地遮盖起来，于是传达变得安全和很少被质疑。识别，就这样成为意义的同谋，或者反过来，成为意义的暗杀者。

在当今中国的外语教学中，语法和语音训练依然构成教学的基本骨架。正如本书的《马克思主义与语言哲学》一文所指出的，这种教学教会学生的是"识别"而不是"理解"。被识别的是"信号"而不是"符号"，"在任何情况下，信号都不会与意识形态领域发生联系，它属于技术手段的世界，与广义的生产工具有关"（59页）。"如果我们把同意识形态内涵割裂开来的语言形式加以物化（reify），就如同第二种思潮的某些代表人物所做的那样，那么，我们最终面对的就不是语言—言语符号，而是信号本身。"（61页）

我亦有些大学本科毕业于外语院校的学生，他们传达给我的苦恼就与这种"识别式教育"直接相关。当他们在我的课上不得不面对符号而不是信号，面对福柯所说的那种被西方思想所警惕着的、带有实体性的"话语事件"的时候，这违背了他们的学习习惯。假如放弃识别信号而转向理解符号，这就意味着对他们大学四年里所受教育的颠覆。

然而这些例子还只不过是例子而已。外语教育作为一种体制，它不断再生产着的这个识别信号的过程，包含了一整套不可动摇的思维习惯。这种习惯不仅把话语视为透明的载体，而且确信两种语言的话语之间是可以对译的。与此相对的应的，就是"直译"的盛行。符号的可变性与可塑性，在一个变化流动的语境中话语的流动性与创造性，都被规范一致性所取代。而在一对一的语词转换过程中，话语不再有可能面对它自身：它的实体性越稀薄，它才越可靠。正是在这样一个翻译思想的操纵之下，可以对译的准则也就转换为译者最大限度的安全系数：译者在"清空"了自身的同时，也"清空"了不对等的两种话语之间的复杂张力关系，还进而"清空"了一种话语内部的复杂张力关系。正如语法构成语言教学的骨架一样，逻辑构成了翻译的支柱。译者可以堂而皇之地丢失掉很多东西，那是在逻辑的周围构成了解构逻辑的"特殊修辞"，只要它不能"对译"为另一种语言，它的丢失就是合法的。

国内翻译界经常发生有关翻译的争论，在我的阅读范围内，这些争论从来没有超出过"识别信号"的层次而进入思想和意识形态的层面。要言之，有关翻译的争论总是围绕翻译的准确性而展开，被举出来的不准确翻译的例子，也总是那种着实低劣的译文。并不是说这些争论没有意义，至少在技术层面，我们需要揭露那些滥竽充数的翻译以确保"意译"不会变成"乱译"。不过这种争论仍然是有问题的，因为它从来不去追问一个根本性问题：什么才是好的翻译？

其实，有关好翻译的标准早就语焉不详地被人们接受了，那就是严复本人也不曾遵守过的"信、达、雅"（对于严复本人的翻译实践，我觉得应该进行更慎重和周密的讨论，在此只能从略；但本文最后一节将要提到，严复在信和达雅之间有着复杂的摇摆，不能简单忽略）。我并不想在此挑战这个标准，毕竟在前辈翻译大师的译作中，我们能够找到足够诠释"信、达、雅"含义的例证——而且它们总是让我们感觉到某种面对复杂时的愉快。可是恰恰是这一翻译标准，最大限度地抹掉了话语与翻译的政治性，遮盖了它们本身作为思想和意识形态的紧张度，把对翻译这一行为的理解引向了教养与知识。事实上，"信、达、雅"标准不能孤立于时代的文化政治关系之外去定位，仅仅从字面上，我们无法看到它隐含的复杂历史内容。

　　然而，假如在现行的外语教育体系当中为"信、达、雅"的基准定位，就不难发现一个明显的置换：在以语法语音和词汇要素为基本教育框架的学术训练［沃洛希洛夫（V.N. Volosinov）称这种源自欧洲的语言学思想是"在对书面语言尸体的关注上形成和成熟起来的"］之中，这个曾经被老一辈翻译家实践过的复杂标准，不得不被最大限度地简化乃至抽空——它赖以存在的关注两种语言各自的张力关系以及它们之间的张力关系的能力，如今已经被简化为语词的置换与选择，在此基础上成形的"外国研究"，完全无法找到自己的立场。

　　我在此要说的是，外语教学与研究所处的极为复杂的文化位置，本来应该具有单语文化视角所不具备的思想生产能力，然而情况恰恰相反，双语教学与研究所凭借的立场，仅仅是对母语文化立场（甚至仅仅是意识形态立场）或者是另一种文化立场的简单复制，而不言而喻，这两种复制不仅不具有原创性，甚至就复制本身而言，它也往往有鹦鹉学舌的拙劣之嫌。由此，我们遇到了困扰着福柯的主体性问题：假如主体无法处于弥散状态，它就无法处理所谓的主体之间多元化问题，具有整合性的主体与所谓"他者"之间的关系，至多不过是井水不犯河水的和平共处，其直接效应就是遮蔽主体存在的真实状态。一个有趣的现象是，比起本土研究来，我们的外国研究离文化冲突更远，更难于处理两种文化边缘处的复杂张力问题。

　　现今的外语教育和与其直接相关的翻译体系，就这样在被"清空"的状态下至少面对一个尖锐的问题,那就是:"我在何处?"尤其是当译者不甘于仅仅做传声筒的时候,这个矛盾就变得尤其尖锐。在外语教学中被用做教材的原文文本,也因而变得身份可疑——它们要么变成课堂上至高无上的权威,要么变成遥远而陌生的他人的领地;而无论是哪种情况,学习者都不能找到自己正当的位置。当今外语教学最易培养两种类型的学者,即要么是毫无头脑鹦鹉学舌的文化买办,要么是极端而简单的民族主义者,就是因为它不能解决这个问题:"我在何处?"如果进一步追问下去的话,这个问题就变成了:"我能否放弃主体的整合性去面对主体开放的弥散状态?"

　　然而不幸的是,这种外语和翻译的现状远远不能够被问题化。话语和翻译的政治,并不能够真正成为我们切身的问题。我想再一次回到本文开头的问题:我们思考中的这个盲点并非来自知识的不足,而是来自实感的缺乏。而为什么在我们的话语世界里,有关话语和翻译的政治问题,不能作为实感真正建立?

　　思考这个问题需要回顾的不仅仅是一个多世纪以来的翻译史。翻译在文化格局中的定位服从的是文化政治的逻辑,这一逻辑植根于对民族文化与世界文化关系的设计。当"越界"对于主体的冲击被简化成"自我"与"他者"(我们最习以为常的就是"他山之石"的思路)的并存关系时,翻译的政治无法获得自身的定位,只能成为主体自足性的同谋,从而使主体感到安全。外语教育的思维方式正服从于这样一个使文化主体保持安全感的前提,由此才使得"同传式外语教育"成为其主导教育方式。当被清空的状态成为翻译的佳境的时候，当外语教育把识别信号当成第一目标的时候，抹杀翻译政治性、稀释话语实体性的操作过程就被悄然合法化了。话语与翻译似乎天然地与意识形态领域不搭界，它们仅仅成为技术性的手段。这正应了福柯的说法："任何教育制度都是维持或修改话语占有以及其所传递的知识和权力的政治方式。"（17 页）以非政治的方式，外语教育体现了它的政治性：通过"清空"，使受教育者成为思想和语词之间尽可能透明的桥梁，成为出色的"传声筒"，一个受制于不同文化又跨越不同文化，因而可能具有最大思想生产能力的领域，就这样被有效地消解掉了。

## 三

我想再回到不确定的起点上，重新思考话语和翻译的政治。在此，我希望援引斯皮瓦克的例子。

斯皮瓦克在《翻译的政治》中提出了语言的"三面结构"这一概念，即修辞、逻辑、静默构成了语言的三重性或三面结构。但是，这一结构不具有任何静止的状态，它呈现为这三重要素之间的流动性而且往往是破坏性的互动关系：

"修辞会在能动主体的产生过程中破坏逻辑，显现修辞内部潜动着的静默（the silence）处的暴力。逻辑使我们得以依据明确标明的连接把言词串联起来，而修辞则必须在言词之间及周围的静默中活动，试探着怎样才起作用，效力有多大。"（272 页）

斯皮瓦克并且指出，假如无视上述这一结构的存在并且不在

作为翻译对象的另一种语言中建构起这样的模式来，翻译工作就
会变得易如反掌。

这种易如反掌的翻译在我们的周围见得太多了，只不过由于
外语教育的定位问题，我们习惯于把译者的轻率看成"技术性"
的原因，而很少从斯皮瓦克的角度去考虑，翻译媒介的风险和暴
力有什么政治含义？在三面结构之中，译者的两难之境是什么？
当斯皮瓦克试图传达她的这种"冒险"感觉的时候，我感到接近
了翻译本身的越境真实。

斯皮瓦克提出了一个意味深长的比喻，那就是"如织好的布
匹一般的语言的织边在松脱、散落成轨道"。这是一个只有逼视翻
译的越境真实并为这种逼视所苦的人才会提出或了解的比喻。当
语言的织边松脱时，被破坏了的是已然排就的话语次序和思维程
序，还有潜在于其后的政治暴力——来自不同语种之间的等级次
序，或者来自同一语言结构内部的话语霸权。而问题在于，这种
织边的散落也倚仗着另一种暴力，斯皮瓦克把它描述为潜藏于话
语逻辑周围的"静默"。当修辞借助于静默的暴力破坏已然排就的
话语秩序时，另一种"轨道"也在悄然形成，尽管它未必意味着
新的秩序和结构，但是它却把读者（译者）的理解引向了一个新
的方向，赋予读者（译者）以一种新的理解可能性。

福柯不无讥讽地说："让那些词汇贫乏之人说——如果他们发
现此一术语更为方便，而不是更有意义的话——这一切都是结构
主义。"（27—28页）而斯皮瓦克对于织边的描述也使我感到了词
汇贫乏，尽管我不想说"这一切都是解构主义"！

　　然而即使词汇贫乏，我依然不得不追问斯皮瓦克的问题：在织边散落的过程中，她以自己的"爱意"体会到的，是什么样的越境真实？

　　斯皮瓦克是在女性书写的前提下讨论翻译的，这样的预设不但没有使她缩小讨论的范围，相反，她比福柯更接近了翻译的政治所具有的复杂内涵，因而把翻译的问题推向了更为广阔的视域。当斯皮瓦克说她对把德维( Mahasweta Devi )的书写视为"印度妇女"的写作感到不安时，她不仅把女性主义的范畴与种族的立场和地域政治的立场区别开来，而且提供了一个大胆的"播散性"的视域：她比福柯更清楚地意识到，这样的播散是无法控制的，即所谓反本质主义的文化立场，只有在这种情境下才是真实的。

　　因此可以了解，为什么在文章开头处斯皮瓦克说要把超出想象能力的"他者"冠以"女人"之名——在女性视野之中，所谓"他者"的问题从一开始就与那种"共同一致性"的假设针锋相对。让我们在此记起福柯对于主体性的刻意消解；在斯皮瓦克这里，"他者"被"共同一致性"销蚀了其反本质主义的功能，从而进入了凝固主体的怪圈，因此斯皮瓦克不打算清洗这个已被污染的词汇，宁愿再创造一个让人至少要挠挠头皮以后才能使用的新词："她者"。斯皮瓦克说，坚持妇女的共同一致性让妇女付出了代价。在她看来，由于这种假设变成了一种不受质疑的前提，它消解了所有可以思考的张力关系。而只有从这个假设往前迈出"第二步"的时候，人们才能了解共同一致性"能走多远"。于是，斯皮瓦克为共同一致性的"出发"规定了一个必要条件，那就是对于差异的承认和"贴服"。

在此，斯皮瓦克强调"学会别的语言"的重要意义，她显然认为不具有双语能力（这种能力必须达到宁愿使用别种语言表达复杂事情的地步）的人就不具有讨论她都问题的真实能力。这种规定把话题转到了实践的层面，提示了话语多样化所具有的实际的风险；这种风险性潜藏在斯皮瓦克所引用的福柯的"认知的能力"这一概念中，它不仅指向了权力／知识，而且指向了习俗制度。只是在这种风险性里，对于一致性的讨论才能具有生产性。

我特别感兴趣的是，斯皮瓦克认为不具有此种风险性的"妇女的共同一致性"概念"应该连同人文主义的普遍性概念一起加以好好的埋葬"（285—286 页），这使她的女性主义视角最大限度地向当代的精神世界开放，使她的问题真正跨越了女性主义最容易被人误读和指责的性别本质主义陷阱。当斯皮瓦克进入这个问题的时候，她是从"蒙昧的善良意图的局限处"（285 页）入手的。她暗示我们，普遍人道主义和妇女共同一致性的假设，都是借助于人们对于政治的无知才得以充当思考前提的，它们的抽象性导致了这些"文化立场"的似是而非的"易解性"，而易解性又反过来强化了被普遍化了的这些价值的抽象性。斯皮瓦克由此拒绝了那些东方大都会的女性主义者，因为那些往往被后殖民主义所同化了的女性是如此草率地接受和翻译女性主义那诱人的现成结论；而同时，她也拒绝了以抽象的正义消解具体政治关系的人文态度，不言而喻，这远远不是仅仅属于女性这一性的困境。

斯皮瓦克让我们领会了女性主义真正意义上的"身体性"——它绝非体现为大量被复制于女性主义论文中的"身体"概念，而恰恰是不需要借助于作为概念的"身体"这一语词来书写的实际感觉——在这篇论文里，斯皮瓦克让女性主义的身体实践去体验了抽象共同一致性的"可疑的政治含义"（285 页），从而展示了福柯在他的谱系学里难以碰到的问题，这就是民族、人种、国家和性别之间的相互颠覆又相互缠绕的关系。斯皮瓦克准确地指出了这些前提的矛盾共生状态，警告人们小心那些似是而非的陷阱：她不仅指出在一种语言里看似反抗性的东西，在另一种语言空间里则可能是保守的，而且指出，她希望那些以阿拉伯或越南语写就的女性文本有权以与德里达抱怨法语和英语之间转换困难时的尊严来抱怨同样的困难。

这才是斯皮瓦克以爱意贴服原文文本的越境真实。就此，我们可以推断她为什么会对福柯的著作提出严厉批评，而又不拒绝采用福柯的有效观察视角。当今采取反对各种意义上的文化霸权的正确立场不仅不困难，而且反倒成为新的时髦，而这一切没有经过修辞与静默的暴力性洗礼的政治正确性，没有找到"织边散落"所构成的新的思考轨道的结论，其实往往倒是它所反对的敌手的同谋——它们正在形成新的霸权。

但是问题至此并未中止，它还得继续往前走。当斯皮瓦克把本书中的这篇论文献给了《钟爱》（Beloved）的作者时，她完成了一个多重性的开放：把女性视域向人类的基本问题开放；把种族与后殖民问题向摸索中的世界文化格局开放；把翻译问题向广义的政治开放；把自我向他者开放（赘言一句：在此我特地使用了"他者"一词，意在强调这个词本来应该具有的那种弥散交叉的特性。毕竟我们不该把婴儿与洗澡水一起泼掉）。

　　每一重开放都需要很多的解释和例证，因为斯皮瓦克绝对不是在进行理论建构，理论只是她不得不使用的策略而已；但是我没有能力在此追随斯皮瓦克的思路，因为我不能够共享她的孟加拉语经验。透过译自英文的中文文本，我所能够抵达的，仅仅是斯皮瓦克借助于修辞的破坏性所暗示的那个解构"极致"的立脚点：冒着从她者处发言而界分再次倒转过来的危险，同时拒绝让没有说出来的归于沉寂。

　　从自我处发言是安全的，从他者处发言也是安全的。当自我与他者的关系被确立为物质性对立关系时，这些语词就被自足的主体收编了。如同西方被确定为东方之外的对立物会使东方反过来获得安全感一样，物质性地讨论自我和他者之间的关系也不会给自我带来任何困惑。这些已经被收编了的修辞如今已经不再具有破坏语词逻辑的功能，除非你赋予它们以新的上下文和新的不确定性（事实上人们似乎懒得这么干）。但是"她者"，这一散落的织边暗示着的不确定的轨道，使得惯常的思维习惯尚且不能够简单收编这一修辞（我很不情愿地想象，或许用不了多久，她者也与"他者"一样避免不了这一被物质化的命运）。斯皮瓦克出的难题不亚于福柯，她在问每一个试图进入这个问题的人：你如何绕过自己的身份限制而敏感地找到语词所指示的"自我的界限失落之处"？她者向每一个语焉不详地接受了"他者"概念收编过程的人提出的挑战是，你能不能冒险使自己处于"倒转界分"的状态？你能不能在自我界限的失落之处发现那些真正意义上的紧张和破坏性的暴力关系？

当斯皮瓦克给"他者"冠以女人之名时，她所立足的基本问题意识是德维那种不同于她的场景的女性立场，还是所谓的妇女共同一致性？这个看似明确的问题其实常常易被忽略，而"她者"的被收编就有可能从这种忽略开始。当"她"这个性别被冠以"女性"的统称时，斯皮瓦克的良苦用心就付诸东流了。至少，我们在体会斯皮瓦克那散落织边式的论述的时候，不能忘记她倾心于德维的理由：她并不代表她所处的文化，也不代表印度妇女！

这是斯皮瓦克给予我们的真正启示。她向我们展示的，是修辞作用打断连接性的真意所在：这种"扰乱力量"展示的随机、偶发和分崩离析，就是斯皮瓦克所说的逆流的、反主流的作家所完成的功能："有意思的文学文本，可能恰恰不会告诉你一个民族国家关于主流文化再现或自我再现的主流观点。"（283 页）而斯皮瓦克没有说出来、但是我们有可能"超越和扩展的"意思还在于，这种逆流的反主流的修辞如果拒绝被收编，就必须保持它的断裂性质，这也就是福柯所告诫的"不在真理之中"的立场。

有趣的是，在此我们可以发现斯皮瓦克与福柯之间的一个不谋而合，那就是他们的断裂都敲击主体性而关注自我界限的失落之处，而不意味着与主流话语的简单对峙。假如在对峙意义上理解修辞的断裂，那就意味着被某一文化主流的对立面收编，这种收编往往发生在国际政治关系之中——斯皮瓦克告诉我们，跨文化话语的最大陷阱往往在于一种语言里看似反抗性的东西在另一种语言里的却是保守性的。你只有跨出了一种文化的限度，才会明白在一种文化里所谓的对抗常常是如此虚假和脆弱；对此没有警觉而把边缘化理解为对主流话语的简单对峙，就往往会使人落入与另一种主流话语同谋的陷阱——而修辞所指向的断裂，就植根于对这种陷阱的警惕之上。

于是，翻译的处境可以获得一个相对清晰的勾勒了。借助于斯皮瓦克和福柯，我们发现了一个不能被任何一种既定的范畴和归类方式所容纳的空间，它在文化的边界、在语言的尽处同时对两种话语和它们建构的文化前提进行了质疑，并在话语的层面与其重新建立了关系。当斯皮瓦克说印度妇女不能成为女性主义范畴的时候，当她强调说不能按照"我"来想象她者的时候，当她说她选择德维就是因为她不同于她的场景的时候，她颠覆了我们依然奉行的思维习惯。在我们已有的归类方式里，其实并没有给主体的开放预留想象的空间，当民族国家乃至种族中心主义文化视角构成了思考出发点的时候，就出现了斯皮瓦克所批评的那种情况："如果你只是草草学懂一门语言，以为翻译就是传达内容而把别的什么东西给了读者，那么你便是背叛了文本，且透露了颇为可疑的政治含义。"事情的要害在于，当翻译者完全认同于某一种话语体系的时候，他认同的可能就是既定的权力秩序，只是由于福柯所说的"认知能力"的贫瘠，这种认同甚至不会被意识到和感觉到而已。

的确，事情要比文化帝国主义的问题更为复杂。既然如斯皮瓦克指出的那样，本土空间的阶级性常常带着和帝国主义相连接的痕迹，那么旧人类学那种把某个个体视为文化代言人的潜意识就很难成立了。福柯正是在这一意义上以"断裂"敲击了"主体性"，新的翻译政治由此得到了揭示：恰如德维与她的场景之间的差异所象征的那样，文化认同不再是主体性的基点，甚至主体性本身也开始变得可疑和需要重新审视。这样，面对的问题悄悄发生了变化，当以一种文化的代言人自居的立场不复有效时，个体的文化认同也发生了问题，"漂流"又成了新的课题。与主流和非主流的对抗关系充斥着陷阱一样，"漂流"也充满了陷阱，从一开始，它就不得不面对虚假的国际主义和人道主义态度，如何把自己与这另一种类型的"文化帝国主义"相区别？

斯皮瓦克正是由于此种困境而不得不在她的翻译论中两面出击。她对于妇女的共同一致性和人文主义的普遍性所表示的怀疑，从一开始就拒绝了那种无根而快意的漂流所可能导致的混乱。斯皮瓦克的"漂流"是有根的，她了解语言在国际上的地位从来就不是平等的；她了解第三世界知识分子在开始漂流之际，是如何容易以反对种族中心论和文化本质主义的名义坠入强势话语帮凶的陷阱。她以几乎是过激的敏感把那些通常不被第三世界的文化精英们视为问题的问题尖锐化，指出孟加拉语里的翻译腔受到操英语的孟加拉人的嘲弄批评这一事实暴露了他们身处"占据统识地位的语言"这一状况。无根的漂流永远是强势者的共谋，斯皮瓦克无情地剥下了"漂流"温情脉脉的面纱。她警告说，在个人生活细节里体验到的对正确文化政治的深刻认同有时是不够的，你必须了解语言的历史和用于翻译的语言的历史，还有文本所处的历史时刻：这一切构成了她所强调的个体偶合作用形成前作用

着的力场，对这一力场的轻视导致翻译活动中民主的法则变成强
权的法则。

对于断裂和个体偶合作用的强调使得翻译的政治找到了一个
立脚点。在打破了翻译就是从一种文化里传达一些东西到另一种
文化里去的定见之后，翻译获得了新的定位，这就是通过斯皮瓦
克所强调的贴合原文的过程创造一个多重性的话语空间。这个空
间不以单一文化为特征，更不以单一文化之间的冲突为特性，它
从一开始就拒绝以某一文化为本位的思考方式。但是与此同时，
翻译又不能不否定抽象人文主义的单一性立场，这种立场以虚假
的超越性简化了翻译空间的多重性以及紧张关系，遮蔽了翻译所
面对的不同文化境况。

要而言之，翻译的政治性存在于它的多重张力与现实政治张
力之间的不简单对等关系之中，在现实政治张力场中，国民国家、
社会制度、阶级、种族、性别等构成了基本的论述和思考框架，
而在翻译的多重张力场中，它们仅仅构成了语言交汇的要素，而
不是这个交汇场所的基本结构。在这样的语言交汇场所里，基本
的框架是福柯所说的"话语事件"或者斯皮瓦克所说的"翻译的
三面结构"，由于它们不可能与现实中的政治关系直接对等，它们
有可能揭示被现实政治关系（尽管它们具有相应的政治正确性）
所遮蔽的那些问题，通常这种揭示被现实政治的视角似是而非地
称作"边缘化"，但是只有在与现实政治建立对等关系的前提下，
才存在边缘化与否的问题，而翻译空间与现实政治空间的关系是
不可能对等的，它的政治性恰恰存在于这种不对等的错位中，而

并非存在于主流话语的边缘地带。只有进入了这一与现实政治的不对等关系层面,翻译才具有它自身的政治性。在这个话语空间里,我们可以找到的也就不仅仅是表面上的解构功能,至少循着斯皮瓦克所强调的从狭义翻译学到的东西可以大大扩展的思路,我们可以发现在现实政治关系中的许多基本要素重新结构为新的问题。新的问题的提出,使得我们有可能重新反思自身的知识处境,把那些失去了面孔的伦理主体重新唤回,再一次追问,我们讨论和介入这个世界的方式,是否应该做必要的调整?

四

对于外语教学的批评如果仅仅与翻译现状结合,那是以偏概全的。翻译是否意味着从一种语境中搬运东西到另一种语境中,其实还不取决于外语教学本身的方式,而是取决于文化理念本身的框架。近代以来翻译在中国的定位问题,其实是一个尚未得到充分讨论的问题,近现代史中丰富的翻译论资源,还未得到正面的检讨和梳理。而这一工作一旦展开,或许会提供一个重新认识我们的近现代历史的新视角。

一个重要的线索是晚清翻译家的不忠实。有趣的是,在不忠实这条线索上,存在着一个对照性的阅读效果,这就是严复的桐城气息十足的译作与林纾大量的改写和挪用所造就的西方文学作品的中文本。虽然同是使用古文翻译,而且其实在"信"的程度上,林纾远不能与严复相比,但是林纾的文学翻译却由于他彻底不懂外文以及译作的规模而在特定历史时期里获得了特殊的位置，这是严复所无法与之相比的。正如学者刘纳所分析的："林纾的功绩是不可替代的。他脍炙人口的译品先声夺人，既显示了古文最后的风采，又昭示了西方文学诱人的魅力。"⁴刘纳援引了郭沫若、钱锺书的例子指出，林译的不忠实不但没有引起这些学贯中西的大学者的不满，相反倒是给了他们比那些忠实的译作更大的满足感。

而严复的运气却没有这么好，那似乎不仅因为他所译的世界名著在现代中国新文化形成过程中所占有的位置远重于林译小说，而且更因为他的翻译是翻译而并非简单的挪用。因此，他的译文是否以"达"和"雅"压倒了"信"的问题成为后来人的指责焦点。鲁迅曾在《关于翻译的通信》中为他一辩，指出："他的翻译，实在是汉唐译经历史的缩图。中国之译佛经，汉末质直，他没有取法。六朝真是'达'而'雅'了，他的《天演论》的模范就在此。唐则以'信'为主，粗粗一看，简直是不能懂的，这就仿佛他后来的译书。"⁵当严复被力主白话文的瞿秋白置于与赵景深同等的位置上加以批评的时候，鲁迅认为有必要对这二者加以区别："严老爷和赵老爷，在实际上，有虎狗之差。极明显的例子，是严又陵为要译书，曾经查过汉晋六朝翻译佛经的方法，赵老爷引严又陵为地下知己，却没有看这严又陵所译的书。"⁶但即使是鲁迅，也不能不在为严复辩护时表面上附和瞿秋白的说法，在强调严复在翻译上所下的功夫时，也承认说商务印书馆翻印"严译名著"没有什么意义。

　　严复作为晚清翻译家,表面上的"不信"绝非今日的"乱译",更非简单的挪用。所以,把他和林纾的翻译活动以及社会效果对照起来讨论将是一个有意义的课题。恰恰是在严复而不是林纾那里,暗示了一条起自翻译佛经的翻译史线索,而鲁迅对于严复翻译动机的具体分析告诉我们,对于信达雅这一翻译标准的追求和理解是历史性的而不是理论性的。[7]

　　今天很少有人讨论严复与林纾之间的差异,以及他们的译作引起的社会效应的差异;相反,严复在更多的意义上被与林纾相提并论。其实这里存在着一个潜在的分歧,那就是林纾的单语性和严复的双语性。[8]我个人的看法是,恰恰在晚清这一翻译标准极其混乱、译作极不标准的历史时期里,中国的翻译呈现了它最丰富的可能性。而不论是福是祸,中国的翻译后来走的不是严复的路,却是林纾的路。换言之,中国的翻译后来走的是从一种语言里为我所用地搬运内容到母语里来的路,而不是斯皮瓦克所说的那种"贴合"原文因而感觉到举步维艰的翻译之路(严复的翻译是否能够象征此种取向是一个需要讨论的问题,但他个人在"信"和"达雅"之间表现出来的进退两难却至少暗示了这种理解可能性)。因而,翻译的政治在现代语境里是与中国的"大政治"重合的,这就是说,它基本上是在单一文化框架内以"引进"的方式进行运作的。除掉许多其他要素,不能不承认的是,林纾的不能算做翻译的"翻译"之所以获得如此重要的价值,与这种框架的需求是直接相关的。

　　当鲁迅与新月派之间就"硬译"展开论争的时候,一些基本的翻译问题已经呈现出来了。在20世纪30年代初发生的这场论争,把"硬译"变成了现代汉语的一个新词，这件事情本身或许比论争的内容更加重要；鲁迅以他咄咄逼人的论战态度，把翻译的技术性论争巧妙地转变为政治性问题；从1930年3月他发表《"硬译"与"文学的阶级性"》开始，几年内鲁迅连续发表的有关翻译的杂文与通信，在某种意义上以福柯所说的"断裂"的方式在翻译史的谱系上增添了重要的一页。如今回过头来重新阅读鲁迅的翻译论，令人惊讶的是，里面竟然隐藏着如此丰富的翻译理论资源，它们所显示的翻译问题的轮廓，与本论文集的基本问题竟然如此相通。

收入《鲁迅全集》第10卷中的《译文序跋集》，是鲁迅在非论战状态下写就的文字，把它们与鲁迅有关翻译的论战文字合起来阅读，有助于理解鲁迅对于翻译的复杂态度和二三十年代中国翻译理论的一个基本的层面。在这些为译本所写的序跋中，鲁迅充分地表现了他作为一个贴合原文的译者的基本文化立场，值得注意的是，他的翻译论的立足点暗示了翻译的政治与现实政治关系之间的不对等关系，而鲁迅是相当自觉地以此为翻译定位的。

在1920年1月发表在《新青年》上的、为武者小路实笃所做剧本《一个青年的梦》的译本所写的两篇《译者序》中，鲁迅强调了这样一个基本思想：尽管中日两国正在交恶，但是"现在国家这个东西，虽然依旧存在；但人的真性，却一天比一天流露"；而当鲁迅对孙伏园说在两国交恶之际翻译日本人的反战剧本怕未必有人高兴看的当晚，"想起日间的话，忽然对于自己的根性有点怀疑，觉得恐怖，觉得羞耻。人不该这样做——我便动手翻译了"[9]。

他还特别指出："但我虑到几位读者，或以为日本是好战的国度，那国民才该熟读这书，中国又何须有此呢？我的私见，却很不然：中国人自己诚然不善于战争，却并没有诅咒战争；自己诚然不愿出战，却未必同情于不愿出战的他人；虽然想到自己，却并没有想到他人的自己。"[10] 由此可以窥见鲁迅对于"自己根性的怀疑"的内涵，那就是他对于单纯认同于现实政治关系的翻译态度的拒绝。

在"五四"运动同年的 8 月里，鲁迅动手翻译日本白桦派人道主义知识分子的剧作是需要相当的勇气和自觉的，他的动机固然在于窃别人的火煮自己的肉，但是鲁迅之为鲁迅的深刻处却也在这两篇短序中呈现。当他强调了武者小路的反战意愿对于"南北还没有议和"的内战中的中国的意义时，也没有忘记表述他对于武者小路的看法持有保留态度，这表现了鲁迅对于白桦派在大正时期日本的处境的清醒认识，也是他得以区别于周作人式人道主义的地方。事实上，鲁迅对于白桦派的保留态度恰恰与战后日本知识分子对于白桦派的"抽象人道主义"的批判[11]形成了内在的呼应，历史证明，鲁迅贴合日本的方式与周作人贴合日本的方式有很大区别，用一个不太贴切的比喻来说，鲁迅是"双语者"而周作人却基本上是一个反向的"单语者"，鲁迅比周作人更为深入地介入了翻译政治与现实政治之间的不对等关系，并以悖论的姿态在这一不对等的关系层面建立了他的包括翻译立场在内的文化立场，而周作人的文化立场却基本在这个关系之外。

正是在此意义上，我们才能准确理解鲁迅的"拿来主义"的真正含义。在鲁迅进行了诸如在五四时期翻译武者小路实笃这样的大量翻译实践之后，他在 1934 年发表的《拿来主义》[12] 就不再可能被简化为对于"为我所用"的态度的倡导了。在这篇短文里，"拿来"被置于"送去"与"送来"的上下文之间，它体现了鲁迅对于国际政治关系中翻译地位的清醒认识。比斯皮瓦克早半个世纪，鲁迅已经在处理不同语言在国际上的不平等地位的问题了。"拿来"的态度，由于其针对的是"送去主义"的无端自大和"送来"的强权威逼，它表现的是跨文化问题在中国的紧张关系。细读这个文本，可以发现所谓"拿来"是建立在现实政治与翻译的政治的不对等关系之上的。就现实政治而言，"送去"和"送来"都会因不平等的国际政治关系使得中国人作为一个国家的国民受到利益损害，而"拿来"的行为，不仅仅区别于"送去"和"送来"，也区别于对"送去"和"送来"的对抗姿态："如果反对这宅子的旧主人，怕给他的东西染污了，徘徊着不敢走进门，是孱头；勃然大怒，放一把火烧光，算是保存自己的清白，则是昏蛋。不过因为原是羡慕这宅子的旧主人的，而这回接受一切，欣欣然蹩进卧室，大吸剩下的鸦片，那当然更是废物。"[13]

　　拿来主义的基本立场并不是功利主义的，鲁迅使用形象的比喻表述的正是与现实政治关系不相重合但又密切相关的文化立场。由于主人是新主人，宅子也就成了新宅子，而现实中不可逾越的"国家这个东西"和"人的真性情"之间的矛盾只有在这样的文化立场中才能结构出新的可能性，鲁迅描绘拿来主义者对待鱼翅、鸦片、烟枪和姨太太等的态度时，已经清楚地表达了这一点。重要的是，拿来主义与早些时候发生的有关"硬译"的论争相通，它在非常严酷的时代里显示了斯皮瓦克所说的"具备对原语言场地的鉴别能力"是多么的艰难，更揭示了这种鉴别能力的生长会遇到的阻力其实来自对于民族国家主流话语的简单认同。[14]

　　发生在鲁迅与"新月派"文人之间的关于翻译的论争是围绕翻译是应该"顺"还是应该"信"展开的，"硬译"本是梁实秋加给鲁迅翻译的一个否定性判断，它的潜台词是"死译"；但是鲁迅把它反过来作为自己的武器，强调"硬译"不同于"死译"，因为无论它多么难懂，它仍然有读者。而硬译的功能，正如瞿秋白在给鲁迅的信中所强调的，除了介绍其内容给中国读者，还有创造新的现代言语的功能。[15] 在通过"硬译"为本土话语输送新的成分这一点上，瞿秋白表现了他的卓识，然而在他强调"绝对的正确和绝对的白话"这一点上，他暗示了其后一直存在于中国翻译界中的一个误区，那就是"翻译应当把原文的本意，完全正确地介绍给中国读者，使中国读者所得到的概念等于英俄日德法"[16]。鲁迅在回信中一方面表示了对于瞿秋白的认同，一方面又委婉地表达了他的不同看法，是颇有玩味余地的。

　　鲁迅之所以把瞿秋白的翻译论引为同道，是因为相对于新月派文人，瞿秋白不仅主张引入无产阶级文学理论，而且坚持通过这种引入建设中国的白话文，这与鲁迅的立场一致；但是鲁迅察觉到了瞿秋白的翻译论中存在着简化的倾向，这种简化来源于他试图在翻译的政治与现实的政治之间建立对等关系的意图。鲁迅委婉地强调"绝对的正确和绝对的白话"是无法做到的，瞿秋白所说的用中国人口头上讲得出来的白话进行翻译就足以避免不顺的方案是行不通的：“中国的文或话，法子实在太不精密了……这语法的不精密，就在证明思路的不精密，换一句话，就是脑筋有些糊涂。倘若永远用着糊涂话，即使读的时候，滔滔而下，但归根结蒂，所得的还是一个糊涂的影子。要医这病，我以为只好陆续吃一点苦，装进异样的句法去，古的，外省外府的，外国的，后来便可以据为己有。”[17] 由此，鲁迅才强调他“宁信而不顺”的翻译观。换言之，鲁迅固然承认“不顺”并非翻译的理想状态，也再三承认“硬译”是不得已而为之的权宜之计；但是他并没有因此而预设一个绝对正确地进行翻译的前提，他强调的是不可译这样的基本事实和由此而来的“硬译”所起到的重构文化的作用。

在几次与新月派文人的论战中，鲁迅都坚持了他“硬译”的立场，以此把翻译的问题转向了文学和文化重构的政治性问题。在此基本的分歧是，硬译与文学的阶级性相连，使得文化立场的建构脱离了“我们”和“他们”的对立而转向了复杂的内部和外部的互动关系。有几篇关于翻译的短文透露了这方面的信息：

1931 年发表的《几条“顺”的翻译》举出几条看似合情合理但是却显然与事实不符的自然科学著作的翻译为例，提出了这样的看法：“译得‘信而不顺’的至多不过看不懂，想一想也许能懂，译得‘顺而不信’的却令人迷误，怎样想也不会懂，如果好像已经懂得，那么你正是入了迷途了。”[18]

1932 年发表的《再来一条“顺”的翻译》，则以 1930 年 8 月 3 日《时报》译自日文报纸的一条攻讦共产党对俘虏“以针穿手、以秤秤之"的报道为例，指出这看似很"顺"的翻译好像很合中国的国情，但是与原文相对，却露出马脚，这马脚在于，同是出于意识形态目的而造谣，却各自因为本国的"国情"不同，而谣言的内容也不同："文明国人将自己们所用的文明方法，硬栽到中国来，不料中国人却还没有这样文明，连上海的翻译家也不懂，偏不用铁丝来穿，就只照阎罗殿上的办法，'秤'了一下完事。"[19]

鲁迅对于"顺"的翻译耿耿于怀，固然是由于很具体的论战对象的主张存在，但是他基于对"硬译"与"死译"及"乱译"的区别所提倡的与"顺译"针锋相对的翻译论，却隐含了后日被人们冷落了的重要原则，那就是翻译不可能是从一种语言里搬运内容到另一种语言中来的行为，它面对的至少有两重困境，一是为求合乎情理而拘泥于本土语言的习惯，从而对原文进行望文生义的改造，这导致了"知识"的虚伪；二是意识形态与现实政治关系是跨国界的，当本土的阶级和政治冲突借助于翻译呈现的时候，翻译的政治便体现为跨国界的"里勾外连"，"顺"的翻译便尤其有害，因为它迎合本土最易被接受的思维定式，而它往往是保守的。

在本论文集中，刘禾的论文讨论了中国现代翻译中语词的功能问题，她强调说她的目的在于"扩展历史的观念，也就是说把语言、话语、文本（包括历史写作本身）视为真正的历史事件，其中很重要的一点是话语行为在构造历史真实的过程中所具有的制造合法化术语的力量"（251 页）。历史地看，话语行为在获得合法化的过程中有着微妙的被选择和被定位的差异，这差异构成了中国翻译的政治的基本取向。我在上文中说林纾的翻译传统比严复的翻译传统在后来的历史中更占据主导地位，倒不是强调后来的翻译在准确程度上有问题，相反，日益精确的翻译在原则上所奉行的，恰恰是极不准确的林纾的翻译所奉行的"单语"原则，那就是引进外来的话语使其贴合本土的需求，在此过程中建构"中国"的新的文化传统。正如刘禾指出的，这个"传统"其实是不能对立于所谓"外来"的，而引人深思的是，就算是今天没有人敢理直气壮地宣布说自己是文化本质主义者，为什么我们仍然不能在翻译的领域体会当年严复在"信"和"达雅"之间体会的矛盾、不能体会鲁迅主张"硬译"时的复杂内容？为什么在进入具体问题的时候，翻译就失掉了它与现实政治的不对等关系，变成了一种传声筒？

　　或许我们应该全力追求的，并不仅仅是一种正确的理论（当然，我一点也不否认包括本书在内的理论工作的重要性），而同时更是一种对于现实问题的敏感，一种撕下假面和伪装的能力。鲁迅留下的这个传统是否得到了继承？翻译之于我们，是否有可能意味着新的文化立场的建构？我期待着对于本书的阅读有可能引出这样的问题，那将是理论的生命力所在。

**注释**

1　本文系为译文集《语言与翻译的政治》（许宝强、袁伟编辑，中央编译出版社2001年出版）所写的前言，该译文集汇集的主要是英语、法语学术中讨论语言与翻译的文化政治的一些重要论文，本文中括号所注页码均系该书页码。凡引书中内容均不注明出处，仅注明页码。

2　福柯：《尼采·谱系学·历史》（季刊《エピステーメー》0号，朝日出版社，1984年12月），215页。

3　同上，221—222页。

4　刘纳：《嬗变——辛亥革命时期至五四时期的中国文学》（中国社会科学出版社1998年9月），37页。

5　《鲁迅全集》第4卷（人民文学出版社1998年版），381页。

6　同上，380页。

7　在《关于翻译的通信》里，鲁迅指出严复以桐城古文体译《天演论》的动机是为了表明自己不是只会讲鬼子话的留学生，而是足以"音调铿锵"的"士"，靠《天演论》打开市场之后，严复其实更注重的是"信"而非"达雅"。参见《鲁迅全集》第4卷，381页。

8　对此需要进行更为周密的考索和解释。但是由于笔者尚需要进行有关研究，所以无法进行深入的分析，在此只能满足于对问题进行最初步的勾勒。林纾的单语性表现为他把对另一种语言的责任放到了谙熟该语言的人身上，而他仅仅依靠自己的文言文功力依据原文的线索进行再创造；而严复的情况显然在方向上是不同的。鲁迅注意到了这种复杂性，所以才有他对于《天演论》和《穆勒名学》的不同评价：前者是以六朝的达雅译经为范本的"再创作"，而后者则取法唐译佛经的以"信"为主。在严复身上，至少同时显示了两种翻译方向，那就是对原文的忠实与背叛。笔者尚无法判断这种忠实与背叛之间的关联以及它与后世翻译论争的内在关联，不过至少可以指出的是，严复是在一个极其复杂的层面上进行翻译尝试的。他的"信"之不成功，体现了那个时代的包括语言不成熟在内的诸种基本格局，但是是否应该将其仅仅视为翻译的准备期，似乎是个需要讨论的问题。

9　《鲁迅全集》第10卷，192—193页。

10　同上，195页。

11　参见竹内好：《中国文学的废刊与我》（《中国文学》第92号，1943年3月，353—362页）、《中国的近代与日本的近代》（1948年，后收入《竹内好全集》第4卷，筑摩书房1980年，128—171页）等。在这两篇文章中，竹内好坚持了他一贯性的批判态度，抨击了日本知识界以"人道主义"和"自由主义"自居的知识分子的观念性立场导致的对现实的不负责任和无批判的态度。尤其值得提出的是，在后一篇著名的文章中，竹内好批判日本的现代性的问题点时抨击了日本式"人道主义"的虚假理想主义，而此时他援引的思想资源是鲁迅的《聪明人和傻子和奴才》。事实上，竹内好对于日本式近代的批判基本上是以鲁迅和中国现代文学作为参照系的，这构成了一个饶有兴味的事实。至于竹内好在日本所进行的有关翻译的论争，也是一个讨论翻译的政治的宝贵文本，在此只好割爱。

12　《鲁迅全集》第6卷，38—41页。

13　同上，39 页。

14　当斯皮瓦克强调她选择德维作为翻译对象是因为"她不同于她所处的环境"的时候，她强调人与她所处的文化背景之间并不必然地存在同一性；而鲁迅在一个民族国家认同更为强有力的时代里已经清晰地传达出了这种认识，并且把瓦解个体与民族国家的简单同一性的工作与不得不承认民族国家的有效性的认识结合起来，提示了一个非常复杂的认识视角。应该强调的是，鲁迅的文化立场始终不是设定在打破民族国家的主体性这一"非主流"的基点上的，与此同时，他也从来不曾在单纯的改造国民性层面上工作。基于此种微妙的"对场地的鉴别能力"，我认为鲁迅的文化立场应该定位于与现实政治的不对等关系之中。

15　见《关于翻译的通信·来信》，《鲁迅全集》第 4 卷，371 页。

16　同上，375 页。

17　同上，382 页。

18　同上，344 页。

19　同上，350—351 页。

# 把握进入历史的瞬间

记得曾经和一位训练有素的日本思想史学者谈论过如何发现和提出学术问题的事情。他叹道：搞文学的，真是不讲究方法。

我同情地接受了他的看法，因为我很了解这些经过严格训练的学者是如何在我们这些"搞文学的"面前感到无可奈何。

记得还有一次，我和另一位同样训练有素的日本思想史学者谈论类似的问题。他说，你们搞文学的，胸中有一个"第一文本"，你们透过这个第一文本来选择和读解你的研究对象，这和我们面对思想史课题的方式是不一样的。

我一时哑然，因为从来没有考虑过"第一文本"的问题。早在进入大学中文系的时候，我就已然习惯于来自别的学科的公论：你们中文系的人，不就是读读小说吗？

又过了很久，我在自己的研究中遇到了一个棘手的问题：如何为那些"没有方法"的文学研究和文学研究者在学术史乃至思想史中定位。这时候我忽然记起了上面说的那两次谈话，并无师自通地领悟到，这两位受过严格的形式逻辑和思想史专业训练的学者，是在从两个角度谈论同一个问题——文学研究的独特作用是什么？

方法论的问题并不是天经地义的，至少在东方，它伴随着近代科学精神的成长才得以成为"问题"。而文学这个独特的领域，在从通才的时代进入专家的时代之后，仍然保持着某种特权，文学家（也包括文学研究者）敢于对别人的问题乱插嘴，靠的却恰恰是自己的"没有方法"。虽然搞文学的人最后总不免栽在"方法"上，但是这并不能堵住他们的嘴，也似乎没能使他们因而变得更严谨。最典型的例子要数萨义德。他本来是比较文学的教授，但对东方主义发难的却是他。《东方学》这本书引来的最主要非难就是它的不严谨，这一点，就连萨义德本人也承认。然而，《东方学》的价值仍无可非议，因为它提出了专门领域的专家们不曾提出的问题。

今天，在国内的学术日益走向专家化的时候，有没有方法、规范甚至是不是严谨这样的问题已经成为学者们关心的基本点，这当然是必要的；不过，也许是"为文学所累"，我不太关心方法论的讨论，反倒更注意对文学来说的本源性问题，我相信，这就是前面所提到的"第一文本"。

我曾经在一篇论文里简单涉及过发生在日本中国学家和支那学家之间的一场龃龉[1]，那是日本支那学与中国学之间一次意味深长的短兵相接。日本著名的中国学家竹内好与著名的支那学家吉川幸次郎，围绕着如何翻译的问题进行了笔战，最终引出一系列重大的命题。我不想在此赘述这次论争的全过程，只想涉及其中的一个问题：竹内好在批判支那学封闭的学术框架的时候，提出了文学家与学者的区分标准问题。他在批评吉川幸次郎所译胡适的《四十自述》时说，吉川从自己的鉴赏出发的态度较之其他汉学家是远为出色的，然而他对文学的想法却是低俗的：在其中不包含任何否定的成分。在这一意义上，他称吉川幸次郎是"学者"而不是"文学家"。[2]

在几次书信往复激烈论战之后，竹内好就他们争论的翻译技巧问题总结说："在此，态度已经明显地区分开来了：是主体性地把握（语词），还是立于旁观者的立场？"[3] 在其后不久，他又进行了更为明确的说明："文学家若依靠观念（如东洋史家那样）或者依靠语言（如汉学家那样），就麻烦了。两手空空不是更好吗？……知识若缺少否定它的契机（抑或是热情？）就不能作为知识而活着。对知识应该为了否定它而去追求。这便是文学的态度。"[4] 对于竹内好来说，文学家的立场就是主体性的和否定性的，就前者而言，文学家的主体性不仅表现在他"从以自己的鉴赏出发"的态度和主体投入地把握语词，而且表现在把研究活动本身作为自己生命的一部分；就后者而言，文学家怀疑和否定的热情永远是他们求知的动力。因此，竹内好对于支那学家们所表现出来的对于知识的冷静客观态度和乐观信任态度持有激烈的批判，他在自己的行文中反复谈到的却是在研究中国文学时的"绝望感"——"我所抱有的支那文学的幻影，遗憾的是，以我的力量无法给它一个凝固的印象，因而它是茫然一片的。这家伙茫然一片却又以某种官能性的鲜活感使我苦不堪言。"[5]

在竹内好那里，学者与文学家的对立基本上是学者队伍内部的事情，而不是我们通常理解的那种学术和文学创作之间的差异。而竹内好所说的"两手空空"，也不能理解为对于现代知识的绝对排斥，它只不过表现了他对于概念和语词有效性的怀疑，以及基于此种怀疑而生的对于旧汉学和东洋学的不信任而已。要言之，竹内好所设定的"文学家"的立场，是他对于现代知识体系及其价值体系进行批判的原点。如果在比较宽泛的意义上说，20 世纪40 年代初期发生在日本的中国学家和支那学家之间的这一龃龉可以视为批判知识分子与专家型学者之间的冲突；尤其是在太平洋战争前后这一段历史时期内，这种冲突明显地具有思想和意识形态功能。

当我写作《"汉学"的临界点》的时候，我就是这样为它定位的。而其后在我由于各种契机而更集中地思考文学研究的特性的时候，我开始意识到问题还得进一步精细化，竹内好所代表的，其实并不是所有的批判知识分子，而仅仅是其中的一种——或许该称之为"文学知识分子"。吉川幸次郎所代表的，也不是所有的专家型学者，而仅仅是其中的一种——或许该称之为"汉学出身的纯学术型知识分子"。这两类知识分子都无法从历史中抽象出来，于是便有了这两类人在"二战"前后对日本现代文化建设所起的特定作用的问题。

讨论上述这两类知识人的复杂历史功能只能另行撰文，我在此关心的只是竹内好的那个特别的姿态："两手空空"的竹内好，靠什么成为日本现代思想史和文化史中的一位不能绕过去的巨人？

　　问题便回到了本文的开头。其实，竹内好在他的著述中并不像他自称的那样"两手空空"。他的力作《鲁迅》（1944）、《中国的近代与日本的近代》（即《何谓近代》，1948）、《近代的超克》（1959）以及大量的中国语文学研究著作，都足以使他当之无愧地进入优秀学者的行列——作为一位"外国文学研究者"，在他一生的著述当中，几乎涵盖了转折期现代日本学术的基本问题，对日本的学术传统产生了巨大的影响，这是罕见的。然而，竹内好又是两手空空的，他终其一生拒绝"学者"的称呼，始终以"文学家"自诩，不仅是因为他自觉地为自己设定了批判知识分子的立场，同时也是因为他自觉地拒绝从理性和知识的角度提问。在"科学精神"已经具有绝对的影响力的20世纪的日本，这同样是罕见的。

　　竹内好活动的时期是20世纪30年代到70年代，尤其是前三十年；在这个时期的日本，没有所谓纯文学的地盘。"美"在那个时代里，正如日本浪漫派所证明的那样，是一个思想史的课题。因此，对于竹内好来说，他的课题不是文学研究如何独立于社会，相反，是文学如何介入社会的问题。但是，在这样的介入过程中，他所尽心竭力的事业，又恰恰不是加强文学改造社会的功能，而是建立日本现代的思想传统。问题在于，他始终自觉地以"文学的方式"建立这样的思想传统，而他的方式最终把他引向了他思想的基本母题——面对西方近代的危机感与抵抗精神。

　　在日本战败之后，竹内好几乎是宿命般地与另一种批判知识分子建立了合作关系——尽管后者同样是严格意义上的"学者",并且不像竹内好那样对于语词和概念感到绝望,相反却极为推重近代理性——并与他们共同承担了重建日本现代精神的使命,在日本现代思想上,这是一个极为值得注意的奇观,这就是作为文学家的竹内好与作为政治思想史学者的丸山真男的合作关系。

　　把这两个从性格到学术领域再到思维方式完全不同甚至有些地方截然相反的日本现代知识分子拉在一起,的确有些违反现代学术的规则,所以至今很少有人这么做。[6]事实上,至少从我们能够掌握的资料中看,这两位战后日本的精神领袖相互之间虽建立了友好的关系,但很难建立真正的相互理解:他们一位是如此执着于主观的否定性契机,另一位却极其敏感于理性分析的缜密;一位是语词的叛逆者和形式的摧毁者,另一位则是严整的形式的捍卫者;一位在对于西方近代文化的抵抗中汲取能源,而另一位却通过对西方近代的解读获得营养和工具……在战后到60年代的那一段历史时期里,竹内好的合作伙伴很多,丸山真男并非他最亲密的盟友,所以研究者更倾向于把他们作为在近代性问题上截然相反的两位代表人物来对待。然而,我无法放弃把他们放在一起考虑的原因是,他们使用了完全不同的方式,从几乎对立的角度出发,向我们揭示的却是基本相同的问题,而他们也因而得以共同代表了那个时代。

　　1959年,由筑摩书房出版的系列讲座《现代伦理》第11卷《转换期的伦理思想》,收入由竹内好主持,石母田正、鹤见俊辅、中村光夫、丸山真男出席的共同讨论题为《日本的危机的特性》。在这个讨论中，丸山真男与竹内好以及其他几位与会者表现了极为动人的合作精神，它显示了危机意识是如何使得知识分子跨越了学科间的界限而创造并维护着"知性共同体"的精神空间的。今天读来，我仍然为那个时代的日本知识分子的精神力度所感动；那个时代的思想巨人在历史的转折点放出的思想能量，哪怕在今天的时代里仍使我这个后来者受到深深的感染。

在这次讨论里，中心议题是日本社会在近代以来的危机感。它被作为世界性的问题提出，又被放在 20 世纪以来的世界背景下加以讨论；在此前提下，他们也涉及了学者与文学家的区别，这个问题被视为日本知识界精神结构的象征。鹤见俊辅一直致力研究"转向"，他是 1953 年至 1962 年间所进行活动的"转向研究会"的核心成员，这个研究会后来以"思想的科学研究会"的名义出版了三卷本的论文集《共同研究·转向》（平凡社，1959—1962），以"转向"作为视角研究近代以来的日本精神史，在同时代日本引起了强烈的反响；而它所针对的基本问题则是日本思想史的一个重要侧面：如何评价近代日本不停地调整自身以适应世界性的近代化运动的发展和"入侵"？

早在 20 世纪 40 年代初期，当竹内好写作《鲁迅》的时候，就提出了"回心"的概念[7]，并在 40 年代末的《中国的近代与日本的近代》一文中将其与"转向"概念对立，提出了讨论中国与日本文化模式的构想。竹内好对"回心"与"转向"的思考贯穿了他的一生，如果结合他所说"文学家"的立场来考虑，则可以说，这种忠诚于"自我"的主体性价值判断，是解读竹内好的重要线索。但是，如果脱离了昭和日本特有的危机意识，那么竹内好文学家立场的意义不会被揭示出来，他与支那学家们那类学者的冲突以及其后与丸山真男这一类学者的合作也是难以得到理解的。当鹤见俊辅等阵容庞大的知识群体在 50 年代开始研究"转向"问题并试图以此造就一代新人时，他们与作为文学家的竹内好合流了。在此，追究"转向"一词的发明权没有意义，因为昭和知识分子共有着一个基本的问题意识：随时事而应变与坚持基本原理（日语称之为"状况主义和原理主义"，为了表达方便，请允许我在下文中使用日文的用法）这两种思维方式，对于近代以来的日本究竟具有什么样的意义？

正是在这样一个历史的上下文之中，文学家与学者的区别问题被提了出来。竹内好在 40 年代初期他和吉川幸次郎的争论中提出的基本命题——主观与客观、抵抗与顺从——在此获得了更加具体的历史内涵：文学家被作为坚持基本原理的代表，而学者被作为随具体状况而变化的象征。用鹤见俊辅的话说，文学家的"感性中有不变的尺度，感性中包含着普遍性原理，他们执着于此。……就不执着于普遍性尺度这一点而言，学者是最说不过去的。日本的学者没有逻辑，只有辩证法"[8]。

出席座谈会的"学者"当然不止丸山真男，但是他在自己的研究领域里最自觉地讲究合理主义的知识性立场，这是与讲究情感的"文学家"相对应的。在讨论文学家和学者在坚持普遍性和奉行随机主义的时候，丸山真男不自觉地表现出他对于这个问题的冷淡，这是饶有兴味的事。

　　其实，何谓学者何谓文学家，这在很大程度上是个随机性的问题，很难为它们画出一条确切的分界线；如果没有特定的历史上下文，它没有讨论价值。严格意义上的学者不关心这个问题，是顺理成章的：它不会导致任何知识性的结论。但是在另一方面，作为一个流动性的视角，它能够开掘出的历史内涵却又足以促使知识分子对于自身的存在方式进行反思，这时问题就不一样了。

　　在 40 年代初期，竹内好对当时已经在学术领域享有声望的支那学家们提出激烈批判的时候，他的问题意识其实来自 30 年代他对于日本传统汉学家的批判。在 1935 年他尖锐地批判过日本旧汉学家党同伐异和缺少公开论争的批判精神的致命弱点，并稍嫌尖刻地指出了汉学家“不以晦涩的象形文字为据点便会将其逻辑上的不完整暴露在光天化日之下”的心虚之处；[9]应该说，竹内好在其后对于“学者”的反感基本上是从他对日本旧汉学家的反感推演而来的。在吉川幸次郎这一代支那学家那里，汉学家陈旧的方法被克服了，然而竹内好批判的旧汉学封闭性弱点却被延续了下来，尤其是当整个日本社会面临强大的危机的时候，日本的支那学暴露了思想的苍白无力。在竹内好的领域——中国文学和文化研究里，“学者”的确缺少自主的思想能量。在形势极其严峻的“二战”前后，这就意味着思想上的随意性“转向”。

　　然而对于丸山真男来说，问题是不同的。这位学者在自己的领域里所做的全部工作，恰恰以学术的方式对竹内好所批判的“学者”的陋习进行了纠偏。在日本政治思想史这个无论在大学学科里还是在书店书架上都难以归类的崭新学科领域中，丸山真男建立了日本现代学术新的传统。在汉文训练至今仍构成日本人基本教养的文化氛围中，丸山真男代表的明晰而开放的理性批判精神，无疑是对日本学界的一个强有力的冲击。尽管他因此不断受到"过于西化"的指责，但是值得注意的是，他所关注的是日本政治思想最基本的问题，这是他学术的真正土壤，也是他与竹内好这类知识分子合作的基础。

在这次座谈会中，丸山真男并没有就学者和文学家的区别问题发表过多的意见，这基本上是鹤见俊辅和竹内好等文学研究家的话题；后者关心的是日本近代史上文学家对于"转向"所起到的抵制作用。作为例证，他们举出了北村透谷、石川啄木、永井荷风等作家，他们共同的特点是"代表了思想的一贯性"。而那位几乎所有的日本知识人都不能不奉为先哲的福泽谕吉，也在这样的上下文中被提了出来。福泽谕吉的思想里最难解释的部分就是他随着时代课题的变化而不断变化，因而显得自相矛盾的地方。与文学家相比，这的确显得不具有"思想的一贯性"。

所以，竹内好先后问丸山真男和鹤见俊辅，他们是否把福泽谕吉视为"转向"者？丸山真男说，他"基本上不那么看。如果硬要这么说的话，转向已经被包含在他的思想本身之中了。他的思维方式是一种状况论的想法。在攘夷论盛行的时候，他正如在《唐人往来》中所表述的那样强调国际社会中道理的支配作用；而紧接着《文明论》之后写作的《通俗国权论》里，他又谈到'百卷万国公法莫若数门大炮'。……他考虑的是在现在的状况之下什么是相对重大的课题，并以此为出发点思考自己的'作用'"。丸山进而指出，福泽谕吉处在一个国际形势急剧变化的时代，他的这种思考的原点与他的危机意识有关。鹤见俊辅的看法是相反的。但是，毕竟福泽谕吉不是一个可以用"转向"这个词简单否定的对象，所以他含蓄地说："对于危机最好的对应方式是不断地重复原则的钻牛角尖的干法。……福泽是个伟人，而且状况主义也有它的道理，不过，要是只有状况主义，它就构成了转向的原理。"

"状况主义"与"原理主义"，是战后那一代日本知识分子尤其是进步知识分子使用的一个很重要的价值尺度。但是，正如对福泽谕吉的评价不能直截了当地以"转向"概括一样，其实这两种立场对立起来反倒使问题变得简单化和非历史化。因此，丸山真男从一个完全不同的角度重新提出了这个问题，那就是，在感觉上非"转向"者如武者小路实笃以及白桦派，在政治和社会责任这一层面上却缺少统一、一贯的主体性。因此，如同竹内好总结的那样：具备对现实状况的感觉，同时又具备对于原理的认识，只有在这两重构造之中保持着冲动——这种特别的人中才能够产生非"转向"型的人。

在这一意义上，文学家是否能够代表原理主义就成问题了。正如与会者共同承认的那样，文学家在很大程度上是靠气质上的"偏执狂"来保持他对于现实的抵抗精神的，而丸山则指出，偏执狂型的认识不是二重构造，而是一重构造，他并不看现实状况。因为他完全钻进了自己制造出来的幻想里边，所以现实感觉是零。丸山尖锐地指出：如果不在单一层次上看待状况，而是建立那种能够同时认识矛盾着的动向的状况论，那么，就不会疏于单纯追随现实了。所以与其讨论状况主义和原理主义，倒不如把状况论的构造作为问题提出来。

我从这篇座谈记录中得到了很多启发。其实，任何讨论都只能引发问题，而不可能解决问题。这篇东西吸引我的地方，首先不在于它提出的问题本身，而在于它提问题的方式。我们比较容易见到的是"文学方式"内部或者"学者方式"内部的对话，却很难看到这两种方式之间的对话。换言之，直觉感悟式的认知方式与理性分析式的思考方法在这篇座谈纪录中碰撞出了特殊的问题，那就是现代日本的危机是如何作为日本人"心的问题"而存在，又需要以什么为媒介转化为真正的危机意识。以竹内好为代表的"文学家"和以丸山真男、鹤见俊辅为代表的"学者"，各自以自己的方式揭示了这个问题的复杂性。于是，以文学家与学者对立的话题引出的讨论，却导向了文学家与学者合流的视点——亦即所谓的状况主义和原理主义这两种对立的立场，必须成为危机意识内部的二重结构，才能超越朴素直观的经验水平从而促生原创性思想。平心而论，如果仅仅由文学家或学者讨论危机问题，讨论的方向很可能是大不相同的。

时隔近四十年，竹内好与丸山真男先后辞世，那一代人在共同的危机意识基础上所缔造的知性空间也逐渐为专门性的知识领域所取代。除掉极少数的例外，今天的日本正在以更为精致的方式重构着当年使竹内好痛心疾首的"学者运营体系"，而批判知识分子的声音，也很难再采取竹内好的方式来表达，只能在"学术"的规范下委曲求全。在这样的氛围之下，当今日本的批判知识分子不再可能像竹内好那样理直气壮地宣布自己"不是学者",他们必须得先证明自己是某个领域内的专家。而竹内好与丸山真男这代表着日本知性两极的文化精英,假如今天再生,似乎也再找不到碰面的机会了。

如果把竹内好与丸山真男视为上一个时代的两个代表,那么,丸山真男开放性的学术传统得到了当今真正具备人文精神的学者的继承,而竹内好所代表的文学式的知性思考在学术领域内部却几近失传。就思想深度而言,这两位时代的巨人都达到了超越自己时代的深度,他们都致力在"状况"之中抽出"原理"从而为后来者留下无法绕开的课题,然而在一个没有危机感的时代里,文学的方式比知识的方式更容易暴露思想的平庸。换言之,倘有知识,尚可掩盖"第一文本"的缺乏,而胆敢像竹内好那样两手空空地建立一个主体性的精神世界,却非得拥有"第一文本"不可。

也许文学研究,难就难在这里:文学家之所以易于显得平庸,也许就在于两手空空之后最容易暴露问题意识的贫乏和肤浅。

其实,在任何一个领域里,面临的困难都是相同的:在"状况"之中寻找原理性问题,对于任何一个门类的学者来说,都需要有"第一文本"。有没有它,便决定了你是否能够接近那些本源性的问题。丸山真男绝对不是一个"文学家"式的学者,然而在他的心里也有着一个为平庸者无法企及的文本,尽管他尽量回避直接使用它;对"学者"表示了强烈反感的竹内好却接受了丸山真男,或许就是因为他找到了自己与丸山这一类学者的共同点。但是,比起后者来,竹内好的第一文本并不能完全用分析的方法穷尽,尤其在讲究学术规范性的今天，这为读解竹内好带来了极大的难度。

我常常听到这样的说法：搞文学的人不该去研究思想史，这是两个不同的学术领域。这种说法在严格意义上是正确的，但是它并不能在逻辑上导致另一个结论：搞文学的可以仅仅研究作品的技巧而无视它的思想价值。何谓思想？借用丸山真男的说法，"思想带有某个人对于他所处的问题状况作出回答的意味"[10]。我们无法设想文学可以独立于它的时代之外而凭空存在，这一点毋庸讳言；然而我们也无法用思想史的方式或历史的方式去处理文学文本和文学问题，正如丸山真男经常使用文学材料而他却不是个文学研究者一样。文学研究者可以（在某种意义上，他必须）涉及思想而又不可能成为思想史研究者，道理就在于他必须使用文学的方式。在这一意义上，竹内好为我们这些"搞文学的"树立了榜样。

不熟悉竹内好的中国知识分子完全能够从鲁迅的角度进入和接受竹内好，尽管他们面临的"问题状况"和作出的回答有很大不同，然而作为"文学家"和"思想家"，他们的方法却是相当一致的。难怪竹内好在1943年几乎以写遗书的心情写作了《鲁迅》而后在同年的年底走上了战场，并在其一生中把鲁迅视为自己精神上的原点。在这两位时代巨人各自的"第一文本"之中，我们可以读到他们作为现代东方知识分子所特有的危机意识，这不是那种浅薄的顾影自怜的危机感（丸山真男称之为危机意识的"手淫"），而是深深植根于自身民族文化中的对于危机状态的深刻反映。文学家的立场使得他们把这种危机意识变成了自己的生存状态本身，而不是一种知识或者是策略。鲁迅与竹内好的一个共同的特点是，他们一生具有强烈的行动精神，而且都没有成为专家型的知识分子；然而，在各自的文化土壤中，他们以自己的知性所培养出来的思想传统，却远远超出了他们的时代和国度，成为人类精神史的财富。

本雅明在他的绝笔之作《关于历史的概念》中，有这样一些精彩的论述："过去的真正形象，只是在瞬间闪烁而现。我们只能把过去当作仅限于一次，稍纵即逝的形象来把握。如果错过了可能认识它的那一瞬间，就什么都完了。……因为，面对着过去的一次性形象的，是现在；只要现在不能够自觉到这一点，那么，过去的形象就很容易消失于现在的每一瞬间。""确定过去的历史性关联，这并不意味着'像原本存在的那样'去认识它。它意味着抓住在危机的瞬间闪烁而出的回想。……具有在过去的遗产中点燃希望火花能力的人，只是那些深知如果敌人得胜，（死者也）会被视为危险的历史记述者。""他捉住了他所处时代与过去特定的一个时代相逢的局面。于是，他便为那混合着摩西的时间碎片的'眼前'——现在这一概念，奠定了基础。"[11] 本雅明并不是仅仅在表述犹太教的历史观念、危机意识；通过危机感而把握进入历史的瞬间——这一切需要知识的支持，然而它本身却是非知识性的。

换言之，这需要一种能力。当本雅明描述这一植根于犹太传统的历史哲学概念的时候，他其实也为人类提供了一条进入历史的线索；而当我阅读这一充满着神秘色彩的、厚重的短文时，不知为什么，竹内好的一生却迭现在这几页谈论历史观念的纸面之上。进入历史，不同于进入文献数据。进入历史，也不同于对于"过去"的感情移植。它需要造成一种超越了知识与理性，却又包容了它们的特别的状态；那是一种使过去与现在相遇的时间感觉，一种对于未来的道德责任。在知识被日益制度化的现代社会，人们也日益习惯于所有的问题都能找到正确的"解"，而那些更为根本的、极可能无解的问题，却从网眼里被筛掉了。知识在寻求答案，学术的思维也不免在走向精细的同时走向单纯化和表面化。于是，我们也不得不时时停下脚步，扪心自问：我们是否真正抓住了问题？我们是否有足够的气力进入历史？我们是否也染上了当年本雅明所批判的"精神的惰性"？

我因而在日本的昭和时代里选择了竹内好。这意味着我也为自己选择了一种方式，尽管我知道自己并不具备竹内好的能力。在竹内好的世界里，充满着真正的问题，那是思想与智慧在高度紧张状态下的产物。竹内好并没有留下他的解答，但是他以生命的热情引导着我走向了他的问题。也许我最终也找不到答案，也许竹内好真正的价值就在于他在别人坚信不疑之处所进行的追问。我相信，这问题构成了竹内好的"第一文本"，也构成了他捕捉历史真实的能力——那是一种只有在瞬间才会展示出来的真实。文学家的立场，只有到了这一步，才是名副其实的。

稍后于竹内好时代的藤田省三（他亦是当年与鹤见俊辅一同从事过"转向研究"的思想史家）在一篇题为《竹内好》的短文中说了如下精彩的话："一旦如'考试问题答案集'般的理论体系解说书籍逐渐显示出它的无用性，那么，那些身体力行地告知人们应该自己思考的问题存在于哪里的人，其作为知性社会的一个定点的重要性也将日益增大。这是理所当然的。"[12]

竹内好的确是一个"定点"，他在迅速流渐的时光和瞬息万变的世界里展示了文学家为人类精神宝库提供的不会消失的智能，从而也显示了文学在社会中成为一个"定点"的可能性。我不想在此重复那个陈旧的话题：理性和感性究竟如何地各有千秋，但是我相信，这个话题一旦深入，它就将像当年竹内好们讨论状况主义和原理主义的时候所引发的问题一样，把我们引向感觉的结构本身所可能具有的多重性，而不是引向理性和感性的对立。于是我们将惊奇地发现，文学的世界并非像想象的那样语焉不详，它会以"没有"方法的方法，告诉我们"应该自己思考的问题存在于哪里"。

**注释**

1　详见拙文《"汉学"的临界点》，发表于《世界汉学》创刊号。即本书中的《日本汉学的临界点》。

2　竹内好：《翻译时评》（《中国文学》第 70 号，1941 年）。

3　《翻译论的问题》（《中国文学》第 72 号，1941 年）。

4　《所谓书写支那》（《中国文学》第 80 号，1942 年 1 月）。

5　《目加田的文章》（《中国文学》第 59 号，1940 年 2 月）。

6　就我阅读的范围而论，把竹内好和丸山真男一起讨论的有黑住真的《日本思想及其研究》（《中国——社会与文化》第 11 号，中国社会文化学会编，1996 年 6 月）。该文围绕着对中国的认识这一基本问题，把竹内与丸山放在同一背景下讨论，并确定他们各自的位置，同时敏锐地指出了他们以完全不同的方式表现出的共同的问题意识。

7　参见《鲁迅》，1944 年，《竹内好全集》第一集，中译本由浙江文艺出版社与 1986

　年出版，李心峰译。

8　《日本的危机的特性》，257—258 页。

9　《汉学的反省》（《中国文学月报》第 7 号，1935 年 9 月）。

10《关于思想史的思维方法》，《丸山真男集》第 9 卷（岩波书店 1996 年），66 页。

11《波德莱尔·他五篇》（岩波书店 1995 年，野村修编译）。因未找到中译本，引文系
　　从日译本转译。

12　藤田省三：《战后精神的经验 Ⅱ 》（影书房 1996 年 3 月），26 页。

附　录

# 关于"知识共同体"

**沟口雄三（以下简称沟口）**：孙歌氏的书很快就要在台湾出版了，在日本，岩波书店也已经决定相继出版你的两本书。好像大陆的出版社也正在筹划你的相同内容的出版物吧。我在平时对于你的思考一向有很强的共鸣，所以在亚洲的一部分区域里能够有这样的书同时出版，是很让我兴奋的。其实，一开始的时候，陈光兴先生委托我为这本书作序，我很为难。日本没有为他人的著作作序的文化，我因为个人的专业兴趣，很熟悉明末袁宏道和袁中道所写的序文，我了解中国文人的序文是何等的了得。我没有那样的才能和见识，这已经让我自惭形秽了，更何况孙歌氏的论文以思考框架之宏大、思考之缜密和锐利见长，我越发觉得无法给这样的书作序。进退两难之际，陈光兴先生给了我一条后路，慨允我以对谈的形式代替序文，给我解了围。我很高兴能和你一起讨论。陈先生希望我们主要谈谈"知识共同体"的运动，我也很愿意接受这个话题。

**孙歌（以下简称孙）**：您如此评价我的研究，很让我汗颜，我很清楚自己并不具备这样的能力。不过我很荣幸自己所敬重的沟口先生能够拨冗专门为我的小著指教，借此机会，我也很想了解这几年在"知识共同体"的运动过程中，您个人的一些想法和体验。

**沟口**：我记得这个"知识共同体"的说法最初是你逗留东京的时候对我提起来的。那是哪一年的事情？

**孙**：六年以前。

**沟口**：1995 年吗？当时，我并没有很深入地追究你究竟希望在"知识共同体"中寻找什么，是什么动机促使你这样做的。其实，在当时，我并没有很深入地思考所谓"知识"、所谓"共同"究竟是什么这样的问题。我只是记得，好像你是在日本逗留期间到韩国去，在那个时候被什么事情所触发，于是有了这样的想法。你是否可以再仔细谈谈？

**孙**：的确我是在和日本的与会代表一起去韩国开会的时候，正像我在《亚洲意味着什么》一书序言里提到的那样，产生了一个朴素的想法，就是在东亚的人们，特别是所谓知识人里面，是否可以有一个共通的立场呢？于是我就在您面前直率地用"知识共同体"这样一个表述传达了我的想法，但是其实我也没有更深的考虑。思考的深化是在这个想法付诸实施之后，当它渐渐成为共识者之间的一个流动性的运作过程的时候，才有可能实现。从这个意义上说，是沟口先生首先诉诸实践，发动了一个实际的运作，提供了让中国和日本的一些知识人可以对话的空间，具体说就是召开对话形式的讨论会，准确地说，是沟口先生的一个强有力的决心催生了这个操作。而一旦进入操作，我才知道它远不是我那个朴素的表述所能概括的单纯目标，这个充满矛盾的过程本身要比建立一个共同的知识立场这一目标重要得多。

因此我更需要向您请教的是，您年轻时从事过日中友好运动，一直致力中国研究，对于中国这样一个他者有着深入思考；对于您这样的前辈学人来说，发起“知识共同”的运动，恐怕是有自己的理由、动机或者说动力的吧。您能否就这个方面谈谈？

沟口：谢谢你关心我的个人想法。我在上大学的时候，受到了毛泽东革命的感召，就从当时相当于法学部预备科的德语课程转到了中国语课程。我本来是很想做外交官的，但是当时学习中文的学生不可能进入法学部有关专业学习，我就只好断了这个想头，准备将来进入中文学科学习。当时的中国文学学科毕业生就职机会很少，我听说前几届毕业生充其量不过能找到中学教员的工作，可见当时我选择的是一条从外交官转到中学教师的人生道路。促使我这样做的，是毛泽东革命。对于我来说，中国革命使我获得了一个自觉，就是涤荡了我的幼年时代、少年时代以及我遭遇到毛泽东革命时的全部历史。我们这个年纪的人，在中学时代赶上了战败，于是被告知到那时候为止的教科书的记载错了，所以错了的地方就都被用墨给涂抹掉了。我们这一代是用墨汁涂抹历史错误的一代。在我中学一年级的时候,世界曾经颠倒过一次。
就是说,到那个时候为止一直认为是正确的东西,突然发现都是
谎言。那的确是一次涤荡,但是在现在回过头来看,还是遭遇毛
泽东革命的时候所受到的涤荡和震撼更为深刻。

　　那个涤荡太强大了,所以它的全部内容究竟是什么,其实我
也不能充分表达出来,我能够确定的一个内容,恐怕是对于偏见
和歧视的反省和抵制吧。当时我回顾自己的幼年和少年时代,开
始自觉地意识到自己内心深处曾经一直没有被察觉到的偏见和歧
视等感情的存在,并且意识到这是不能容忍的。我们在幼年和少
年时代通过漫画、电影还有新闻报道等,培养了根深蒂固的对于
亚洲的歧视和偏见,并且同时培养了植根于这种歧视和偏见的把
亚洲的殖民地从白人手里解放出来的使命感。我们内心的这种扭
曲,在进入大学之后才通过了解中国革命的实态以及以中国抗战
为首的亚洲各国抵抗日本侵略军的状况得到认识,于是,在幼年
和少年时代无意识地接受的那些偏见和歧视感情在内心深处转化
成了类似于原罪的感情。在教科书被涂抹了墨迹的中学时代,世
界虽然发生了翻天覆地的变化,那变化是在我之外的;而在大学
时代获得的自觉,却是发生在自己内心深处的颠覆性变化。因此它
是发生在主体层面上的深刻的冲击,自己主体根基之处的人性受到
了追问,这是冲击深刻的所在。而这种对于主体的追问和自责乃
至自觉,使得我在其后与中国发生了关联,也支撑着我的中国研究。

　　**孙**:您的这个回忆让我感觉到一些非常具体的东西,那是我
在阅读战后日本思想史资料时一直在寻找的,我想,您这一代人

其实一直处在激烈的时代变化旋涡里，所以您说的那种"原罪"感情，是非常强有力的思想能源，只是它的存在方式非常曲折，就是您说的那种"扭曲"的表现吧。作为没有这种体验的战后一代人，我觉得无论是中国人还是日本人，都必须谨慎地接近您表述的这些感觉，否则，就没有可能接近那一段历史。

**沟口**：的确有这样的问题。接下来再谈你说的关于"知识共同体"的动力问题。你刚才说是我的决心发起了这个操作，其实更准确地说不是"决心"，而是一种发自内心的冲动。这个冲动的源头，或许就是一种不满足感。在战后50年代到80年代的三十年里，我们一直在冷战的框架里面，通过声援亚洲的民族解放运动、对抗美国的包围中国战略等斗争，向中国谋求连带感觉。现在回想起来，只不过是一些口号而已，但是这口号使我们的正义感得到了满足。这个正义的连带的纽带，经历了"文革"等，发生了变形乃至被切断了。到了80年代，随着外交关系的恢复，中国陆续派遣学术代表团访问日本。对于那些来访的人，我几乎是如饥似渴地寻求交流，然而却总是无法得到满足。好像什么地方不对劲。他们似乎没有我所寻找的东西。那么，我到底想在中国寻找什么呢？

**孙**：这也是我一直想向您请教的问题。我和我的朋友们很早就感觉到您身上有一种渴求的精神，用"如饥似渴"来表达是很合适的。似乎现状总是不能让您满意。我很想了解，您到底在中国这个对象里面寻找什么？

　　**沟口**：我曾经在 1989 年赴台湾"清华大学"讲学。我于是有了一个机会结识那些为了当时的台湾民主化运动进行不懈努力的人，他们为了民主化，或者说，为了社会的公正而进行各种斗争。我在那时候开始了解台湾"本省人"的苦恼，以及本省人和外省人之间的复杂感情纠葛。当时台湾正在组织反共宣传，而"清华大学"的教职员联合会却没有简单顺应这个宣传，而是致力推进台湾的民主化运动。我非常赞同他们的想法。我在"清华大学"的讨论会里发言说，日本也有日本的民主化课题，各国只有在追求自己的课题的时候才能够发生连带。我们通常所说的连带，并不一定是指跨越国境的意思，其实在自己内部进行开掘，会有如同地下水脉一样的连接。我在台湾经验里学习到了这一点。我的台湾朋友们邀请我参加了一些具体的活动，使得我渐渐地开始了解台湾问题的复杂性，以及台湾人的苦恼。对于我来说，最大的收获在于在这些台湾朋友身上感觉到了一种和我所相通的东西，怎么说呢？那是一种良知吧，知识分子在自己所生活的社会里，无法依靠任何力量，只能是凭借着自己的不满足感觉，寻找那些能使得自己的知性探索得到满足的可能性，凭着这样一种冲动投入各种行动。我说的冲动，源于这种不满足，那么它就显得有些被动，就是说，总是要拒绝一些东西，说我讨厌这个，以反对的姿态来寻找能使自己感到满意的新的可能性。以这种被动性和拒绝的姿态作为出发点，原来也可以获得连带感觉，这种体会是我的台湾经验中很宝贵的部分。

　　**孙**：您说的不满足感觉，在探寻的过程中得到满足了吗？

**沟口**：其实对于我来说，大概满足的状态永远不会存在。但是这种不满足的感觉，却是我寻找连带的一个可靠途径。那种对自己的生存状态感到满足的人，我是不会引为同道的。我在90年代初期去北京的时候，结识了你和你的一些朋友，我在你们身上也同样强烈感受到这种不满足的感觉。听到你们的一些谈话，我很吃惊，原来中国也有一些年轻人在苦恼，并且有着和我一样的寻找冲动。因此，在1995年听你谈到对于"知识共同"的设想时，我立刻在感觉上产生了共鸣。竹内好说过，在自己的国家里什么问题都感觉不到的人，就是到中国去了也不可能明白什么。他还说，如果没有对于当事人的苦恼的感受力，就不可能把握革命的实际状态。在我们之间，其实共有着对于本国的具体问题的强烈关心和探讨精神，这就是"共同"的基础吧。不满足的感觉，通常是一种被动的形态，但是它又是现在时态的，因此具有对于当下具体问题的批判精神。同时，它不仅仅是向外的，这种不满足通常是指向自身的，包含着自我批判和自我否定的精神。这种不断产生的不满足，我觉得就是"知识共同"的特征。

**孙**：我想，您提出了一个非常重要的问题。首先，这种"不满足感"提示了不同国族的知识分子建立连带关系的途径问题。我们通常在接触异文化的时候是以国族为前提的，不管是否意识到这一点；但是其实仅仅有国族意识并不足以建立连带，还必须有对于自己生存的社会和历史的责任感，以及由于这种责任感所带来的苦恼。人类的苦恼是连带的基础，它是国族的，又是超越国族的。在这个意义上，您刚才提到的有关"偏见和歧视"的问题是非常重要的。超越国族的连带感，只能诉诸消除偏见和歧视的努力，而歧视和偏见首先是发生在国内，其次才是国际感觉。在国内对于歧视和偏见习以为常甚至有某种共谋关系的人，不可能在国际政治关系的场域里消除种族偏见。所以我想，您说的这种"不满足感"，其实是可以和消除歧视和偏见的问题结合起来定位的。

沟口：你一下子把问题推进到了核心层面了。我还是想先就那之前的问题谈谈我的想法。我想先谈谈你所说的仅仅有国族意识的场合所发生的问题。

在和你讨论"知识共同"的构想的第二年，就是 1996 年，我到北京的日本学研究中心担任主任教授。这个地方是培养本科毕业于日语专业的中国硕士生的研究生基地，其中少数优秀的学生会被推荐进入日本的大学博士课程。这个中心每年有若干从日本派遣而来的日本教授，我就任的那一年也不例外。我很怀疑这些教授是否了解自己是在教外国人，因为这些学生在大学期间一直专门攻读外语，日语水准很高，很容易让人忘记他们是中国人；而且学生们的学习热情比日本的学生高，所以有些热心的日本教授立刻就开始引导他们进入很专门的论题，比如《源氏物语》中的桐壶的世界。可是这些学生除了日语之外其实在大学里并没有学习例如日本文学史之类系统的课程，所以如同井底之蛙一样，只看到头顶上有"桐壶"这样的一小片天空。总之，在这样的教学过程中，完全没有在外国讲授日本文化或者在外国这个特定空间里重新审视日本文化之类的视点，而要获得这样的视点，必须要有把日本整体上作为他者、相隔一定距离加以考察的能力。这当然很困难。

学生们是中国人，为什么对日本有兴趣？他们学习了日本文化之后干什么？在日本学中心任教的多数日本教授，似乎并没有这样的疑问；同时，他们对于自己作为一个日本人到外国来，向外国人教授日本文化的动机也缺少疑问；从根本上说，很少有人追问中国的知识界是如何为日本文化定位的，这种定位和他们对于欧美文化的关心相比有什么差异，这样一些问题。他们既不追问自己的位置，也不关心自己正身处其间的中国。我有一个疑问：这仅仅因为他们是专家，视野狭窄的缘故吗？难道没有其他的要素决定了他们这样的态度吗？比如说，日本人所具有的、把岛国狭小的空间看成全部事物前提的封闭感觉，或者是否因为他们身处这样一个可以毫无障碍地使用日语的空间里，这个空间本身就是封闭的？

**孙**：我对于您的这个疑问很有同感。把自身相对化的能力或许和知识的累积没有关系，不过，它和知识累积的前提有关系。

**沟口**：我曾经介绍这样的日本教授们一起去我发现的一个小饭馆吃饭。那时候恰好店里冰镇啤酒卖光了，店主很好意地特地从后面拿出几瓶少见的黄河牌啤酒，但是偏偏还没有来得及冰镇。于是在场的人都齐声说道，这种东西怎么能喝呢？店主没有办法，就往啤酒里加了些冰块，这下就砸锅了，没有人肯喝这种啤酒。

的确，日本人的习惯是不喝没有冰过的啤酒的，可是当时是在中国。中国有中国的习惯，至少在这样的小店里，中国人允许店主提供没有冰镇的啤酒。为什么这些知识分子明知道自己是在外国，仍然要拿日本的标准说三道四，好像完全没有意识到自己是在习惯不同的外国居住？我不由得设想，要是他们在美国或者是欧洲的话，会是怎样的情景呢？比如在美国或者法国的饭店里，早上对方提供的是热度不够的温咖啡，他们会怎么反应呢？有很多日常经验可以支持这种想象。日本人在中国或者亚洲邻国，总是会不自觉地表现出某种优越感，把自己的价值观绝对化。我想，这就是你所说的"国族意识"成为前提时候的一个状况吧。

孙：沟口先生的这个批评很让我感动。我甚至很难相信这是一个日本知识分子的发言。我很希望了解，您的这种反省精神是怎样培养出来的？

沟口：我们把那种以研究外国作为谋生手段的行为，叫作"吃外国饭"，比如研究中国的人就叫作"吃中国饭的人"。这些吃外国饭的人不断把外国的情报输送到国内来。但是对于情报的选择，却是因人而异、因立场而异的。比如吃日本饭的人，可以报道涩谷一带染黄了头发的女孩子、白天沉迷于弹子房赌博的家庭主妇、痴迷于小泉首相的中年主妇，或者报道被遗弃的失业者、经济萧条导致的不得不停业的中小企业，等等，报道哪一部分都是事实，都是日本的状况。但是问题并不在于这些情报是不是真实的，而在于那些情报为了什么目的，在什么样的脉络里被输送到本国去。

从根本上说，这些吃日本饭的人必须对自己的工作前提有一个追问：为什么日本的情报对于本国是必要的？就是说，吃外国饭的人即使把对象国作为他者加以对待了，还有一个主体行为的立脚点问题。这个问题不解决，即使对于对方的了解再精细，其实仍然是什么都看不到、什么都得不到的。在日本阅读充溢于各种传媒的中国报道的时候，我直率的感觉就是上面这些问题。

参照上述状况，我也在思考竹内好有关中国的"情报"问题。竹内好向日本输送有关中国的状况，借助的是鲁迅，还有鲁迅的中国观。众所周知，鲁迅的中国观是非常晦暗的、局部性的，有时甚至与事实相违背。但是鲁迅充分体现了中国的苦恼。竹内好感觉到了，鲁迅那里有着为了中国的再生而进行的"挣扎"，在鲁迅身上，他看到了日本近代所不具备的要素。于是，竹内好就在中国情报的名义之下，把日本问题化了。换句话说，竹内好的有关中国的"情报"是有着对于本源之处的追问的。而这样的追问，也同样存在于"知识共同"的运动之中。

孙：从我个人的体验来说，和您的认识非常相近。您的"苦恼"一词，其实是讨论跨文化连带的一个重要的关键词。它和"不满足感"是互为表里的。吃外国饭的人之所以可以把外国当饭来吃，就是因为缺少这种苦恼。我近些年来一直在做和日本相关的研究，所以经常自戒，不要成为这种拿日本当饭吃的人。在参与了"知识共同体"的讨论之后，我感觉到自己对日本现代思想的理解有了很大进展，其中最大的收获是开始理解了突破狭隘民族主义的真实含义。我在涉猎昭和时代思想史的时候，注意到那个时代的知识分子最大的苦恼并不是如何超越国族的框架，而是如何在更富于能动性的位置上设定自己的民族性立场。例如，对于经历了战争的一代人来说，根本的课题不是简单地超越国族主义，而是在自己生存的国家里如何与狭隘的民族主义感情和以此为基础的政治社会机制相斗争的问题。因此，在这个意义上，那一代人只能设定自己的民族性基本立场，否则，斗争就无法成立。当然，这里面有非常复杂的甄别问题，不可抽象而论；就结论而言，我并不认为今天批判民族主义的斗争和那一代人中某些思想家的"民族主义"立场是对立的，更不认为今天的批判比那个时代更为先进。

我自己在这些不断摸索和时常受挫的思想巨人那里学到的东西非常多，他们改变了我对于思想遗产的看法和感觉方式。真正有活力的思想并不拘泥于表达，它具有的形式是内在的。特别在日本这样一个严重扭曲了的近代过程里，任何表述形式都不可能具有完整性。我下一步要做的研究是把竹内好和丸山真男的不同努力放在同一个结构里加以考察，力图接近这种思想的存在方式。我觉得，如何同民族主义感觉的排他性乃至由此而生的种族歧视感情进行斗争，是今天仍然存在的重要课题。这里面，有必要警惕政治正确的话语在毫无思想紧张度的情况下遮蔽真正的排他性和偏见的可能，这种状况在今天其实是大量存在的。所以我觉得，更应该重视的是对于现实状况的整体把握能力，这里面，对于日常经验内在结构的分析是很重要的，这种分析要求我们拥有从皮肤感觉中提炼问题的能力。不这样，分析很容易从现实中游离出来，变成空谈。这样的空谈绝对不可能成为有生命力的理论。

**沟口**：我很有同感。一般而论，所谓国族主义在日本历史的脉络里，作为语词体现的是一种意识形态观念。比如天皇主义、国家主义或者我们这一代人在战争时期所受到以忠君爱国为内容的爱国主义教育之类的观念，或者战后亚洲的民族主义等。但是，实际上，比如在刚才所说的大学教授在日常生活中表现的傲慢态度这样的问题上，用你的话说是皮肤感觉的问题，用我的说法，这是一种空间感觉中体现的民族主义问题。如果从生活感觉的角度看民族主义，其实体现在意识形态观念中的那些思想问题，更多地在日常生活中以非意识形态的方式存在。我比较倾向于把这种存在归纳为"空间感觉"。

我可以随便举出很多例子来。比如，在台湾的"清华大学"我经验到的空间感觉和日本的很不同。那里的学生在校园里和我相遇，离得很远的时候，只要看见我了，立刻就会扬起手大声打招呼说："老师好！"我很喜欢这种打招呼的方式，回国之后在东京大学的校园里遇到了同事，也一边走一边把手扬起来向对方致意，可是对方立刻就站住，郑重地向我鞠躬敬礼，局面变得非常尴尬。这个尴尬是空间感觉的不同造成的。日本式鞠躬礼节的空间感觉顶多也就是三米之内，而中国式的招手致意相隔五十米也可以进行，只要能看到对方，这个礼节就可以成立。其实日本人的空间感觉给我们自己造成了很大的不便，即使在五十米或者十米之外已经看见了对方，通常也得假装没看见，因为没有那么远距离的打招呼的礼节，一定得到了可以鞠躬的射程之内，打招呼才可以发生。

在日本，交际关系是非常缜密的。举一个我个人的例子来说，我家大门口有一棵百日红树，今年的花开得很繁盛，每天不断地有花瓣落下来。我当然尽量地保持公共路面的清洁，一有时间就打扫，但还是追赶不上花瓣落下来的速度。我家对面的邻居也时时打扫，但是他们并不清扫全部的道路，而是仅仅清扫自家门前的部分和公共道路的自己家门前的那一半，也就是说，只清扫自己的领域。他们为什么不清扫整个道路呢？那是因为假如那样做了，就等于向我们传达这样的信息："你们应该更勤快地扫除！"他们显然是顾虑到我们有可能把他们的清扫理解为对于我们的催促。而这种有限制的清扫，向我们传达的是一个有分寸的善意的信息："我们也在多少帮你们一点忙呢！"这种日常生活中通过物质行为微妙地传达的信息，使得我们不能不时刻留意那些并不诉诸语言的交流。与其说这种生活感觉是狭隘的，不如说它是浓密的和细致的。这样的空间感觉，在大学校园里和知识界里也以不同的形态存在着。这一点，和中国的情况是完全不同的。

**孙**：我听您讲这个扫除的例子，联想到一句中国的谚语："各人自扫门前雪，不管他人瓦上霜。"就表象而言，如同您邻居的行为方式在中国也是同样存在的，但是当事者的动机以及社会上的评价恰好和日本的状况相反。对于中国人来说，这种只管好自己门前事务的态度是典型的自私自利，在社会上很不受欢迎。所以我在最初接触日本的这种文化时，曾经感到非常反感。现在虽然在理性上理解了，也不反感了，但是自己仍然没有办法效仿。

**沟口**：这种日常性的空间感觉渗透到了日本人的人际关系和共同体关系里来，也影响到了日本民族主义的性格。狭隘的、排他的民族主义，其实就植根于这样的日常生活经验。在中国，梁启超和孙中山都曾经把中国人的特性表述为"散沙之民"。当亚洲正在争相创立"国民"的时候，"散沙"明显地具有贬义，可是从国家的角度看是一团散沙，从民众的角度来看，却可以是不执着于偏狭的国家主义的自由自在的天下之民。我认为，中国的民族主义，作为一种生活感觉和空间感觉，与日本非常不同。例如中国人在说某某主义的时候，基本上是以公理为基准的，即使是国家主义，也是以公理为基准加以弘扬的。换言之，公理是把"散沙之民"连接为一体的唯一纽带。就这一点而言，这次小泉首相参拜靖国神社的举动里所包含的对于战犯暧昧的违背公理的态度和支撑这种态度的"心情"式的日本国家主义的特质是完全不同的。

**孙**：我刚好在小泉参拜靖国神社的时候在东京，所以观察到很多有趣的状况。小泉内阁的政治基础就是这种不讲逻辑的"心情"，不要说是公理，就是理性本身在这里也是讲不通的。我观察到日本社会对于小泉内阁的支持，包括对于靖国神社参拜的支持，其实也是非理性的。比如支持参拜靖国神社的人，同时可以表示自己不会为了国家而参战献身，也表示支持宪法第九条，似乎没有感觉到这中间有什么矛盾。恐怕除了日本的左派，没有人意识到靖国神社明显的效忠天皇和美化侵略战争的意识形态功能和反战态度之间存在着明显的矛盾。日本人都很崇拜西乡隆盛，但是建于明治初年的靖国神社却因为西乡是谋反的贼军而不供奉他的牌位。仅仅拿着神道说事是明显的搪塞，靖国神社的这样一种选择性绝对不是日本传媒上所宣传的"人去世了一律都成佛"之类的辩解可以掩盖的。其实在日本也有很多进步人士在追究这个道理，很多人反对参拜，但是为什么这种追究不可能成为主导性的社会氛围呢？

我相信在日本不仅仅是左派反战，多数日本人都不希望再度卷入战争，但是很难设想这种不再战的主观意愿会在非理性的状态下有效地发挥反战的功能。小泉发表的总理谈话典型地表现了日本社会的这种非理性"心情"的存在样态：一方面公然参拜供奉着甲级战犯的靖国神社，另一方面又宣布决不再战。使这种非理性的"逻辑"得以成立的，就是不讲逻辑的"心情"。

**沟口**：问题就是如何与这种"心情"相抗争。这种心情式的行动方式和感觉方式渗透到我们的日常生活中，作为生活感觉发挥着它的功能，看上去和意识形态无关，其实这种日常性才是问题的关键。但是这种抗争比单纯的意识形态批判更为艰难，而且它意味着某种自我否定。这种自我否定比如说，就意味着克服自己日常生活中狭隘的空间感觉，它必然带来人际关系中的种种矛盾和纠葛。这当然需要很大的勇气，因为一个人的变革有时候就意味着对于他人的挑战。与此相比，作为语词的民族主义其实并不那么可怕，如果这种语词与日常生活感觉相脱节的话。同时，如何批判民族主义的问题，也是需要认真思考的。

**孙**：我对您的这个说法很感兴趣。我从自身的经验来说，也

体会到这种空间感觉的微妙差异对于人的思维方式和行动样式的
影响。但是近年来，有关这样的讨论越来越少，因为警惕文化本
质主义的后现代理论很有影响力，人们现在反倒不太讨论沟口先
生提出的这些问题了。为了保证自己的政治正确，大家都有意无
意地躲避风土论式的讨论。就是说所谓日本人的行动方式，中国
人的行动方式，美国人的行动方式之类的话题。

　　**沟口**：大家都拒绝这样的话题。

　　**孙**：对，都拒绝。当然拒绝的理由我是认同的。姑且不说意
识形态上的文化特殊论所具有的排他性，强调一种文化的特殊性
在学理上也有明显的局限性。首先我们无法从个别人的行为样式
类推一种文化，这中间的飞跃是缺少依据的，同时我们也很难断
言一种文化只有一种行为样式。此外，当今世界由于因特网以及
其他大众传媒手段正在造成大众文化的一体化格局，不断产生新
的生活方式和新的"人种"，国界和文化的界限正在变得模糊，比
如说今天日本青年的生活感觉很可能是沟口先生所陌生的。在充
分关注了这一切的前提之下，也就是说在充分注意到了文化本质
主义的陷阱之后，我们才有可能来讨论您提出的问题。在我的理
解里，您提示的是如何关注自己的皮肤感觉的问题，这也是如何
与本土问题的存在方式相关联的问题。现在亚洲的知识分子比较
喜欢进行理论性的讨论，这种讨论有时候会因为抽象性而舍弃我
们的皮肤感觉。于是，问题看上去很普遍化了，但是由于缺少与
本土问题的关联而无法生长。我当然不是笼统地反对理论表述，

更不是强调经验性表述的重要性。问题仅仅在于我们如何处理自己的皮肤感觉，如何从中提炼问题。

　　**沟口**：文化本质主义所具有的危险性，的确如同大家所讨论的那样，在日本会造成某种均一的、同质化的日本意象。凡是不合这种标准的日本人，都会被无意识地加以排斥。这种通向偏狭的民族主义的危险性是存在的。但是现在对于文化本质主义的批判方式有些过于神经质了，仅仅对于语言的表述穷追不舍，并且把问题一元化；这样的批判无法满足在整体上把握问题的全局、多维度地反省审视思维构造的需要，也很难有效地组织问题。如果批判本身不能承认问题的复杂性，反过来不正是掉进了均质性的陷阱，变成了均一性空间内的操作了吗？

　　像我们日本的中国思想研究者，在遇到例如中国的"天""理"这样的概念的时候，与欧美人不同，要付出更多的辛苦。作为汉字文化圈内的一个国家，我们日本也有在符号上使用同样汉字的"天"和"理"的概念。因此，中国的"天"和"理"很容易被误读为日本的概念。对于欧美人来说，"tian"也好"li"也好本来就是外语，从一开始就很清楚翻译的界限，因此致力准确理解这些概念，反而不容易出错；而日本人使用的"天"和"理"，尽管最初是外来语，但是已经在日本流传了很久，变成了日语。从江户时代开始，日本人在读中国的文献的时候，脑袋里是当成日语来读的。例如幕末的大盐中斋就把阳明学的"心即理"读成"心即天"。其间的"天"和"理"所指示的是超越人智和作为的某种绝对的境界，而中国的"天"和"理"所包含的某种法则性、条理或者公理的部分却被丢掉了。为了不使这种微妙的差异被无视乃至抹杀，我们就无论如何要把日本的"天"和"理"的概念特质在与中国概念的比较上揭示出来，这不是研究的目的，而是研究的前提。是所谓日本人进行中国研究的时候最低限度的程序。可是，这样的操作有时候会被作为"文化本质主义"受到批判。

**孙**：这里有一个问题，就是当对于文化本质主义的批判不是批判者自身深入现实状况的思考结果，不是您指出的那种整体结构思维的多元化理解的一环的时候，其实所谓文化本质主义批判这个最低限度的程序就被绝对化了，它变成了使研究者的思维怠惰合法化的保护伞。这种批判本身往往是"本质主义"的。其实对于民族主义的批判也是一样的。

**沟口**：我在四十年时间里一直在文献阅读过程中关注日本与中国概念和习惯以及感觉等的差异，因此对于差异的敏感也许变得更为敏锐。例如，在第一次"知识共同体"会议之后，对于会议上呈现的基本分歧，亦即中国的朋友们探究知识的存在方式本身，而日本的朋友们则没有那样的意识，对于这样一个分歧，多数日本人的反应是，真羡慕中国人。他们像日本60年代的知识分子那样可以追问知识的根底问题。那是因为60年代的日本也和现在的中国一样，存在着知识分子与体制之间的紧张。我在当时对于"体制"这个词的使用方式很有抵触感觉。就是说，日本的体制概念和中国的体制概念其实是很不同的，但是他们却混为一谈。

日本的"体制"的压迫力，正如战争中在体制末端发生作用的基层组织方式一样，相互监视的作用是彻底地存在于所有的空间的。可以说，在这样的"体制"之内，政令一出，几乎是全都可以得到实行的。但是我看中国的文献记载，某政策的奏折在皇帝那里被否决掉了，却不等于那个政策不会得到实行。上奏就意味着这个要求在民间有一定的基础，如果民间的基础很深，它终究会变换形态得到实行的。清朝的时候要求承认宗族内的审判权的奏折被否决就是一例。在被否决之后，宗族内部以教戒之名所进行的由族内长者进行的裁决反倒暗暗地盛行起来了。所谓上有政策下有对策。明末的李卓吾的书被禁了，其后不仅在中国国内盛行流传，甚至还传到了日本。面对这种状况，我们有必要搞清楚日本"体制"的空间感觉和中国的不同之处，否则对这样的状况就只能是视而不见。

关于民族主义的话语也是比比皆是，但是在日本由日本人使用日语来谈论民族主义这个词的时候，有一个潜在的前提是日本这个国家的文化和生活感觉等特质，这也是必须搞清楚的。

**孙**：我想把话题再转回到刚才您说的"吃外国饭"的问题上来。刚才您指出了一个问题，就是对于情报的没有主体性的单纯搬运问题。我想就这个问题跟您做一些讨论。日本的政治思想史学者神岛二郎，曾经说过这样的话：日本的知识人擅长搬运情报，却不擅长处理情报。所以就尽量地把外国的情报搬运进来，并且由于缺少对于现实认识的方法论反省，结果就把这些情报肆意地抽象化了。在这种搬运过程中，搬运的途径也被组织化，于是知识人就寄生于这种途径，不能不损失掉主体性。您刚才指出的正是同样的问题。我观察在日本的知识界，这种寄生于"搬运情报"途径的现象仍然很明显，似乎试图主体性地处理情报的努力并不多见，但是这并不仅仅是日本独有的问题。就中国知识界的状况而言，这几年里有关学科规范化的讨论进展得很快，但是根本性的问题，也就是情报的搬运和情报的处理之间的关系以及主体性的存在方式问题，却没有进入学科规范化讨论的视野。在这种情况下，其实最容易建立的是"伪规范"。在形式上规范化了，在实际上却不过是某种寄生而已。中国的学人正试图在不同的学科里建立植根于主体性的规范，但这是很艰难的工作。因为必须仔细地甄别真规范和伪规范。这里面，我常常联想到日本学者喜欢使用的"客观性"和"科学性"的说法，这种说法在中国学术界也很流行。但是有关客观和科学的判断基准，其实是很模糊的，好像只要有了一定的实证性材料，就算是客观和科学了。至于这些实证性的资料是否可靠，是在什么上下文中使用的，好像很少有人深入地思考。

**沟口**：这是很复杂的问题。刚才在中途停下了的讨论，就是关于苦恼与连带关系的话题，与这个问题是有关系的。这个问题在学术上说，至少有两点要加以讨论。一个是对于学术而言的客观主义的问题，就我来说是历史学的问题；这个问题就是历史学的客观实证性的限度是什么，它是否可以无限有效？另一点是，即使以客观性为由，在不同的国家之间是否存在着可以无条件共有的普遍性的基准？

作为讨论这两个问题的材料，我们可以把去年在知识共同体研讨会上提出来的有关南京大屠杀被害者数字的问题当例子。在实证的层面，日本国内一直存在一个说法，就是 30 万这个数字的正确度不能得到验证，所以是政治性的数字；因此，在日本国内，右派和左派同时对这个数字提出异议。特别是"新教科书编写会"趁机试图利用日本国内的这种特别的状况，宣传说南京大屠杀本身根本不存在。因此，在日本国内，有些有良知的历史学家都试图以实证来论证准确的数字，以证明南京大屠杀的确存在。问题是，这种主观上的良心之举，在实际上却构成了对于中国方面提出的 30 万数字的对抗。于是问题就复杂了。这个问题是刚才说的需要讨论的第二点，也就是是否存在超越国界的科学、客观之类的普遍基准的问题。我想先把它往后放一放，先来讨论第一点，也就是客观实证是否可以没有限度的问题。

这个问题，其实也就是学术的客观主义如何才能成立的问题。最近我读了英国的历史学家 E.H. 卡尔（E.H.Carr）的《什么是历史》，他对于历史做了一个形象的比喻，把历史比喻为正在往前行走的队列。当然这个比喻是有前提条件的，这个条件就是历史家不能站在高处观察这个队列，而是自己也加入这个队列的最后去，并且随着队列的左转右弯，在行进中由于这种相对的位置变化，不断展开新的视野。对于这个队列的加入，如果换成我的说法，就是对于历史的事物，不是把它作为过去某一时点上静止的图像看待，而是作为与现在相关的流动着的态势加以把握。因此，我认为，历史家必须是那种通过对于过去事物的讨论而使现在历史化，或者在历史的时间之流里能够感受到现在的时间性的人。这就是说，不是隔开一段距离，从高处眺望历史，而是自身参与到现在这样一个不断变动着的历史时间里来，自觉到自己也是历史的一个部分，并依靠这种感受现在型的历史时间的感受力，充满着紧张感，去与过去的时间相遇。

**孙**：我在阅读您的《中国前近代思想的曲折与发展》一书的时候，的确感受到了这样的紧张，尽管我没有对于明末清初的历史下过功夫，但是从您的研究中仍然获得了非常大的教益。在读您的著作之前，我阅读了本雅明的《历史哲学命题》，当我进入您的著作所展示的世界的时候，发现您的研究与本雅明的这个名篇有着惊人的一致性，我从中学到的，就是如何进入历史的问题。历史绝不是资料和数字的罗列，没有您刚才谈到的那些先决条件，用本雅明的话说，历史是不可能闪现出来的。本雅明把那些没有紧张感的历史学家称为没有气力的人，认为他们不可能进入历史。

**沟口**：把我的著作与本雅明的论述相提并论，让我很意外。我并不是历史哲学家。不过我同意这样的说法，即历史不是资料和数字的罗列。比如说"南京事件"。把握这个事件，并不仅仅意味着考证 1937 年这一过去的特定时间里有多少人被残杀，与此同时，还必须认识到，在事件已经过去了六十余年的现在，在 2001 年这样一个时点上，围绕着 30 万这个数字形成了日中之间的对立，这是一个现在型的历史事件，与六十余年前的事件是相呼应的。

作为日本的知识人，如何承担对于这个现在型的历史事件的责任，这样一个问题与尽量准确地记录历史的努力是不矛盾的，但是如果把它们分割开乃至对立起来，就会出现例如你在有关东史郎的论文里所揭示的问题。在这里有一个历史学客观性的问题，它究竟指的是什么？要想准确地解释这个问题非常困难，因为我们已经习惯于使用"主观—客观"这样的二元对立思维方式，而这样的模式非常难以接近历史感觉本身。之所以会发生有关客观实证的混乱，与这个思维模式有关。

话说回来，历史学的客观性，与历史学家如何生存于现在的时空里这样一个"主观性"是不可以分割开来认识的。这是因为，如何生存于现在，如何展望未来，这构成了如何进入过去的一个基本的姿态或者视角。由于对于当下和未来的不同认识，就会导致对于过去的看法和对于过去事件的选择的完全不同。虽然人们总是说历史学是有关事实的学问，但是我觉得历史学是有关事实的选择方法和组合方法的学问。正像有人说的那样："小说根据虚构的事实描写真实，历史搜集事实组合虚构。"这种情况下，所谓客观是以什么为基准的，这是非常困难的课题。在不存在绝对意义上的客观事实的前提下，我们可以有一个关于"事实"的约定，这个事实是不容许例如西尾干二的《国民的历史》或者小林善纪的《台湾论》以及最近出版的历史教科书那样随意篡改的；但是在这个层次上有关历史的讨论还不可能真正展开，因为这是一个最低限度的工作规范问题；接下来的问题，正像卡尔所说的那样，"从引用事实的正确性角度夸奖历史学家，正如赞赏建筑学家使用了干燥的木料或者很好地搅拌了水泥一样"。就是说，历史是历史学家建构起来的建筑物，其结构、设计、功能等才是要受到评判的内容，而保证材料本身的质量，是历史学家理所当然的工作，它不能构成历史学的全部内容。

孙：我想，您的这番话针对了目前日本历史学界通行的某种看法。特别是在研究中日战争历史的领域里，这个问题以相当棘手的形态存在着。我自己在处理这个问题的过程中一直感到非常困难的，是因为我感觉到所谓历史的客观性正是在扼杀感情记忆的内容，而感情记忆，由于它的个人性和情绪性，很难直接构成历史叙述本身，必须经历必要的转换，这个转换的程序非常复杂，需要历史学家谨慎的工作，因为这个转换恰恰是所谓主观与客观的交汇点。在转换之后，新的"事实"才有可能诞生。我自己写作有关东史郎的一系列文章，目的就在于唤起有关学科对于这个"转换"的关注，因为我自己不是历史学者，我没有能力直接处理这样的问题；但是在我比较接近的思想史领域里，这样的问题是同样存在的。所以，我很希望从历史学那里不断获得一些有关方法论的新的启迪。能不能请您谈谈这方面的看法？

沟口：如果有历史家认为客观实证就是学问体系的全部内容的话，那应该不是历史家，而是史料辑录家吧。因此仅仅孤立地讨论南京事件的被害者数字，并把它当成科学绝对化，并且因而把 30 万数字的历史性以"科学"和"历史"之名加以无视或者否定，那恐怕只能说是一种"科学拜物教"吧。"事实"只能在历史中被附加了意义之后才存在，在日本的特定语境里，为了和"南京事件虚构说"的主张者进行斗争，尽可能考证被害者的数字并且以此证明大屠杀的存在，这个操作本身是有意义的；但是与此同时，必须看到，中国方面所坚持的 30 万数字，表达了中国人民的强烈激愤，这个数字在显示了中国人民的激愤程度的意义上，是准确的数字。进而言之，这个激愤的强度以 30 万这个数字加以表达，是一个俨然存在于现在的客观"事实"，如果没有能力看到这样的事实存在，对于南京大屠杀这个历史事件的研究是不可能完成的。由此可见，历史学中的事实、客观实证、科学性等，是何等复杂的问题，它们总是存在于状况的制约之中，绝对不可能没有限度地普遍化。因为在一国之内被赋予意义的"事实"，它只能以被限定在本国的上下文中的形态存在。

同样的情况也存在于对于人权和民主的把握中。当美国以人权为理由介入中国的事务的时候，有必要推敲人权究竟在什么状况下才可以普遍化的问题。我当然不是主张中国特殊论，但是作为一个从事历史研究的人，我觉得即使是那些怀有善意主张人权的美国人，也必须认识到美国历史的上下文和中国历史的上下文中人权脉络的不同。

不过，我同时还得强调另一个方面，就是如何跨越国境实现连带的问题。如果没有这样的意识，我刚才的话很容易被误解成是在强调文化特殊论。我们从 30 万这个数字所引起的纠葛中，学到一个很重要的东西，那就是，如果不能在一国内部的脉络中正确认识自己的话，与他国的连带是不可能成立的。真正的普遍性不能存在于抽象的同一性中，而是存在于各不相同的差异性里面。迄今为止有一个普遍存在的错觉，就是普遍性总是以同样的形态存在于不同的文化语境里面。但是这个设想是不能成立的。其实在具体论述普遍性问题的时候，人们往往会把那些自认为具有普遍价值的观念偷换成自己所适应的那些想象，并不考虑这些想象的真实状况。举个例子来说，日本人常常会说中国没有言论自由。那时说这话的日本人脑袋里预设的，是日本周刊杂志等体现的所谓言论自由。很多日本人在相当程度上共有着一个模式，就是中国没有民主，日本是有的，所以在日本没有不可以说的话。或者中国在世界性的普遍价值的意义上看是特殊的，等等。但是，其实这么想的日本人无视了一个基本事实，那就是日本广播电视的播音员，如果对于天皇不使用敬语，就无法播送有关的新闻。正是在这种无视本国基本状况的想象里，那种以极其狭隘的想象制造的"言论自由"意象就被普遍化了。

我还得强调另一个问题，那就是跨越国界的连带也并不是只要在本国内部有苦恼和挫折就可以成立的。事实上连带的建立没有那么简单。必须有某种媒介。这种媒介究竟是什么，我无法简单地表述，只能说它不是所谓普遍性的东西。比如，科学性啦，人权、民主啦，人道主义啦，诸如此类的东西。这些所谓普遍性的概念，由于被孤立于它们所由产生的语境，遮蔽了它们的具体针对性，所以反倒由于可以随意使用而变成了危险的东西。这一点是"知识共同"的操作中最难以处理的复杂课题。

**孙：**的确，在这四年里，我们尝试的"知识共同"这样一个试验，

现在回头来想想，最大的特点就是不设定那种固定的所谓普遍性
的目标。

沟口：对。

孙：而且这个运动，其过程自身就是运动的全部。在运动的
不同阶段里产生的问题本身，作为问题，就是说，不是作为结论，
更不是作为解答，而仅仅是作为问题，留在了参加者的思考之中，
借用沟口先生的话说，就是作为"不满足"的冲动留下来了。我
很希望这些问题在不满足状态的冲击下，会成为可以生长的种子。
在这个过程中，我们所遭遇到的最大困难就是存在于日本人和中
国人之间的矛盾纠葛，南京大屠杀的数字问题就是其中之一；它
或许可以说是象征性的。我想就这个问题再补充两点：一个是在
所谓普遍化的幻想之下进行所谓实证研究的学院式操作，对于这
个操作模式，沟口先生已经进行了相当尖锐的批判；就是说，表
面上好像是在进行实证研究，但是事实上，研究的结论在最初已
经预备停当，只是为了证明它而拼命地搜集资料。

沟口：对。

孙：这种实证究竟是否算得上是学术呢？我觉得这是个疑问。
不如说，这样的做法才是一种意识形态式的操作，作为学术很难
成立。学术的精神，不在于是不是实证的，而在于是否有能力接
近真实的复杂状态。我在此想区别真实和事实这两者，关于区别
我稍后再谈。总之，我认为接近甚至论证被模式化了的既定前提

与学术的精神无关。这是第一点。

第二点，就是所谓事实是否客观的问题。这个问题是理论界一直炒来炒去的问题，我不想在这里谈理论，而是希望讨论一个很具体的状况问题。其实有关事实的判断，假如没有人以所谓科学性和客观性为武器横加指责的话，本来可以在一个比较有生产性的层面达成一些基本的共识，就是说，要讨论的其实首先不是事实的客观性问题，而是事实在什么状况下才是真实的，在什么状况下反倒是非真实的。要而言之，需要讨论的是状况本身。为什么要讨论状况本身呢？因为在实际上，我们正在面对一个共谋关系的形成：一方面是对于主观恣意性的放纵，例如日本还没有退潮的所谓自由主义史观；一方面是对于所谓客观资料的顶礼膜拜。这两者在控制人们的思维方式方面其实是缺一不可的，所以，可以说它们之间有一种共生的关系。只要我们在这两极之间跳来跳去，我们就永远走不出机械的主客观对立的怪圈。

沟口：这的确是个非常困难的课题。对于历史学来说，终极意义上的事实很难确认。就是说，留在文献上的全部是被书写的资料，书写者的主观意愿当然是会掺杂在里面的，因此书写者的立场、观点，极端一点地说，对于事实的误解乃至歪曲都会有可能保存在里面。我们在此先不去讨论这种意义上的事实的可靠性。我们姑且把事实限定在常识的层面，例如这里有两个茶杯，我们两个人都可以确认这一点，那么这就是事实了。但是，在一般意义上，事实和真实如何区别呢？可以说事实是那些不会变动的东西，比较典型的事实是某人在某年某月出生或者死去，这是不会变的事实。当然还有更复杂的事实，可以用各种办法论证它的确就是那样的，不可能变动。但是不会变动的只是事实的形状，它具有的意义是会随着时代的变动而变动的。按我的理解，这个会变动的意义才是真实。那么，真实究竟是什么呢？当时代走到一个需要进行抉择的岔路口上的时候，必须选择是往左拐还是往右拐，而促使这种选择得以发生的，是时代面临转折时的紧张所生发的动力。历史家必须具有感觉那种动力的内在紧张的感受力，而依靠历史家充满了紧张感的感性，可以传达出历史在转折点上的沉重步履，以及在这种步履中苦恼着的真挚的思想家的心声，在这一切中，才有历史真实可言。就是说，所谓真实就是意义，是说经由历史家的目光发现之后，才有真实呈现，在那些没有被呈现出来的地方发现历史动力的紧张，是必须依靠历史家对于紧张的感受力的。因为历史的张力绝对不是固定化的东西。

**孙**：我很想听您谈谈对于当下日本社会一般通行的历史感觉的看法。

**沟口**：我今天早上读《朝日新闻》的《声音》栏目，里面记载了这样一个事实：当年东京审判判决的时候，在街面上听到广播播送说甲级战犯受到了这样那样的判决时，所有的人一起鼓起掌来。恐怕你也有所耳闻，当今的日本社会开始对于东京审判越来越持有疑问了。或者还有一种说法是小泉的说法所代表的那样，认为甲级战犯也好，普通士兵也好，其实死了以后都是佛，是一样的。但是，在战败的那个时候，当掌声响起来的时候，我想那掌声里是包含着历史的真实的。因为那个时刻是战争中的苦难正鲜活地存在于人们的记忆中的时刻，那掌声传达的是与过去相诀别展望新的前途的、历史转折之处的一个紧张的局面。你也知道，南京大屠杀正是在这个东京审判中得到裁决的。

话说回来，现在逐渐开始升级的"东京审判否定论"或者怀疑论，是西尾干二的《国民的历史》带来的变化格局。当然，南京大屠杀事件所处的上下文也发生了变化。现在，当这种否定论、怀疑论开始抬头的时候，"南京事件"的真实性问题必须在这个时代的变化中寻找。东京审判的否定论者和怀疑论者把一个原则性的问题暧昧化了。这个问题就是日本侵华战争和太平洋战争在性质上的差异。竹内好曾经指出过这种差异，前者是侵略战争，后者是帝国主义对帝国主义的战争。由于战争性质的暧昧化，致使民众一直对这个基本问题缺乏判断，现在，当历史走到一个转折点的时候，这个暧昧的问题就暴露出来了。通过靖国神社的参拜问题，可以充分观察到日本民众是如何暧昧地对待战争历史和靖国神社的。

历史家现在的任务，就是揭示侵华战争和太平洋战争在什么地方是不同的。如果把太平洋战争仅仅限定于日美战争的话，的确东京审判是胜者对于败者的审判；可是，日中战争无可否认的侵略性质，却是不能以东京审判的性质问题简单遮掩过去的。但是，在靖国神社里，所有的战死者被视为同等的牺牲者。而在战败纪念日里，被反复提起的是太平洋战争中所发生的唯一的本土自卫战争——冲绳保卫战，它被置换成了整个战争的符号。使用什么样的逻辑，才能够使冲绳保卫战和对中国的侵略战争这两个性质不同、时间持续程度和强度也不同的战争发生关联，或者相反，应该分离它们分别论述？这个难题我们还没有从正面深入接触过。因此，当对于东京审判的怀疑表面化的时候，当日本社会出现了太平洋战争不是单纯的侵略战争的议论的时候，不知不觉地在太平洋战争中包含了日本的侵华战争，侵略中国的问题被暧昧化了。南京大屠杀的问题，在现代就存在于这样的混乱之中。在重新审视历史观的时刻，在"当下"的"南京事件"所处的上下文里，在历史的转折时刻，南京大屠杀这一历史事件呈现了它的真实性。

因此，南京大屠杀不是个别性的暴力事件，而是象征着整个日本侵华战争性格的符号，极端地说，它应该视为日中战争本身。进一步说，我们如何把日本的侵华战争和中日甲午战争、日俄战争联系起来？如何把它和大东亚战争、太平洋战争联系起来？为了搞清这些基本的问题，有必要把东亚的整个近代化过程纳入视野。我认为，在这个近代化的过程里，有若干个转折点，而日本的侵华战争，显然是其中重要的一个。"南京事件"的真实性，就存在于这个转折点之中。

西尾干二氏在《国民的历史》里比较了南京大屠杀和希特勒的犹太人大屠杀，以"南京事件"并不是以种族灭绝为目的的屠杀为由，拒绝了东京审判对南京大屠杀的裁决。这个逻辑是以种族灭绝这样一个不同的衡量标准来衡量对于无辜百姓的虐杀，从而否定南京大屠杀残忍程度的计策。如何与这样的逻辑交锋，对于作为历史学家的我，是一个探求日本侵华战争真实的严肃课题。

**孙**：这个课题相当沉重，而且不仅仅是历史学家的课题。因为在这五六年里，集结在"新教科书编写会"里的所谓自由主义史观的人们，在某种意义上说是"先下手为强"，以通俗易懂的方式歪曲和简化了历史事实，同时又强化了排他性的日本"心情"，而且，无论是历史教科书还是小林的漫画，都面向的不仅仅是青少年，而是整个社会。所以，这已经不仅仅是学术的问题了。由于诉求的对象如此广泛，不能不思考反击的方式。日本的左翼已经作了大量反击，新历史教科书采用率很低，应该说是左翼斗争的成果。但是同时，您说的历史家的工作也是必须累积的，这个累积的工作绝不是简单的白刃战，但是如果没有这样的累积，对于《国民的历史》那样的言论是不可能有彻底的抨击的。

**沟口**：确实如此。我自己也参与了对于历史教科书的批判，我知道没有这样的两军对垒姿态，整个形势会变得更有利于这些保守派知识分子。但是我也知道这样的批判并不能解决根本上的问题，因为我们并没有通过这样的批判真正接近我们的历史，也没有通过这样的批判斩断类似小泉首相参拜靖国神社时表述的那种混乱"逻辑"。我们的批判必须要突破狭小的空间，突破现在这种被动回应的局面，才能够真正和所谓日本式"心情"交锋。竹内好曾经说过，只有左派的言论活跃是不够的，不能忘记思想根基之处的民众。他提出的课题是，突破狭小的空间，在民众感情中寻找自己的知性渗透其间的可能性，探索自己知识的狭隘性如何突破，如何创造能够对民众讲述的语言，这样的问题。例如，中国民众寄托了自己深切哀思的 30 万这个数字，日本民众对冲绳战役中牺牲的特攻队员的感情，这些沉重的感情应该如何整理？现在，是小泉这样的人在利用民众的感情，比如他在参拜靖国神社的时候说，由于战争中牺牲的这些死者，才有我们的今天。我们必须感谢他们的恩惠。这个简单明快的表述掩盖了很多重要的历史真实，但是却被日本民众所欢迎，民众在今天这个信息极端泛滥又极端闭塞的时代里，把小泉的这番话理解为从国土荒废了的战败时刻再一次出发、重新振兴日本的动员令，不是从理性上，而是从感情上接受了它。

你在本书里多次使用了"一步之差"这样一个关键词，我想，在把握日本民众这种同时具有危险性和活力的感情时，必须要有"一步之差"的感受力和分析能力。在那种犹如剑刃的地方，在不小心就会落进地狱的边缘之处，必须要艰难地迈出步子。你这样把握竹内好是很准确的，我们今天的课题也正在这里。无论是中国还是日本的知识分子，都必须要锤炼自己植根于民众感情的知性。在"知识共同体"运动中，最初我并没有这样的意识。那时我仅仅是感觉到要重新审视自己的知性的存在方式，而且仅仅是在学院里和知识界里。而如何深入到民众的感情里面去，我没有考虑得太多。还是在这四五年里，不断地与各种知性打交道，渐渐地开始感到前面说过的不满足，于是开始意识到活的知性必须植根于民众的世界。这样，我开始对于自己的知性状态有了反省意识，开始通过不满足的感觉感知现实与我、与我的学问、与我的知性立场之间的张力关系。

孙：您出了一个难题。我其实也一直为这个问题所苦恼。比如说我的研究对象都是日本思想史中的精英，而且这些精英本人在活跃的时期都或多或少受到过"缺少民众意识"的指责。这是一个基本的事实，他们并没有在直接的意义上代表作为实体的真实民众，而且他们的工作和民众的关系也是很复杂的。那一代知识分子是以启蒙者自居的，这个启蒙时代今天已经结束了。那我该如何看待这些人的工作呢？重新讨论民众的感情，重新讨论民众作为一种机能在现代社会中的作用，或许是重新审视启蒙思想遗产的一个有效的途径，我会继续把我的研究进行下去。

沟口：我对于你的工作最感兴趣的是，你使用"一步之差"这样一个基本的视角，勾勒出了战后日本思想状况的复杂性。我现在也在重新读竹内好，在这样一个"一步之差"的地方理解他留给我们的思想遗产。我觉得，日本和中国这近代的一百多年——我是以三百年为单位衡量的——里面，要想共有历史认识，就得把一步之差的视角作为基础。我不知道我的理解是否和你的想法有出入：比如，甲午海战的时候，清朝的提督副将不肯从被击沉的舰艇上逃命，结果就以身殉职，和舰艇一起沉到海里去，日本人尽管作为敌军，仍然为之感动。这种历史上的感情和感觉，一直是被遗漏在历史之网的网眼之外的，我们应该如何处理这样的感情，这也是个很复杂的问题。日本20世纪50年代中期发生的"昭和史论争"，也和这样的问题有关，这个问题一旦被简化就会引起很多误解，所以我们在今天的谈话里没有可能深入它。但是我想说的是，我想把这样的感情作为"知识共同"的问题，探讨可以共同拥有的历史形态。这种时候，当然需要你所强调的一步之差的感觉。

**孙**：我是从竹内好那里学到了这样一个讨论问题的方式。开始的时候，我以为只有竹内好才会遇到这样的问题，因为他总是要试图处理那些政治不正确但是又支撑了日本现代社会的基本问题，需要非常强的思想张力；但是我越来越感觉到，其实在丸山真男这样看上去和任何保守思想都不沾边的思想家那里，也同样存在着这种"一步之差"的问题。我甚至想，这也许是东亚近代知识分子的一种宿命。我同意您的看法，就是说如果没有"一步之差"的思想张力，我们很难拥有共同的历史和共同的知识立场，而且由于这种共同不可能仅仅依靠理性来建立，思想的张力就更要受到考验。我个人在参与知识共同的运动过程中，得到了非常大的教益，它改变了我与世界的接触方式。所以，我从个人的角度也非常感谢您发起了这个运动。

**沟口**：我们都是在运动中，在冲突和对话中改变了自己，所以收获是共同的，责任也是共同的。今后如何把这个运动进行下去，如何保持"不满足"的感觉，如何保持"一步之差"的思想张力，都是需要慎重讨论，并且进行总结的。借这个机会，我也要向陈光兴先生表示感谢，因为随着孙歌先生的书在台湾出版，"知识共同"迄今为止的线的关系有可能扩展为面的关系。其实，我们在很长时间里一直是以一个中国的眼光来看两岸关系的，在与美国远东政策进行对抗的意义上，我相信这是正确的选择。不过，现在这个"一个"的内容变得复杂了，例如内地和香港那种方式的结合是一种形式，还有更多的方式吧。前一阵子陈光兴先生在东京的"知识共同体"会议上发言说，自己在日本人等外国人面前，就是中国人，在孙歌这样的北京人面前，就是台湾人，也就是说，认同的问题是很复杂的。不过在我们外国人看来，复杂是复杂，中国还是只有一个。只不过，用什么样的形式成为一个，那是中国人自己的选择和决定。"知识共同"的运动还是要接着持续下去，但是需要使不同的线交错为面的空间。究竟如何展开，我也没有办法预测，但是把现实的复杂作为复杂来对待，并且不是依靠既定的目标设定，而是不断保持不满足现状的感性，不断激活从这种不满足中产生的冲击力，在"一步之差"的张力场中，真正介入那个复杂的和流动的现实，这是一个恒久的课题。我希望在今后的对话当中，能把这个课题进一步推向深入。谢谢。

**孙**：谢谢。

2001 年 8 月 10 日，于东京都八王子市南大泽，东京都立大学法学部第三特别研究室。

（原载《开放时代》2001 年第 11 期）

# 文化"间"实践的可能性

## 文化"间"的方法

**陈光兴（以下简称陈）**：这次访谈，有一个目的就是想要把你第一次在台湾出版的这本书联系到台湾的语言环境里。你运用日本的思想资源对于"亚洲"的思考在大陆的知识圈，透过《读书》及《东方文化》等刊物，特别是对年轻一代的学者似乎造成一定程度的冲击，我感受到的效应是他／她们有点被迫从欧美中心的热潮中看到亚洲资源的重要性；在日本，特别是东京的批判圈，你不同的思考方式似乎也在产生渗透作用，举例来说，你有关竹内好的重读，侧重他注重在历史条件内提出问题及不搞政治正确的社会实践，这些论辩使得部分年轻一代的知识分子组成读书会来重新挖掘及肯定竹内思想的丰富性；"亚洲意味着什么"在 *Inter-Asia Cultural Studies: Movements* 期刊的英译文也在东南亚，特别是南亚的知识圈内有相当的回响。这一连串的讨论，以不同的书写形式呈现在你这本书里，到底要如何定位？

你在序言用删除法来自我定位：不是思想史，不是文学研究不是区域研究，所以也不是日本研究，但是可以跟文化研究对话，等等。我想这或许是现在历史环境客观状况的复杂性造成以既有学术范畴来定位的困难，也正是开启新可能性的契机。你提及跨文化的研究，但是重点不在于跨，而是在跨越的过程中回到对于自我文化的（再）思索与认识，其中似乎有所谓比较研究的因子，这些研究在社会科学里有实践可以对照。但是在人文的倾向的领域里，或是说混杂了社会与人文关怀的新兴场域，例如文化研究，其实不太知道怎么做比较研究，而且没有既成的方法，我们在理论上知道，比较的目的是透过并置两个或是多个分析对象，从异同中，可以对这两个分析对象提出不被注意到的新问题，透过问题寻求内在于历史的解释。所以比较更能掌握分析对象在历史关系中的位置及意义。社会科学有类似的操作方法，它就拿出一个坐标，例如比较韩国与中国台湾地区的劳动过程或者工人阶级。问题是这样的操作方法往往将对象抽离于历史过程，要不然就是孤立了分析对象，乃至于将问题总体化，例如工人阶级的位置在韩国、日本、中国（大陆、台湾）势必不会相同，所以很难进行比较，而这种"不能比较"意味着什么？其实可以透过这个坐标去了解它的总体状态，但是两个总体状态无法展开，所以我们无法看到两个总体状态的内在逻辑。也就是说这些坐标之外必须还要有参考点，自己才能看清自己，可是这些参考点的多元转化会造成怎么样的效应，到现在还不是很能看清楚，所以我自己的研究被迫以台北为核心参考点，去比较首尔、东京、北京，或许有些不同的光谱也许可以拉出来。

那么我们要如何重新理解你的书写及研究动力？我觉得假如你真的要给它一种定位与凸显，我觉得就好像在摸索某一种提问题的方法，或逼近问题的方式，透过一种既有的“在地思维”，在不同的在地历史里头逼问，而这到底叫什么，我们暂时称之为文化或是在地“间”的研究。也就是你讲的问题——日本作为一种方法，大概就是沟口雄三教授说的“中国作为一种方法”，透过中国历史实践的思想资源，来重新理解日本。问题是“方法”是要起什么样的作用？“方法”，可能正意味着自我转化的一种方法，就是要变，可是有点像镜子逻辑，但镜子照久了，自己的自我理解就变了，是透过这种过程来转换。我们是否可以说，亚洲、第三世界作为一种“方法”——更确切地说，因为亚洲地方的参考坐标是北美洲、欧洲，而我们要透过什么方法来多元化这些参考坐标？这跟你谈的有差异，针对这点你要不要响应一下？

**孙歌（以下简称“孙”）**：这里可以看见我们关心的问题很相近，最相近的点便是我们都意识到不能在自己所谓的文化领域或国族里自足地面对本土的问题，就是不能在本土的框架里面简单地处理本土的问题。有这样的一个基本的问题设定之后才有开放的欲望，而接下来的问题才是我们要讨论的，也就是所谓“间”的设定方式，比如说你刚刚说的基本思路——你熟悉的是台北、台湾，用在地经验来做一些想象，同时你又知道不可能仅仅用台湾的在地经验去回答问题，所以你需要其他参照点。

　　而我在最初也有这样的经验，但接下来我继续下去时，思路便有了变化，我不能再简单地设定自己是一个生活在大陆的中国人，我用日本的问题来寻找中国问题的解决方案，于是此时最大的变化便是中国和日本双方都不再能自足、不能再作为一个实体独立存在，这实际上也是发生了混乱——或称混合状态，而这混合实际上发生在想象空间里头，这时候才出现所谓"日本作为一种方法"的说辞，而这一说法同时也意味着：中国也作为一种方法，就是说日本与中国都不再是实体，而如果它们都不是实体，接下来的问题便是我们的立足点要如何设定。而这时候我面对了一个陷阱：现在有很多很轻松的国际人，他在任何一个地方都没有立足点，他可以很轻松、很公正、很普遍化地去处理全球上的所有问题，但事实上你发现他提出的回答都是抽象的、碰不到实体性的问题。为了不掉进这个陷阱，我们必须还要给自己设定一个立足点，如果这立足点不是实体化的所谓民族、国家的立足点，那它是什么？

　　我觉得后来实际上我一直在被强迫、被逼着来面对这问题，而在面对这问题的过程中，我才开始觉得我能进入竹内好。因为竹内好从开始到最终看上去都是一个民族主义者的日本人，他其实这一辈子从来没有在我们想象中的解构民族主义或者国际化的层面上工作，他一直在讨论日本人如何建立主体性，但是他在讨论中又不停地做自我解构、自我否定、重建自我，在这过程中他完成的工作，实际上是把现在的日本转化成一个可以面对世界、具有开放性立足点的文化空间，这些微妙的转换在形态上并没有明确区别，但很具体地体现了他讨论的问题是什么：他所有的问题都是针对日本的排他性、保守性和日本所谓实体化的基本思维，但他参与的所有事件都是日本的事件。在进入竹内好的同时我也找到自己的定位，问题并不在于你作为什么人——中国人或日本人，而是你能不能具有一种自我否定的、自我重建的力量。

所以我确实以自己的实际经验碰撞到了本书中《跨文化知识状况的思考》中谈论的问题，真正的跨文化应该发生在什么场合？我认为真正的跨文化通常在一个文化的内部，“跨文化”意味着文化自我否定，自我更新的能力，而不是一个自足的文化面对其他的文化会怎样反应的问题。

**陈：**从这一篇里我受到的启发是，像我原来是可以用英文操作的，但你点出一个重要的问题，就是说在英文的环境里头，许多在地的问题不能谈，比如台湾省籍问题在英文并没有词汇，英文较相近的“族群”一词是完全不对的，所以你的文章给了我和英文的距离感，有时候必须不能用族群，一定要用“省籍”这词才能讨论问题。而我反过来要问的一个问题是，英文对我而言是这样一个状态，那日文呢？在所谓的知识共同体交流里头，通常是我们透过自己语言的翻译进行交流，可是用你自身的经验，恐怕不是翻译。在中国你必须用中文操作，在东京你必须用日文操作，同样的问题是不是存在的？

**孙：**当然存在，而且其实是非常严重的。用中文讨论问题的基本词汇和日文讨论同样问题的基本词汇上语感有很大出入，另外是你所提及的没有对应语汇的问题。有很多微妙的问题不可译，而因其不可译我们就绕开了、不去讨论了。这样文化之间的差异，是我一直觉得苦恼的一个问题。

当然在我个人研究里，采取的策略和我现在工作目标的设计有关系。我是在尽量地讨论对中国人和日本人能相通的一部分问题，这和英语经验最大不同在于日本和中国都属于在现代化过程中具有某种被动性的区域，它不存在一方对另一方的强制这样很明确的区分。日本和中国之间的矛盾是一种非常潜在的、复杂的形态，包括历史上、近代的矛盾关系，包括战争历史的对抗，它是被用同文同种的假象遮蔽了的另外一种矛盾。所以在这种情况下比较容易讨论相通的问题，而正好是现在中国和日本——或者大陆和台湾，恐怕都是有相通性的，就是在接受所谓现代性的价值，及完成现代化过程整个进程里，其实我们是不得不压抑很多本土具有的基本结构、价值体系乃至感觉系统——包括整个思想传统。我们不得不对它进行改造，在这改造过程中有一些有意识、无意识的代价是不得不支付的，而怎样整理这一过程刚好是日本与中国最相通的基本问题。在处理这个问题时，我当然也遇到语言上的麻烦，但这问题的相似性又有可能超越这部分差异，与此相关又有另一个问题，和英语的状况完全一样，就是怎样去处理这两种文化中不可通约的问题，这问题是我现在正在面对的具体问题。

事实上最大差异不只是语汇问题，还有背后整个思维方式的问题。比如说日语和中文最大差异便是在于日文表述体系是排斥表述明晰性的，就是说它用一种很不清晰的方式表述。所以若把日语、中文、英语放在一起比较，英语和中文是相似的，日语处于英语和中文的对立面，它的最大特征是其暧昧性；其实我自己使用的日语仍然带有很多中文色彩，就是我喜欢把日文说得很明白，而且日文资料里我阅读起来最省力的便是日本人觉得最吃力的那部分，亦即非常理性化的表述，但我阅读起来最吃力的便是日本人认为最本土化的文字，它通常不诉诸逻辑，而是诉诸直觉和感情经验。假如我没有动员足够的想象能力，就无法阅读这些东西。

**陈：**其实这里面牵扯到你刚刚讲的一个方法，这方法可以看到一个东西，恰好这不互通的是一个真实的地带，不通的很可能是创新的资源所在，那这东西要如何处理？我们刚刚讲语言，说到语言都是表征，真正的状态为何会这样，我倒不认为这是价值体系，而是社会实践、历史实践过程里所提炼累积的东西，而麻烦的是，这些历史实践无法被名状，但真正的真实所在恰好就是"不通"的，在刚刚的讲话里头，也许作为一种方法，我们发现不通时，可能头更要摆到不通的那方向去。

**孙：**其实我不赞成比较研究这种说法，但现在因为找不到更好的语汇，也许你提的"文化间研究"或者"间性研究"更合适，就是我们要走出我们习惯的语言、文化体系。走出去之后，并不简单地丢掉这东西而认同另一套东西，而是在差异之间建立一个思考空间，而这空间里，首先要面对的可能是要如何使这些差异在这空间内发生关系，因为假设你只是指出这和那不同，这很容易做，但是做起来等于没意义。例如去说中国文化和日本文化是不同的，这并不很有意义。又或者是前述的中文清晰，日文犹抱琵琶半遮面，不说的地方给一点想象空间与约定俗成的规定，假如你没有力量进入那约定俗成的空间，就没办法理解被它删掉、隐藏起来的重要部分是什么。但是说到这样我认为还是等于没说，因为这种差异很容易被发现，而且它确实就在那儿。说它们两个不同这样的区分并没有意义，必须在建立一个文化间的讨论空间、思考空间之后，在这空间使文化差异发生某种接触可能，才能引出新的问题。

我觉得在这几年阅读日文资料中，得到最大的收获，便是我在导言中讲的"皱褶里的力量"，开始在细微的地方寻找没有浮现在语言层面的潜在的文化制约力，发现这种东西以后，它能够引导我回过头来讨论中文的语言环境中皱褶里边的文化制约力是什么，然后我才能进一步思考这两种不同的文化制约力，在某场域里发生碰撞时，会产生什么结果？而且这些结果里头有什么新的生产可能性，或者又走向了什么死胡同？我在本书中比较短的文章里头，讨论的其实就是这两种有差异的文化制约力，当它们在一个跨文化空间相遇时能碰撞出来的问题，而我发现一旦把这样问题用语言方式传达出来后，我确实遇到的误解比理解更多。回过头来，其实也证明了这样的问题一直是被遮蔽的，所以大家没有接受这样问题的习惯，也没有现成的思路可以处它。

在这个意义上来说，我觉得语言里头不可译的部分是相当重要的，它的重要是因为这种不可译必须面对另一种文化才能呈现，而往往以一种非理性的方式呈现，于是引起很多矛盾。比如像东史郎的个案，典型表现了不可译的文化逻辑，到现在为止那个个案里头体现的文化逻辑之间的冲突，我觉得在日本或中国的知识分子之间仍没有被解决，而且并不是简单地用语词能解决掉的。

陈：在"亚洲意味着什么"里头你提到日本有一个东西叫"人间学"，这里头有无资源可以借用？我们用文化马上就国族化了，像中国文化、日本文化，虽然我知道"人间"在日本的对立体可能是不一样。

孙：其实我在那篇文章里头是给了一个很善意的解释，而且故意回避掉一些意识形态的背景。因为和辻哲郎这人处在一个很不幸的时代，他刚好是在"二战"时期完成他包括《风土》在内一系列的和辻伦理学的建构过程，这里边当然就有一个和辻哲郎的伦理学和当时的日本法西斯意识形态共谋关系的问题，所以事实上如果结合了历史背景。我很难简单说他的"人间"和中文"人"的概念有什么不一样。我很难做这样横向、简单的区别，但我故意地在那篇文章里谈到日文"人"和"人间"概念的区别，最主要是谈"人间"这样的语词在日语里社群性的问题，当然把它译成社群性并不一定合适；日语里的"人"是单纯的生物学意义的个体，但日语里一旦使用"人间"这样的词，意义就不同了。中

文"人间"指社会、由人组成的社会环境、群体，有一个空间概念，
但日文"人间"仍指个体人，同时也指社会人，所以使用人间这
概念是把人和人之间的关系带进来。在此意义上来说"人间"一词，
把它从日本的精神风土中抽象出来，确实是具有生产性的，但最
大的麻烦在于日本人的社群关系，事实上刚好是一个"反个性""反
个人自由"的制约关系。所以日文"人间"这语感里头包含的社
会人的观念，具有很强的封闭及压抑性。在这个意义上，我对和
辻哲郎善意的诠释，仅仅是因为近几年对和辻哲郎有些愈来愈升
级的意识形态批判，我认为遮盖了他整个伦理学里边的生产性，
需要有些人在进行意识形态批判的同时做一些非意识形态的工作，
揭示他的另外一面。但是如果没有这样一些具体的考虑，抽象而
言所谓和辻哲郎"人间"，以及他在此概念上建立的伦理学，仍然
是要做很多意识形态分析的。在这一意义上，我认为无法直接借
用这个概念来讨论文化问题。

**陈**：这里头有一整套的问题会呈现，有一个就是他讲的风土。
风土是极为丰富的讲法，是在将人与自然分离之前的预设，主客
体分离前的命题，两者是不可分的。在西方地理学里面，原来讲
地理是在讲自然环境，到了六七十年代以后，一波完全翻转地理
学的东西，由自然变成所谓的空间，但有一很大问题是历史不见了。
但转回来看风土，特别是在处理长时期文化的变动，必须将人类
活动摆回自然环境中才能解释，否则饮食、居住差异都被文化本
质主义解释掉了。所以风土论似乎是充满可能性的。

**孙**：其实我们本土的思想巨人使用的方式往往是非理论的，甚至有些时候是非理性的。日本亚洲主义的讨论，比如说回到风土的问题上来，它从一个纯地理学的概念里边引出来的逻辑，就是能够消解掉所谓的围绕民族性的建构里边产生出来的意识形态里的毒，这就是竹内好要做的工作，和辻哲郎以及梅棹忠夫之间没有实际上直接的传承关系，但是确实是有一条潜在的线索，让日本知识分子有可能摆脱意识形态的价值判断，来讨论本土的、独特的或者说日本人特有的一些具体状况。为了摆脱价值判断，其实它还需要有依托，而这依托便是地理上的风土。这样的一种方式整个操作起来后，竹内好把它归纳成为历史的零化——历史没了，变成一个零。实际上他这边所讲的历史是一个被建构起来的意识形态的价值判断体系，他并不是我们通常理解的对历史的真实状况的探讨，这是其中的一个可能。

但我从对竹内好的整个讨论中看到另一个可能，就是我们怎样回归到比如像鲁迅那样中国的现代性的主要承载者。鲁迅在中国先被意识形态化，接下来又被理论化，我当然丝毫没有贬低这些成果的意思，只是我希望思考一下鲁迅这一笔思想遗产是否还有其他的开掘可能。现在大陆的鲁迅研究者尝试把鲁迅还原为人，但这还原其实是有限制的还原，就是鲁迅思想的部分仍然是理性思想既成的东西，加进去鲁迅个人矛盾、感情，但整体结构仍然是理性的讨论。事实上，假若我们不仅从理论角度或者理论结论的角度去看中国现代性的问题的话，我觉得中国现代性最复杂的部分，恰恰存在于它非理论的一些形态之中，这种非理论正好是你谈的感情化，或者说是一个状况里头的心情。而这种心情对我们来说，在整个现代化过程中，意味着在新的国际关系里边找不到位置的一种很复杂的感情，这感情一旦被理论抽象化之后便被简约掉了。实际上我们必须创造——其实不是创造，而是继承，我们必须继承传统表述的方式，来表达我们在传统转化过程里所遇到的真实困境。

我觉得在这意义上来说，理论表述有很大局限性，不过理论本身也有一个好处，就是它先天具有某种可通约性，所以先天具有反对国族主义的道德优势，这是应该加以利用的。非理论的叙事往往不容易跟国族的、封闭的、排他的情绪相区别，所以做你刚刚谈的挖掘这样一种心情、感觉和对状况的复杂反应这样一种工作，这种挖掘工作其实是需要非常谨慎对待的。事实上我个人感兴趣的研究课题也基本上全在这层面上展开，而且包括像对丸山真男这样用理论来工作的知识分子，我发现在他使用的理论方式里，仍然包含着和竹内好相同的基本论题，就是如何把东方知识分子的思考从一个单纯的西方理论框架里头——其实这单纯化是在东方完成的，在西方理论里并非如此——从这样一个在东方完成的单纯化理论框架中区别出来，怎样找到本土传统里边最复杂的要素。

我现在又在读丸山真男，我发现使用竹内好的方式来读丸山真男时，有一些问题就呈现出来，比如说他为什么要回到福泽谕吉，是因为福泽谕吉代表了日本思想家里最具有对状况的准确反应能力的类型。事实上，任何一个靠理论工作的知识分子都不可能抓住很具体的时代问题，在使用理论工作的丸山真男那里，他最初的出发点是福泽谕吉，他最后又回到福泽谕吉，这也暗示了他使用理论里所暗含的东方的知识分子现代性表述的困境。不过我需要强调一点，就是这里边有一个最基本的分寸感：这样的表述必须具有竹内好那样不断自我开放、解构、重建的过程，若没有这样的过程，就很容易滑到所谓反理论的经验论立场上去，并且被进而意识形态化，变成对抗理性思维的口实。比如日本近几年出现的《国民的历史》、历史教科书或者小林的《台湾论》，其实都是这样的产物。

陈：我想用你用过的另外一个词表述：这些问题的出现和它的操作空间，很多是存在于你所谓的"临界点"上，那么也就是张力濒临崩溃的状态时候，问题才会出现。但那临界点的本身，和我们刚谈的"人间""文化间"，似乎暗示了也是也不是的一种时间点，在张力里面会浮现问题。你不断地在使用这个词，可否多讲一些？

孙：其实我对临界点、临界状态这些语词并不特别满意，它们并不能准确地传达我想要表达的意思。我觉得所有有关思想、张力的讨论，必须是一种流动性的讨论，这种流动并不是一种直线的流动，时间的分布与空间都并非均质的。为了打破这想象，我们需要有一种临界的感觉，通常使用"临界"这词，包括"临界点"本身，它传达的感觉是指一种事物到了这个点就要发生变化，越过这个点后就变成另一种事物，亦即因这点、这界线的存在，事物的性质就具有两种或更多可能性。那么假如我们能够设定我们所关注的问题正在临界点上——既不在临界的这边也不在那边，所以它兼有界限两边的各种性质，同时它也不属于任何一边，在这状态下，它具有什么特征？我觉得讨论"文化间"的问题时，必须放在这样的界面上来考察你的对象。这样考察最大收获便是，事实上我们现在面对、设定的很多问题是在文化中心领域设定的，这样设定的问题通常很自足，而且它的基本框架是不会变的；但当你将它设定到临界点上时，所有的自足都不会存在，因为它既可以是此，也可以是彼，却又什么都不是。在这状态之下，它呈现的状态是事物内部高度紧张的状态。因为常识告诉我们，临界点上的瞬间不可能持续；但有没有可能将我们的思维设定在这样的瞬间里头呢？当这样设定的话，它带来的高度紧张便会使你发现一系列问题。举例来说，这本书里有一篇论文是讨论汉学的临界点问题的，那是较容易理解的例子。

　　日本思想史以及日本汉学史研究里，通常将日本的中国研究分为三个阶段：第一阶段是日本汉学，第二阶段是日本支那学，第三阶段是日本中国学。这三阶段好像相互之间没有连结，而且通常会被作为三个平行流派；但我试着用临界点方式来考察，这三个流派都有杰出的具有紧张感的思想家。如果把他们都放到临界点上来考察，我发现实际上传统汉学里边的思想家和中国学的思想家，他们讨论的关于文化碰撞的问题，两种文化在翻译上呈现出来的差异性问题，其实在骨子里是一脉相承的。于是你就有重新结构历史的可能性，打破这样静态的学术史的划分，同

时也打破静态的时间序列的演进，用"临界状态"重新组织一
种历史叙述，就变得可能了。我觉得这是一个比较容易理解的
例子。

　　另外还有一个比较难以解释的例子，就是竹内好的例子，比
如说竹内好一直在做什么工作？日本的进步知识分子一直很头
疼，因为他们希望把竹内好这样一个思想家定位在批判知识分子
的位置，所以他们必须处理例如他对大东亚战争无保留支持态度
的问题，关于他安保运动之后对大亚洲主义乃至大东亚战争的
关心问题。这都是进步的知识分子坚决不愿意碰触的问题，而这
样的问题刚好又和日本的一些相对来说比较单纯的保守主义、国
族主义者的立场在表面上有相近之处。竹内好对于他们在政治上
非常右倾的言论，比如林房雄的"大东亚战争肯定论"采取了非
常温和甚至是欣赏的态度。类似这样一些问题，若把它放到临界
点张力来考察的话，我觉得会出现完全不同的形状与性质。就是
说我们现在设定的左派对右派的权力斗争关系，其实是很清楚的
一种中心对中心的关系，在这里头就存在水火不兼容的构想。而
且通常在这样的对抗结构里，左派采取理论的批判方式，右派采
取的是心情的本土向心力的建构，这种建构通常是排他的。在这
样的构图里边，因为它处于左和右这两种状态的中心点，所以
它是找不到碰撞和接触的可能性的，所以这也可以解释为何现在
左翼知识分子的批判通常打不到保守派论述的痛处这样一个基本
状况。

　　像竹内好这样的知识分子面对的问题恰恰是在临界点上的问

题，这不能简单解释他同时具有左与右的性质，而是左和右的区分方式，对这一类在临界点上的知识分子并不具有首要的意义。其实竹内好的立场划分是很清楚的，比如说他将有理性主义批判立场以及具有国际视野的知识分子引为同道，包括他和那些保守知识分子对话时他仍在援引这些进步知识分子的基本论述，但是这些东西对他来说不构成前提。他面对的是那样充满张力的临界状态，在这儿他才能够重新结构左翼知识分子和右翼知识分子提出来的一系列问题，所以不能用阵线划分去判断这样的知识分子。我觉得对临界点的这种设计，有可能把二元对立和静态的思维方式破解掉，问题的复杂性就会呈现出来。

## 转向日本的故事

**陈：**我下面要问一些比较具体的问题，你原来作为一个中国文学研究者，在什么机会之下学了日文，在什么条件之下跑到东京来，回归你自己的生命史是怎样看待这些？

**孙：**那其实是很偶然的原因，在学校里我的专业是中国文学，我是在"文化大革命"以后第一期恢复高考的那年——就是所谓七七届，在1978年进入大学。当时外语训练很不严格，毕业后到社科院工作，有给研究人员办的业余日语训练班，我就接着学。但我专业兴趣是中国现代文学，当时很想研究现代文学里的女作家，但过一两年之后觉得能用的思想武器非常少，就开始找别的学术窗口。在80年代中国知识界开始学习西方理论，我的许多同侪都投入于此，我也涉猎了一些，但觉得跟本土的联结很微弱，我无法完成中间的转换。而偶然地，我的上司刚好有机会把我派到日本来，当时是 1988 年，我的日文程度只能读日本的中国研究，所以交往对象也都是日本研究中文的学者。而进入 90 年代以后，中国知识界经历了精神思想重新的调整，在这调整之中，我思索是否有可能透过对日本经验的讨论而进入本土更复杂的问题。1994 年到 1995 年间，我有机会在日本自由地做些研究，曾想过进入日本文学的研究领域，但和当地日本文学研究者接触后，并没有得到启示和刺激，反而跟日本思想史学者讨论后，有很多共同语言产生，后来就比较认真地读日本思想史著作，一边思考相关问题。

**陈**：前面提到 80 年代以后，你的同事们开始接触西方理论，而你也涉猎了一些，但你觉得这些理论并没有办法说明本土的问题，现在回过头去看，你要如何重新理解、认识这对本土的执着？

**孙**：对本土的执着若把它非实体化，我觉得那是一个对于问题追究的真诚度问题。我们跟本土的关系是抽象的关系，但在这关系里，会找到对于问题的关注点，而且通常会由于我们皮肤感觉有千丝万缕的联系，会觉得这些问题和我们息息相关。在这样的状态里，对一个知识工作者最严峻的考验便是对问题的探询程度，而不是满足于一些似是而非的结论。用西方理论处理本土问题很容易得到沟通，做得好也可以有创造性，但这方式并非我所采用。我的经验是从非理论状态进入问题——尽管我进入的是日

本问题，但我仍觉得是本土问题，当然此"本土"可能已经虚化
了日本与中国之间的区别。进入问题之后才又很自然地开始进入
西方理论，才可能有如我在导言里对于阿多诺的那种很形象的阅
读，在读理论时我现在获得的感觉并不是"灰色"的，包括那种
很抽象的理论，也许这些过程有很多个人差异，但我觉得对于我
个人而言，这样的程序是比较真实的程序。

**陈**：我企图问的是你在序里面谈到的北京、长春这样的生命
历程，包括后面你提到"插队"经验，有没有办法在你的生命历
程脉络下再多谈一点。

**孙**：对，我有三种经验：第一是在长春生活的经验，第二是
"插队"经验，第三种经验是在北京的经验，这三种生活都不是关
照性的体验，而是很自然的状态。

在长春的生活是我在离开之后，才意识到这段生活的意义，
参照的是我离开长春之后，所谓东北人在关内的形象。包括长春
在内的东北地区，文化是比较粗犷的，所谓人文文化的累积很少，
这地方出来的人比较典型的形象是直率、保守，做事走极端。我
自己在东北生活经验并不完全如此，这可能因为我生长于大学校
园，而父母职业是语言学研究，所以我从小被禁止在家中讲东北
方言，但整个环境并不是普通话环境，所以我仍是在"东北"成长。
11岁时"文化大革命"发生，我父母被隔离，我与弟弟在家要学
会自行谋生，在这样的状态之下，我原有的"大学老师子弟"的
身份定位被打破，我们都变成所谓"阶级敌人"的孩子，在这样

生活秩序被打乱之下，语言的禁令就不存在了——当然这种状况并非仅在东北。

个人生活中比较大的事件，是在"文革"时期反而得到较大自由，不必受到严格的教养，什么书都可读，在这里反而让我能体验一些非成规之内的角色。"文化大革命"，可以说把我从优等生的身份解救出来。接下来的事件便是"插队"，我刚上中学，第一次是和全家一起去"插队"，是在吉林省长春市附近，是我生活中很大的喜悦，经验非常愉快。我在城里学了针灸初级知识，我们所在的地方方圆十几里只有一个架子很大的医生，收费很贵。有一次我看见同村有人牙疼，就帮他针灸，结果误打误撞治好了，其实是因为农民生命力强，并非因为我有什么医术；但后来我就在附近几个大队成为一个"名医"，因为我不收费，又随叫随到，有时半夜会有人赶着马车来接我。后来上学要走十几里路，周末放学回来每个村口都有人站着等，那经验非常可贵，让我和那片土地有了联系。

但实际上我还不能判断自己个人认同和农民之间的关系，那时只觉得我和农民相处得很好。后来我离开农村回到城里去，又念了几年书，到高中毕业，我又插队，而这次是我自愿的选择。这跟第一次插队经验有关，这次去的地方比第一次更远，但比上次条件好些，没有人需要我扎针，而当时我已经不是小孩，我需要劳动，我也觉得自己应该与农民相结合。这不仅仅是一句流行的口号，我下了个决心打算永远留在这村子里，但有一个致命的问题便是我的农活不行，几乎是倒数的，农民们待我很好——特别是我这种看来靠自己力量活不下去的人。这使我有很强的自卑感——我不是个好农民。这段农民生涯也只过了不到一年，我便被调到公社做文秘工作，做了几个月之后又被调到长春市的知青办编辑杂志，这就是我"插队"的表面经历。所以对我而言，我觉得自己没资格称自己为"知识青年"，因为我并没有真正的知识青年经历——"真正的"知识青年下了农村是跟农民一样干活、吃一样的苦的，甚至有人在农村安了家。他们的体验与我不同，我和农民的关系是油和水的关系，但两次插队经验让我了解到，农民对于我们这些外来人是相当厚道的。当然农村生活非常苦，特别是我第二次插队，生活很颠簸，但作为知识青年，我仍然觉得自己没资格，所以很少跟人谈及这段插队经历。

**陈**：有没有一种可能性，你的经验并不是个案，有没有人可能有类似经验？

**孙**：我想我并没有什么代表性，我究竟比正规的插队大军要年轻几岁，我赶上的是末班车。我下乡时"插队"已经快结束了，真正典型的插队是在1968、1969年前后，我第一次插队时。当时那一群知青，也就是所谓的老三届，他们刚好是从红卫兵状态转换出来，把从城里造反变成到农村革命，这种理想主义和献身精神在当时相当真诚，我觉得那才是"插队"主体。而且他们到了农村在当地起的作用和我当时相当不同，他们渗透到农民之中的程度很深，老三届的插队经验是很不一样的。

**陈**：对于台湾的读者来说，"插队"的理解很有限，很容易理解成"文革"体制下不好的迫害经验，你谈的"老三届"，现在回头来看是某个"代间"，这些"代间"的人共享了某种插队经验，构筑了那一代一直到现在怎样的性质？有没有累积了关键的影响？

**孙**：我觉得那一代人最深刻体验应该是城乡差别的问题。因为他们都曾经是在城里长大的高中毕业生，城市文化已经完全渗透到了他们感觉的深层，下乡到农村去，城市越大往往跑得越远，因而落差就越大。而那一代人理想主义很强，在"文革"还没有暴露阴暗面时就下乡了，多数人都真正要去农村创业、革命，要去自我改造。但到农村发现他们要面对的是日出而作的传统农民生活，而且没有什么革命的空间，于是他们渐渐真正变成农民，而且他们也必须变成农民才能活下来。在很长的几年，这些年轻人看不到回城里的可能性，于是很多人在当地成家，有些人和农民结婚。对这样一代人来说生活变化很大，所谓城乡差别的真正理解者是这批人，而这种青春的理想主义刚好被革命的理想主义叙事结合到一块。

接下来的阶段就是"文革"结束后，这批人陆续地按照各种政策回城。第一期恢复高考是 1977 年，这批人理论上也有资格考试，但是在实际上他们不太具有竞争力，因为他们已经年龄太大、离学校太久，有些人又有家累，所以真正能进入大学的不多，多数人是通过招工的途径回城当工人。这样的落差又和他们当年红卫兵的经历成强烈对照，这代人具有失衡状态，他们真正具有知识上的失落期。接下来便是社会急速的商品化、市场化，强化了对知识的要求，这些人首先成为失业对象，而这样的状态也影响到他们的孩子——必须面对严格的升学竞争的下一代。大陆现在这代孩子和台湾相似，学校教育不足以支撑他们的竞争，还需要家庭强力的后援，而恰恰是老知青的这一代最匮乏这样的后援。所以这些老知青的经历，间接地影响到他们的下一代，当然并不全然如此，有很多孩子并不受影响，而且影响本身也是非常复杂的；但在理论上和逻辑上有这样间接的影响。

陈："插队"经历到你现在沉淀、回想起来，对你后来的知识性工作有无直接、间接的关照？

孙：对我而言，在"文革"和插队经验中，我养成了无视成规的习惯——虽然我并不是激进派；我离开常规有一段距离，大概跟这段经验有关，我确实遭遇过和既成的习惯、秩序相冲突的事件。像我十三四岁就给人扎针治病的经历，是对神圣的医院制度的颠覆，在常规之外有很多可能性，但这些都是本能上认知的，并非刻意。包括最初到日本，离开了中国现代文学，这些都是本能、无意识地就发生了。同时还有对前提的质疑，这个习惯可能跟我插队的经验也有些间接的关系。很多知识活动都是在前提下操作的，我们质疑的是前提底下的具体问题，但是一旦对前提有质疑，我们就必须讨论如何重新出发。

到了北京以后的状态是很奇特的，我小时和母亲在北京生活过一段时期，到北京时有种回到家乡的感觉。我一直记得一个细节，我小的时候母亲抱着我走颐和园的长廊，但我害怕长廊中风的声音，每次走到一半就拼命地哭，于是我母亲从来没有走完过那长廊。后来我母亲在东北和我讲过几次这个细节，我就立志说将来长大要陪母亲走完这段长廊，所以北京对我而言有近似于故乡之感，而且我喜爱这城市，喜爱的感情超过喜爱长春。北京的外来人口相当多，和上海比起来包容性又比较大，它允许甚至是有意识地鼓励这些外来人进入社会上层，这种情况和南方一些近年来发达起来的城市非常不同，在社会机制上形成了文化多元的格局。所以在北京，是不是道地的北京人并不是问题，在这城市居住并不会有客居漂泊之感，我喜爱它雍容大度的风范，喜爱北京大度的、不那么斤斤计较的感觉。我第一次到天安门广场时，感觉这空间广阔得超过实际需要，很难想象有其他城市会修建这样"浪费"的空间，但其实这是北京的象征，正因为这种"浪费"表现出了北京那种涵盖的能力以及气度。在这样一个感觉里边，我和胡同里的北京人接触，便很喜欢小胡同里那种多管闲事、亲切的文化，对人的关系是很开放的，这种开放并非国际主义式的视野，而是一种生活感情上的亲和力，哪怕他住在很小的地方，面对的是一些平凡的事情。所以北京给我一种真正的回家感，我一直没有分析这种故乡感源自何处，后来因为家人都从长春搬走，我便没有动力回到自己原初的故乡，这种经验很有意思。

　　**陈**：进入北京之后，提供了你什么知识上新的契机？

　　**孙**：我到北京之后发现这儿真正是文化中心，有很多的圈子，它改变我的感觉，让我原来在东北形成的那种无视成规的习惯找到自由发展空间，在北京不会有人镇压它。一开始我并没有想过学术前途的问题，整个学术界的规范是很严格的，我自己受到过警告，因为我在中国文学领域里既做日本又做思想，等于是双重的离经叛道，没有前途可言；但是我觉得北京还是给了我这从容离经叛道的空间，而事实上比我优秀的朋友们都在北京找到了"离经叛道"的空间，我想这是这座城市的特色。当然，90 年代中期以后，离开中国文学领域做跨学科研究的人渐渐合法化了，到现在来说，这做法已经成为许多年轻学生都想模仿的做法，而其实在最初这是很困难的。当别人已经写出一本本书时，重新从字母开始学一种不知道会将你引至何处的语言，假若我在一个封闭城市中，我大概会考虑这样做的危险性，但在北京这城市的氛围里头，我几乎没想太多就一路走下来了。在单位内部当然会有善意的警告，会警告体制里无法评价你的研究，等等，但其实并没有压力。

　　陈：在亚洲各城市跑，逐渐有一个粗暴而简化的讲法：像台北、香港、首尔，甚至包括东京，都是殖民城市，而北京可以说是帝国城市。称帝国城市并不是帝国主义城市，而是在于它相当奇特的所谓包容性，一般市民给人一种无所谓的感觉，逆来顺受，出租车司机话很多，很容易聊天，向老百姓问路也很和善；总之，相对而言，没有其他这些大城市的焦躁。那从北京到东京，在实际碰撞里头，又反射出来什么东西？

　　**孙**：东京是一个学术体制非常严密化，统治力深入骨髓的地方。不是说在这里没有离经叛道，而是说离经叛道在这个地方立刻会变质。比如说，跨学科。在这样体制化的过程中，所谓跨学科这样离经叛道的行为几乎立刻就会被收编、体制化，立刻会在大学里面建立与其相应的学科。但实际上这样的跨学科并没有形成对知识制度的冲击，而且我觉得我的日本友人大多都无可奈何地在制度里就范，不肯就范的人要承受极大的压力。回过头来再想北京的感觉，我很庆幸自己是在北京开始学术生涯，并没有遇到不得不就范的状况。而最大的差异便是在东京的学术环境里头，每个人都必须在规定好的框架内来思考，他们要处理的问题的前提是不被质疑的，在种种规范之下发生的批判，我觉得很大程度下是事先规定好了的。在这样的知识状况之下，很难找到真正有爆发力、冲击力的思想能量，这种思想能量往往在形成之前就被体制分解掉了。我的那些日本朋友，为了保持独立思考和批判的能量，受到的压力比我大，付出的代价也远远超过我。

　　这样一种强烈的反差回过头来，让我重新观察在北京十几年来知识形成演变的过程，我感觉到很强的危机意识，因为我能得到这样的学术自由，是刚好在中国的两种知识体系转换之间的空档，这是在空隙里面发生的自由。事实上，90年代开始中国在讨论社会科学规范化的问题，这规范化最后被建构为一种细枝末节的技术性的处理，而许多原创性的思考都被消解在这技术化的框架中了。在这里边就使得很多思考的苍白能够用技术的手段加以掩饰，而来到东京最深的体验便是，这种思考的苍白在严密的知识体制里是如何获得道德正当性，或者更精确地说是学术正当性。知识在这种苍白的状态之下，被粉饰为一种客观、科学的存在物，但这里头存在大量的伪科学和主观性，当它被技术化、当没有与之抗衡的思想原创力存在时，这样的苍白知识便被合法化了。

陈：简单来说，这是不是就是沟口先生常谈的"知识"，而非"思想"？

孙：是的，因为这确实是很大的难题，包括思想史在内，经常在做知识性资料性的考证，我们很难简单判定知识有没有价值。如何来判断知识价值是很困难的一个学术理论命题，很难抽象讨论它，只能讨论每个具体问题上的知识建构问题，不能抽象地说什么样的知识是知识，而什么样的知识是思想。没有知识的思想不能成立，思想必须有知识支撑，但没有思想能不能有知识？这个问题就没有那么简单了。然而有一个基本的事实无可否认，那就是思考的苍白和简化肯定会影响到知识的质量。目前经常会遇到的一个麻烦是，把那些苍白的简化的"知识"以技术上的名义合法化，并且进而以此扼杀探索性的思考。在这个状况里头，知识制度经常是与被简化的苍白的"知识"同谋的。

陈：我们再用沟口的另一个词来讲，他把历史和活着的历史做区分，这对应到知识和思想理解要如何阐释？

孙：沟口不承认死的历史，他认为凡历史必须是活着的。我们对活着的历史、活着的知识，可以有很多正面的定义，比如说活着的历史必须能在历史复杂的语境里头寻找到那些流动的富于紧张度的问题，勾勒出它与当时语境中其他事物的关联，同时又和现在的问题发生某种复杂的、非直接的关联，从这里边我们建构知识上的积累，而这种积累可称为历史学的积累。我们可以说什么是活的知识，这种知识得到实证的或者理论的支持，同时也能面对今天的现实具体问题，因此，它通常能够给理论思考和实证工作增加新的内容，而不是在既定框架和前提下简单地搜集和罗列资料。这样的知识我们可称之为活的知识，它所建构的历史才具有生命力。但我们没有办法用反面的定义去否定掉不具备这些特征的知识或研究，这是一个很麻烦的问题，它牵扯到知识社会学的问题，这是我无法正面做区分的。我观察西方的历史主义论争里面，最大的麻烦也在这里。

**陈**：这不只是形式、逻辑的问题，还牵涉整个体制、知识生产的过程。我移转一个话题，东京作为一个生活的城市，与北京相较，在你的经验里头造成什么对照？

**孙**：若仅仅用生活感觉区别，便是北京的生活有许多的缝隙，而东京的生活是被组织进严密的、肉眼看不见的网里头的。按我的理解，北京生活给人自由，东京生活剥夺人自由，但我想所有的日本友人都会反对这种说法，因为在日本人的想法里，东京是给人自由的城市，而北京恰恰相反。

举一些简单的例子，比如交通信号灯的问题。在北京，步行者过大的十字路口时，常常会违反交通规则。我总是听到司机们抱怨说，步行者只要是想过马路，他眼睛里的信号灯就是绿色的。其实这是有理由的，因为有些十字路口的信号灯设计不给步行者留下充分的时间，他们必须在自己可以过马路的时候给拐弯的汽车让路。于是当他们想要过马路的时候，信号灯又变了。因此，人们渐渐地养成了在空隙里过马路的习惯，交通警察和开车的司机不得不容忍。这样，在表面上混乱的状态里，形成了一种动态的秩序。据说从前的日本也有过交通混乱的时期，但是现在日本人不需要这么做，拐弯的车子要给步行者让路，轮到开车的人发牢骚。这个对比很有意思，日本的车子给行人让路是被规定所强迫的，而北京的车子给行人让路却是因为规则不够细致，是行人和车子之间的不成文契约。这里面的差异是规则的涵盖程度。日本的规则是渗透到社会细部的，多数人自觉维护它，甚至到了教条的程度；关西人好像相对地随便一些，至少东京人把信号灯绝对化，只要亮着红灯，哪怕马路上一辆汽车都没有，绝大多数人都不会过马路。

　　这个生活现象很多人都注意到了，多数人都把它归结为社会秩序的现代化程度问题，但是没有那么简单。因为这个现象背后隐藏的是完全不同的社会组织机制。在北京，交通治理整顿是一个令有关部门头疼的问题，但是他们似乎没有想到更为有效地把自己的治理整顿通过技术手段渗透到社会的细部，比如说通过增加一个黄色信号灯来调节拐弯车与行人的矛盾；近年这种信号灯的确改革了，但是改革的速度非常之慢，而且还有些不太大的路口并没有信号灯。换言之，它不是个迫在眉睫的问题；它不迫在眉睫，更多是因为社会习惯于依靠当事者的自行调节。事实上中国的社会运营在很大程度上是依赖这种自行调节机能的。而自行调节，就意味着给人以很多的缝隙。这中间，区别这种缝隙提供的创造性空间（我认为这种创造性与大陆人的自由意识是直接相关的）和单纯的“钻空子”的余地，当然是一个非常重要的课题，应该说中国人的伦理感觉乃至政治感觉都与这种可供各个层面自行调节的社会运营机制有关。

在东京，我感觉到的是，社会秩序渗透到整个社会的细部，个人自行调节的余地非常之小。对日本人来说，每个人的个人空间是规定得相当明确的，是你不得侵入与扩张的分明界线。但在北京，人和人之间的分界与距离不但是不清楚的，而且是有很大变化和弹性的。在这两种生活方式里头我都能感受到方便、不方便之处，在东京很少受到好意的干扰，但在北京就会不能避免这样的干扰。反过来说，在日本这样纪律严整、很少越界的文化里头，你不得不对自己的每一句话和行为做规定，而且个人空间的私密化其实并不等于这个社会有个体意识，因为弥漫在空气中的保持行动一律的社会氛围使得私密化变成了某种“反社会”的空间。类似这样生活之间的行为方式差异，带来完全不同的空间感觉。

日本的生活空间很小，但很安定，假若你很注重人与人之间关系，可能会很累，但是如果习惯，可能也很方便。不过外国人想模仿这种生活方式，是非常辛苦的，所以我一开始就决定甘当老外。但在这样的空间里讨论自由民主，我们得小心地问一声，在这样狭小的空间中，自由究竟意味着什么？个人的自行调节如何才能不违反社会的规则？我觉得这是一个没有真正展开、而日本思想史一直在讨论的问题，在这狭小的空间里要创造真正的自由，其实也就是我说的临界状态，那种状态之下才能够产生有关自由的问题意识。像这样的一些问题，我觉得还没有条件和日本朋友讨论，因为他们可能已经习惯了这样一种方式，或者认为这样就是一种自由也未可知。只有少数日本人有这样的疑问，比如我们都熟悉的沟口先生。反过来问，对北京这样一个城市，自由、民主意味着什么？同样这不是一个概念规定的内容，而是一个切身的问题。自由里包含对他人自由的尊重，和对个体自由的限制，这问题在北京这样多变的空间里，要如何区别、设定？特别是在动态的社会秩序里面，动态不意味着可以乱来，动态秩序也有自己的规则，而"自行调节"也有它的道德律，这里边同样有非常大的麻烦，也同样是北京的中国人可能没有感觉到的问题。

　　陈：我每次来东京都深感两难的状况，它的物质建设比第一世界还第一世界，对照起台湾或北京的混乱而有活力与弹性的社会却又显得过于拘谨，东京已经形成高度共识，同时也让人感觉到活力不是弱化就是被体制化，一切纳入管制。我在东京虽看到一些热量可以把成规打破的可能性存在，但对于知识的相信跟自身的生活实践完全是脱节的，所以这是两难的沮丧。

　　孙：而且他们的观念性预设里头有些非常稳固的东西，不断被传媒反复生产，比如说日本是民主大国，比如说日本有充分的言论自由等，问题是所有的不自由在被人无条件接受后，这些不自由也会被理解成自由。比如说像我们这些在混乱状态中寻找动态秩序的区域的人，到这边来便会觉得一切都被固定化了，我们便会一下觉得很不自由，因为个人的创造性在这个地方会被视为对既定秩序的破坏。但这种不自由的感觉是因为我们的环境里头的另一种自由感觉所致，对于日本人来说可能相反。在这样一切被规定好的环境中，他们可能觉得较为安全。有一个典型的例子便是，日本公共的游泳池一般在一小时左右便会广播要休息，所有的人便会上岸，日本的电车每班都提醒不要把东西忘在车上，看上去所有成年人都将原本属于自己管理的私人事务，托付公共管理，当然这对于绝大部分的日本人来说都是形式化的，但问题是没人质疑这种形式化可笑，这大概才是问题。假若这种形式在北京出现，肯定是要受到极大挑战的，比如我的女儿来日本的时候就对这种状况感到无法理解。这是一个挺有意思的细微生活感觉差异。不过，我每次来都有不同发现，这次来发现日本逐渐变得混乱，当然是看上去教养不太好的那群年轻人，像东大那些年轻秀才依旧按照老规矩行事。现在年轻人很多袒胸露背满街乱走，以及很多违反秩序的事情已经出现，这在过去很难想象，东京有很多看不见的变动，这些变动在破坏一些生活秩序，至于这变动将来能走多远，特别是它是否能够导致一些动态的新秩序形成，并没有人知道。

# 竹内好的鲁迅

**陈**：从东京的点滴回到你书写的层次，刚刚也谈到，贯穿你几个核心之间的资源、支柱或者精神上的认同，刚好画出一条线是鲁迅、竹内好、沟口到你，我不能讲这是一种传承关系，或者是内在连续，可否清楚地讲他们对你的意义？

**孙**：确实鲁迅与竹内好对我是根本性的影响，在"文革"时期无书可看，就读家中的《鲁迅全集》，而鲁迅作品相当特别和伟大之处，是它可以让小孩笑着读，同时让大人流着泪读。我当时便是笑着读的。当然那时我并不理解鲁迅，更谈不上进入。真正进入鲁迅其实是借助竹内好，因为很长一段时期中国鲁迅研究是缺少魅力的，而竹内好的鲁迅是让我进入鲁迅、同时也是进入竹内好的第一扇门，它让我知道人的内心中的基本价值判断可以和其相反的价值发生转换，而一旦这转化发生，你会发现对世界的判断是建构在一个很直接的状态下。读了竹内好之后，我得到第一个图像是人可以在深夜、在灯下和这个世界面对面凝视。这种面对面的凝视排除掉的是我们依靠理论、依靠学院方式掌握的复杂知识，排除掉这些知识干扰之后，世界便回到一种"原初状态"——当然这原初状态并不存在，但我们不妨这样理解——这样排除掉干扰的"本原世界"在你面前呈现时，你才有真正的可能去接受所有现在的知识，在这样的经历里头我觉得自己有一种重新进入鲁迅的动力、能源，这大概是竹内好与鲁迅给我的直接滋养。

　　进入这两个人，我感觉进入的是理解我们自己历史的可能性，比如我们如何理解历史上发生的小到个人恩怨，大到大规模群众运动这一系列的事件。我借助的是竹内好和鲁迅的目光，而我得到最大的变化，便是学到一种思维方式，在通常被认为没有问题之处发现问题，透过对这问题的穷追不舍去揭示新的问题，在这意义上来说，我觉得自己所有的讨论都是根据这样的思路展开的。

　　我从沟口先生得到的东西不同，坦白地说沟口并不是用我那样的方式去理解竹内好，沟口甚至是以否定竹内好的方式来开始自己的学术工作的，我从沟口那里学习到的是一种难得的行为方式：不断地放弃、破坏掉自己已经建构的东西，这是在日本学者中非常少见的。沟口进入东京大学时进入的是准备进法学部的预备科，这是当外交官的途径，后来因为革命情感转入中国文学，接下来他做中国思想史研究。沟口在东大完成的工作是他使得东大中国研究的文史哲在结构上统一了，而且他组织了中国文化与社会学会，做完组织工作之后，便退出了这些事情。沟口先生承认在他的学术生涯中有许多困惑，他对所有事情的处理方式是一旦意识到这件事情应该结束，便结束，一旦他希望做一件新的事情，他便重新开始。做知识共同体这样的运作，其实是借助了沟口先生的决心，我从未想过会做这样的运动，是沟口先生很认真地发动了这一操作，并且在里头抛出问题。所有的参加者都有一种被他领着走的感觉，尽管每一次讨论他很少发言，在这样运作中我发现很有意思状况是，我很少以中国人自居，但沟口一向以日本人自居，从不谈跨文化研究、文化间研究，而我可以和这样一个表面上很"日本"的知识分子一起讨论，从来不感到别扭。

　　**陈**：其实恰恰相反，我认为他是我碰到的所谓日本人中最不日本人的日本人，而这并非只是知识上的，而还有感觉和身体上的。他有本位，但用本位去理解他，是绝对没办法掌握的，我粗浅的解释便是他是从日本某种文明论的传统出来的，他是放在世界史上的大框架底下的本位，但早就溢出了这本位范畴。在操作上把武藤一羊与之做对比；武藤是用身体实践，但沟口好像是另外一种。

　　**孙**：沟口基本上是书斋型知识分子，但他不甘于按照规定的路数操作。比如说他经常讲要重新讨论东亚的近代关系，他说东亚近代绝对不是被西方侵略之后不得已的近代化，它有自身非常深厚的内在逻辑；他说他这辈子要做的事情就是与歧视和偏见做斗争，在知识的领域，歧视和偏见往往就是以对亚洲自身历史逻辑的轻视为特征的。当然这个问题非常复杂，我们现在没有时间具体进入它；不过有一点应该强调，就是沟口的工作其实是对于竹内好未完成事业的继承和进一步发展。

　　但他在日本得到的理解非常表面。很多人而且是不同学科的学者阅读他的著作，但是很少有人关注他提问题的方式和他结构问题的整体框架；而且，他遇到的最大障碍恐怕就是我前面所说的学术体制的严密控制问题。这种严密控制打造了各个学科的感觉，使得沟口学术的整体意义很难进入大部分学者的视野，一方面因为他们更习惯于使用西方理论的观念解释中国历史与东亚关系，另一方面则是因为他们不太习惯于历史的流动性感觉。

另外一个问题就是对民族主义的批判，解构思潮对知识界带来的影响之一便是对所有区域性的论述都保持警惕，试图把每一个区域性论述都纳入全球化结构里。沟口通常被视为文化本质主义者，因为他总强调中国的近代、中华文明圈和西方的不同，而这样一种知识性的努力不仅仅是在日本，在大陆得到的深度理解也不多。深度理解必然要碰触到怎样处理西方和我们近代之间的关系，其实这问题是被悬置的，假若正面碰撞，便不得不考虑西方现代性一系列价值观念，在我们的语境里头哪些是虚假的，哪些被结构进本土的体系来，被结构之后的价值和本来的已经不一样了，而不一样在什么地方，这些不一样引发的变动又是什么，等等。这样的工作不可能仅仅依靠理论的演绎进行；不过这些讨论如果有了一定的基础，沟口的研究就会呈现它的价值。

**陈：**还有一个比较感觉性的问题，便是你前面提到的自我位置，好像有点边缘，但我最近的观察，我在上海碰到一些朋友，他们认为你的贡献与压力都已经造成了——不管是把日本或亚洲资源的重要性提出来了，这是在中国的语境里头。而在东京，只要是你发出竹内好或是丸山的文章，几乎都在很核心、重要的批判地带发表，对于这些效应是什么我并不清楚，你对于这些会压回你身上的状态，有什么反应？举例来说，上海的年轻学者，被迫不能只看到西方资源，同样状况，竹内好在东京好像被看见另一面，你好像有某种推动力量，在这些不同语境造成的效应你如何看待？

**孙：**我其实没有考虑到效应的问题，虽然好像在国内或东京都有人在关注我的研究，但是我无法判断真正的效果。我现在没有时间和余地去想这些学术效应，因为那很难把握。而且这里头的另一个问题是，真正阅读我学术论文的人并不是太多，当然，好像我的论文已经上网了，但我不清楚有多少人读它们。我自己对这状况基本的自我设计有两点，第一点是从我听到的反馈的消息中我必须提炼出一些问题，比若说我在《读书》上发的一些文章，都是写得不够周到的文章，但通过不断接到的反馈意见，特别是一些批评的意见，我来建立新的问题结构。而且透过《读书》上的这些文章发表，会回到我的学术论文里，保持和增强我学术论文的张力，这是一个我对待压力的态度。

另外一个就是我在尝试同一篇文章，不做修改有没有可能做跨文化阅读？最初这是一个无意识的结果，但到现在我有意识地面对这问题，因为我们经常遇到的问题是，一篇论文你们不喜欢读，是因为在你们的语境里头没有价值，但是在我们的语境里它却可能受到欢迎。有没有另一种可能呢？就是同样东西在两种或者更多语境里头发表，但引起的回响是差不多的？最初我处理东史郎的问题时，发现日本和中国知识界回响的范围和强度差不多，内容有一些微妙的出入，方向上也是，但是有基本相通点。而无论是学术论文或者短文，都有可能跨国界得到阅读，假若要做"文化间研究"必须得有这样的基本要素。这种尝试促使我重新思考跨文化的可能性。

## 日本与亚洲的问题意识

**陈：**我想回到亚洲问题，你提到战后美国的接管使得日本变成殖民地或者次殖民地，而其实很主观地讲，对我这样一个台湾人来讲，我认为这一状况提供了一个契机，让日本的知识界可以因为其被殖民的经验重新理解其前殖民地，但这一状态在 90 年代显然并没有发生，我一直不是很能理解，包括对韩国、伪满等很明显的殖民地状态都没有解释。我自己的解释是在日本的战后直接面对的是内部的问题，反而延置了对前殖民地的讨论。你怎样去理解这些问题，这究竟是不是一个契机？

**孙：**其实竹内好认为是一个契机，他一直在做一个工作，便是在建立日本人的战争体验、受害体验，将这体验转换成对前殖民地的受害国人民的体验，而且他自己有一些文字留下来。但是你说的这问题仍没有因此而改变，确实他们错过了这机会，这里头原因很复杂，恐怕要追溯到明治维新时期日本对于国际关系的设定方式。日本一直想扮演大国角色，但它在国际政治关系里头，不能成为“真正”的大国，我觉得和其主体性有直接关系。在明治维新时日本人的世界感觉不是依靠主体性建构完成的，唯一想做这事情的是福泽谕吉，他一直强调日本的独立，独立的问题对日本国家来说早在中日甲午战争之前就提出来了，因为这独立不仅仅是领土或者政治经济上的问题，在文化状态和精神状态上，日本是不独立的。

明治时期，即使福泽谕吉不断地鼓动和宣传，他也必须借助一种力量，就是从汉学传统转向西学传统，从中华帝国的阴影下解放出来，向西方靠拢。当时日本并没有想过在中国和西方之外找到第三条出路，对福泽等人来说是二择一的课题，到最后他们是借助了汉学的力量完成了西化的过程。在这个过程之后才发生"二战"，而这之前其实有两次日本战胜的经验，而这两次战胜的经验并没有让日本人感觉有走自己道路的可能，他们只觉得日本可以跟西方列强相提并论，所以福泽谕吉的思想传统设定是和强者联手的设定，而不是独立自主的设定，所以即使是这样伟大的启蒙思想家，仍缺少真正意义上的主体性建构——尽管他用了那样大的篇幅来讨论日本的独立和主体。

到了"二战"之后，东京审判在形式上造成彻底剥夺主体建构的结果，这个过程在美国占领后几乎就完全完成了，而棘手的问题是，"二战"之后的民主体制和天皇制仪式化的确立是完全依靠美国的力量完成的，天皇制变成了日本人的"伪主体"，但是它的形式化却使得日本原来暧昧不明的主体存在方式作为非理性的"心情"被赋予了明确的形状。当天皇制变成了一种"心情"的时候，日本人面向国际社会的开放就变得越加困难，因为这种所谓的心情是以种族观念和排他的感情建构起来的，同时又造成了一种自然存在的假象。这是思想史家要面对的问题——比如丸山真男，他一直致力于在政治学的领域里对于天皇制的这种内在机理进行分析，尝试建立有理性和原理支撑的新的主体性。

但是这个课题非常容易变质，因为原理必须与感觉和体验融合才能真正获得生命。在这样的状况下，日本自己的被殖民经验有没有可能变成一种理解被害国经验的渠道？这问题假若契机要被抓住，必须要有主体性建构的支点，我们很难简单地下结论说它有没有被建构出来。确实在战败开始，日本思想界一直讨论这些问题，但这里头必须要做仔细甄别。日本的主体性建构，由于侵略战争的历史和美国的占领政策，无法以单纯的方式进行；日本人必须同时处理自己作为加害者和受害者的双重身份，还有战后在东亚为虎作伥的实际角色的问题。日本人建立主体性的程序和我们不可能相同，有些难题乃至苦难，是我们很难想象的。在这种情况下，你提出的“和解”的课题，必须和主体性建构的真实性一起加以讨论。20 世纪 90 年代一些日本知识分子主张先祭奠本国的战死者再祭奠受害国的死者，把这份感情移植到受害国。这个提议其实是无视日本自己的历史复杂性的，在主体性缺席的历史里没有办法简单地把加害国和受害国通过感情移植的方式连接起来。

**陈**：我们谈谈竹内好，特别是竹内好对于战争做区分的方式。卢沟桥事变是一件事情，是日本侵华战争，到了太平洋战争是另外一回事，是与西方殖民主义的对抗。但他的区分点很有意思的是殖民台湾的 1895 年或者朝鲜的 1910 年，好像并不进入他们的视野，而这到底要怎么去解释这种缺席？

**孙**：我想这也许和知识结构有些关系，就是竹内好并不了解台湾的状况。但是更重要的原因可能还是在于竹内好对于日本近代史的认识和把握方式。他的基本思路是，在明治维新之后直到甲午战争乃至日俄战争前后，日本思想理路里一直存在着对于东亚的责任感，它表现为日本的"志士"深入到中国、朝鲜半岛乃至俄国腹地去援助当地改革运动。竹内好注意到，这种援助虽然有时简直就是在邻国搞恐怖活动，但是它的目的却不是取得对邻国的霸权。这种"志士"所体现的理念，竹内好称之为日本的"亚洲主义"，他因此提出了一个基本的课题思路，就是研究日本的这种亚洲主义是如何在中途变质的。竹内好是把"志士"的活动与国家的战争行为加以复杂的区别对待的，他的研究还没有来得及深入到"志士"活动与国家战争行为之间复杂的互补关系层面。因此，直到第一次世界大战为止东亚的战争状况，没有被结构成为竹内好的课题意识。当然，还有一个晚近的原因，即竹内好关注的对象基本上是同时代中国，大陆与台湾的对立关系对于他的台湾观是有影响的。而且他基本上在 20 世纪 60 年代中期就停止了中国研究，没有可能追踪台湾的新状况，也就不太可能引出对于历史上日本与台湾关系的兴趣。朝鲜的问题复杂一些，竹内好对朝鲜的关注胜过台湾。对于朝鲜 1910 年前后的那段历史，他关注的是"大东和邦"这个口号所暗含的对等感觉和事实上这个对等的幻想被撕破的过程。但是他并没有直接处理这段历史。

陈：导到最后的问题，便是对你而言，台湾的历史经验能转化成怎样想象性的资源？

孙：我愈来愈意识到台湾资源的重要性，它的重要性在于大陆知识界缺少"台湾"这样的点。这点不在于参照，它能把大陆知识界、思想界的盲点戳破，因为很多问题在大陆被整合、单纯化了，特别是在对日本的关系上；而台湾可以呈现这个问题的复杂程度，很难被单纯化，包括台湾的被殖民经验。我现在对台湾的理解和阅读都不够，但是如果没有对于台湾经验的想象，我就不会意识到在大陆被殖民经验的遮蔽状态，比如说伪满洲国的沦陷经验，不能在近代史结构关系中起作用的问题；而要不是台湾存在，我意识不到这些。反过来是日本知识分子的中国认识，日本知识分子分成两种类型：一种类型的知识分子，他的中国想象以台湾为蓝本，他便很难把他的中国想象和历史上的朝贡关系结合起来，他便很难理解日本和大陆之间紧张关系中暗含的不对等关系；另外一种方式是日本把研究大陆和研究台湾分开，这并非政治意义或者"台独"意味，他认为这是两种不同知识领域，但他们没有考虑过大陆和台湾在近代史上是共有同一段历史的，在这样视角上，不了解台湾的重要性就无法建立真正意义上的中国想象。

**陈**：在亚洲问题上，就是包括《知识共同体》这篇文章，特别是《亚洲意味着什么》这篇长文，这样面对日本知识传统中的亚洲，特别是东北亚区块以外的读者，亚洲对于日本意味着中国，或者是以中国为主体的东北亚，在"知识共同体"对话里，我也可以很清楚地看到语言的问题，另外在南亚也有一些反映，他们企图用你的方法重建，例如从印度位置发言的亚洲意味着什么，有一些反映出来。对于像"知识共同体"这样的计划，如何处理亚洲作为一种想象，或者实体，下一步要如何走？

　　**孙：**我在写这篇东西时，感觉到一种矛盾是，这样使用"亚洲"这个语词是否合适？我若用东亚，韩国并不包含在内，若用中日来谈，中国又不在里头，它只是日本人想象的一个亚洲。我后来取巧就是一开始说亚洲便是我们要建立的一个想象，我做了这样取巧之后来讨论亚洲是否存在，这问题可以在一定程度上回避掉。但从根本上来说，这是回避不掉的问题。在这篇论文里头我仅仅讨论了日本的亚洲主义，这不是讨论亚洲的论文，但亚洲问题是我们每人要思考的问题，下一步该往哪走？这里面的问题是，亚洲是一个，亦是无数个；是实体，亦是理念和想象。有一个实际的回答，就是亚洲论述如果没有引出新的问题，它就将失掉存在价值。

　　其实"亚洲意味着什么"也仅仅提出了一个方法，我觉得这篇论文达到的效果便是提供了一种讨论的途径，其实我自己确实计划讨论中国的亚洲主义问题，这也是孙中山正面提过的问题，但这计划还没开始去做。而同时"知识共同体"做了这几年的对话，面对的是竹内好也面对过的问题，当他写《中国文学的废刊与我》的时候，他曾经作出过示范。一个杂志、一种尝试、一种努力走到极限便要自我解构，知识共同体面临的也是相同问题，我们不能以中日为骨架往外扩张，我们只是透过中日对话方式在探索一种可能性，但是中日这框架必须被打破，我们需要新的建构，而非以中日为主体向外扩张的一个结构，中日不应该成为主体。所以我觉得你提的是一个很重要的意见，假若走到这一步还毫无自我否定地往前走，有可能变成新一代的"大东亚共荣圈"，但接下来怎么做？包括很多方法上的转换，因为两种语言的对话是比较固定的方式，接下来包括语言选择、讨论模式从什么地方开始起步，其实这些问题都是需要深入讨论和准备才能重新开始的。我的感觉是，东方已经造成了一个"西方主义"的话语群，如果在对立的意义上造成"亚洲想象"，那将是很失败的。如果亚洲想象可以瓦解已有的"西方主义"，也就是说可以造成新的世界认识结构，那么可能会带来思想传统的新层面。

**陈**：你可不可以联系到 1998 年开始到台北参加第一次的亚际文化研究，而后加入《亚际文化研究》（*Inter-Asia Cultural Studies: Movements*）的编辑运作里头，这是和知识共同体不一样的参与，在这两者间你有没有看到连续性或者落差，对于你个人工作上来讲是怎样的关系？

**孙**：这是一种多层的关系，当然有最大的障碍便是语言障碍，而因为语言障碍，我对《亚际文化研究》杂志介入是比较表面的、没有信心的，因为许多判断来自语言的细微感觉，而我缺乏这些感觉，所以觉得自己处于半介入状态。而主要的感觉是，当你在多种语言中完成互动时，很多讨论很可能要从一些细节开始，而我们几乎很难在不同语言之间就同一细节进行讨论，但是需要积累，我觉得经过时间积累，这些是有可能完成的。另外还有英文互动产生的语言选择，英文互动必须删掉一些不能进入英文的问题，在这前提之下完成的互动的真实性和局限性必然存在。但我觉得不应该由于英文互动的局限性而否定掉这种互动，事实上应该不断讨论这局限性来揭示不能够进入互动的这些问题，如果我们给了这空间，那这种互动就很真实。多种语言、多种文化交流难度太大，而在知识共同体的尝试里头，很多摩擦产生于误译，而即使我们找到再强的翻译，他也很难翻译到语言之中的皱褶，尤其是在讨论到敏感问题时。我发现语言之间的碰撞很大程度是来自我们不能进入另一种语言，若能够进入另一种语言，就会发现有些碰撞其实是不真实的，像这样一些问题，即使是两种语言的对话，我们仍然很难总结，这本书里谈跨文化知识状况的那一篇论文是一个"中间总结"，沟口先生提议我最终再写一篇，我想，那时应该讨论的就是所谓"皱褶里的东西"。

　　陈：我们的谈话暂时在这里打住，谢谢。现在是 2001 年 7 月 27 日，下午 5 点 35 分，于相当炎热的日本东京千代田区九段下，皇宫对面 Fairmont Hotel 的咖啡厅。

　　（本对谈为作者在台湾出版的学术论文集《亚洲意味着什么》而作，该书主题论文收入了《寻找亚洲》）

# 一頁 folio

始于一页，抵达世界

Humanities · History · Literature · Arts

出 品 人　范　新

特约编辑　黄旭东

版权总监　吴攀君

印制总监　刘玲玲

装帧设计　COMPUS · 汐和

内文制作　燕　红

Folio (Beijing) Culture & Media Co., Ltd.
Bldg. 16-B, Jingyuan Art Center,
Chaoyang, Beijing, China 100124

一頁 folio
微信公众号

官方微博：@ 一頁 folio | 官方豆瓣：一頁 folio | 联系我们：rights@foliobook.com.cn

图书在版编目（CIP）数据

遭遇他者：跨文化的困境与希望 / 孙歌著 . -- 北
京：北京联合出版公司，2020.7
ISBN 978-7-5596-4212-7

Ⅰ . ①遭… Ⅱ . ①孙… Ⅲ . ①文化交流－文集 Ⅳ .
① G115-53

中国版本图书馆 CIP 数据核字 (2020) 第 072171 号

**遭遇他者：跨文化的困境与希望**

作　　者：孙　歌
**责任编辑：**牛炜征
**特约编辑：**黄旭东
**封面设计：**COMPUS · 汐和
**内文制作：**燕　红

北京联合出版公司出版
（北京市西城区德外大街 83 号楼 9 层　100088）
北京华联印刷有限公司印刷　新华书店经销
字数 240 千字　880 毫米 ×1240 毫米　1/32　11.25 印张
2020 年 7 月第 1 版　2020 年 7 月第 1 次印刷
ISBN 978-7-5596-4212-7
定价: 78.00 元